JN189488

ライフ・オブ・ラインズ

線の生態人類学

ティム・インゴルド

筧菜奈子・島村幸忠・宇佐美達朗＝訳

THE LIFE OF LINES

TIM INGOLD

フィルムアート社

THE LIFE OF LINES
by Tim Ingold

目次

第二部　天候にさらされること　107

第三部　人間になること

凡例

・原文のイタリック体は傍点で示した。
・引用文中の［ ］は、原著者による補足を表す。また、引用文中の［…］は中略を意味する。
・文中の〔 〕は訳者による補足説明を表す。ただしそれ以外にも、文意に即して最低限の範囲で語を補う。
・書籍名、雑誌・新聞名、映画作品は『 』、論文タイトルは「 」、美術作品は《 》で示した。
・訳者が必要と判断した場合は原語を（ ）内に示した。
・文章の構造がわかりづらい場合に読みやすさを考慮して語句のまとまりを示す際は〈 〉を補った。
・なお、引用文は必ずしも邦訳文献に従うものではなく、必要に応じて訳者によって訳出された箇所もある。
邦訳文献については、本文中に引用されている文献のみ、各章末の注の書誌に邦訳文献を併記した。

序文

二〇一四年一月一日。無慈悲な時の流れに少し憂鬱な気分になっていたわたしは、年明けにいつも行なっているように、自分を奮い立たせるための言葉をノートに書き留めた。「今日から『ライフ・オブ・ラインズ』の仕事に戻ろう」と。それからわたしは丘に散歩に出かけ、そのことについて考えた。しかし、それはそのとき限りのものとなった。人生（ライフ）は、いつもそうであるが、文章（ラインズ）を書く機会としてではなく、絶えず要求される大学の務めとして現れる。わたしは何年にもわたって本書を完成させるつもりでいた。そのために、少しずつ紙片をためていき、適当な時がやってきた時点でそれらをまとめるつもりでいたのだ。ところが、そのような時は決してやって来なかった。幾日、幾週、さらには幾月が過ぎ去っていったが、それでも年始の時点から状況は進展しておらず、本書を構成するには至っていなかった。

　初めてラインをテーマにした本の出版に踏み切ってから、実に約七年の時が経っていた。その『ラインズ——線の文化史（*Lines: A Brief History*）』を上梓したのが二〇〇七年のことである。しかし、原稿のインクが乾かぬうちから、何らかの続編を書かねばならないであろうことはすでにわかっていた。それが何についてのものになるのかは正確にはわかっていなかっのだが、念頭にあったのは『ラインズ』の第二巻にあたるようなものであった。その時点でわかっていたことは、ラインと天候（weather）に関わるものになるであろうということだけであった。というのも、驚いたことに、ラインについての思索は常に結果として天候についての思索をもたらすことに気づいたからだ。そして、それは逆もまた然りであった。それがなぜなのか、わたしには不思議であった。もしかしたら、わたしが完全に本来の筋から外れてしまったことを示しているだけなのかもしれない。人類学者がラインについて研究することができるという考えを受け入れることが困難な分別ある読者は、大気＝雰囲気（atmosphere）の中に飛び立つなどと聞けば、完全に脱線してしまったと決めつけてしまうに違いないだろう。何の権利があって人類学者が気象学に本来属する、あるいは美学に属する領域を侵害するのか。そのような疑念がわたしをたいへん苦しめたが、それでもなおライン学（リネアロジー）と気象学をひとつの領域にまとめるというアイデアがわたしを捉えて放さなかったのである。

　元建築家で人類学者のトレヴァー・マーチャンドが、二〇〇七年にロンドンの東洋アフリカ研究学院にて開催した一連の刺激的な講座に二期連続して参加する機会を得た。その機会が、考えていたことを紙面に落とす口実を与えてくれた。また、二〇〇五年から八年までの三年間、経済社会研究会議が資金を提供し、教授研究奨励制度もわたしに執筆する時間を提供してくれた。その際に書いた「天候－世界を通り抜ける足跡（Footprints through the weather-world）」と題する論文の中の多くの題材は、バラバラにし、並べ直し、分量を増やして、本書の中でも特に第一部と第二部の中に組み込まれている。ところが、その後に起こった二つの出来事によって、ラインと天候の問題はさらに広範におよぶ調査の一部とならなければならないことに気付かされた。

そのうちの一つは、二〇一三年にリーヴァーヒューム信託からの提案で、「結び目の性質（the nature of knots）」というテーマで調査するというプログラムであった。ラインへの関心もあり、このチャンスを逃すわけにはいかなかったので、セント・アンドリューズ大学とユニヴァーシティ・カレッジ・ロンドンの仲間とともにプログラムの設計に取りかかった。プログラムのタイトルは「結び目を作る文化／文化をもつれさせる（Knotting Culture）」とした。結局、この企画は頓挫してしまったのだが、リーヴァーヒューム信託には感謝の意を表したい。というのも、結び目（knot）を一貫性を持つ原理として考えるようわたしを導いてくれたからである。それが本書の第一部の根幹をなしている。また、わたしは二〇〇八年から二〇一一年までアバディーン大学の社会科学部長として過酷な三年間を送ったのだが、その後の二〇一一年から一三年までの二年間は、信託の主要研究奨励費のおかげで、自分の考えを練る時間を得ることができた。重ねて感謝申し上げたい。本来、わたしはこの奨励期間に、「生に与えられる物（Bringing Things to Life）」というタイトルの長めの著作を書きあげようと思っていた。それは、その代わりに短めの二つの本になった。一つは、『メイキング（*Making*）』というもので二〇一二年に校了し、翌年に出版された。もう一つは今皆さまに手にとっていただいている本書である。

二つ目は、歩くこと（walking）に関する一連の思いがけない出来事の成果である。それらは、特に本書の第三部として結実した。それらの出来事のうちの一つは、アバディーン大学にて二〇一二年の秋に開催された「歩くこと、書くこと、そして考えに関するフェスティバル」において、作家のアンドリュー・グレイグの仕事についてうかがうことができたことである。聴衆として参加していた方々の中には、サンダーランド大学の芸術家で作家、またキュレーターでもあるマイク・コーリアーがいた。その翌年、マイクは歩くことをテーマとした素晴らしい展示「歩き続ける／の上を歩く（Walk On）」をサンダーランドで企画し、同名のカンファレンスもその企画にあわせて開いた。そのカンファレンスに呼んでいただいたことは名誉であったし、歩くことについての原稿にわたしを再び向かわせてくれた。その原稿は「迷路と迷宮――歩くことと注意に関する教育について」というもので、その内容は本書のいくつかの章に組み込まれている。その他の決定的な出来事は、同じ二〇一二年の九月にサイドウェイズ・フェスティバルを締めくくるのに開かれた、歩くことに関するカンファレンスに参加したことである。それは、忍耐力のあるグループがベルギーのいたるところを、あまり知られていない小道や舗装されていない道に沿って一ヵ月間歩き回るというものであった。わたしは彼らのチームに加わることはなかったが、カンファレンスでの教育哲学者のヤン・マッシェラインの話は非常に興味深いものであった。彼が示してくれた歩くことと教育に関する考えは、少なくともわたしにとっては、とても革新的なものであった。そして、それらは後のわたしの思考の形成に大きく影響した。とりわけ本書においてはそうである。

　そして、さらに二つの出来事が二〇一三年から一四年のあいだに起こった。それらが本書の執筆を大変助けてくれた。一つ目は、喜ばしいことに、サンディエゴ州立大学の数学者で科学教育者であるリカルド・ネミロフスキーにアバディーンの人類学科の客員研究員として来てもらえたことである。リカルドとわたしは、学科の他の同僚、博士課程の学生、ポスドクの特別研究員などが多く参加する読書会を運営した。その場でわたしは多くを学んだのだが、特筆すべきは彼の才能（ギフト）で、わたしには理解するのが困難であった最も難解な哲学的テキストを、彼がわかるように説明しくれたことであった。その贈り物（ギフト）は、完全に筋の通ったものであるというだけでなく、彼とわたしが共闘していた多くの問題を解決することができるよう導いてくれるものだった。

　二つ目は、二〇一四年の春に、国際文化文研究所（ＩＫＫＭ）の特別研究員として訪れたバウハウス大学ワイマール校でのことである。実際のところは、アバディーンでの他の務めによって、研究所が設立された素敵なパレデュルクハイムで三週間以上過ごすことが妨げられた。それにもかかわらず、本書の執筆がＩＫＫＭの研究奨励制度のわたしのプロジェクトとなった。それで、そこに初めて滞在したときに、わたしは全体のアウトラインを初めて書き、それを講義の中で発表した。発表の翌朝、五月二二日、ワイマールの中心にある小さな平地になっている場所で朝食をとっているとき――かつてヨハン・ヴォルフガング・フォン・ゲーテの書記が住まいとしていた古い建物の中で——、本書の全体の構成を急に思いついたのだ。本はいくつかの長い章ではなく、たくさんの短い章で構成されることになるだろう。まず、結び目（knot）や結び目を作ること（knotting）から入り、このプロジェクト全体が関係しているラインと天候の関係についての問題を通過し、教育と迷宮を歩くことへと向かう。わずか数分のあいだに、わたしはノートにそのような構成の見取り図を記し、三〇の章に仮のタイトルをつけた。このときに作った構成が、最終的にほとんどそのまま残った。

二〇一四年の夏までには、本書の半分程度の分量を書き終え、また書きかけの紙の山がわたしの後ろに積み上がっていた。それらは、予定や考えが記されたノート、この仕事のアウトライン、そしてその他の細かいものである。このときすでに妻とわたしは、ここ三〇年の間にしばしば滞在してきたカレリア北部にある小さな古い家屋を三週間予約していた。二〇一〇年に滞在したときは、『生きていること（*Being Alive*）』というエッセー集をほとんど完成させた。そして二〇一二年、同じように『メイキング』を書きあげた。そこには何か特別なものがあるのだ。再び魔法が効いたのであろうか。そうであるに違いない。必要なものは、睦まじき仲間、新鮮な空気、素朴なテーブル、木製のベンチ、邪魔の入らない時間である。また、ポプラの木々の間を通り抜けていく風の音、鳥の鳴き声、種々雑多な昆虫のせわしない奉仕が気を紛らわしてくれる。二〇一〇年と同じように、二〇一二年も、わたしは、やり残したところを完成させる必要のある本を携えてアバディーンに帰った。図書館にアクセスしなければならなかったし、もちろん、個人的かつ学術的な恩恵についての終わりのないリストを作る必要があったのだ。

実際、すでに言及してきた人々の他にも、ここに示すことができないほど多くの方々に応援してもらい、刺激を受けた。以下に、そのうちのほんの少しの方々の名前を紹介しておく。順不同である。IKKMの共同議長であるロレンツ・エンゲルとベルンハルト・シーゲルトは暖かく親切にもてなしてくれた。ケネス・オルウィグは、会談の場、気象学、劇場を用意してくれた。ラース・スパイブルックとは、物事への共感に関する素晴らしい洞察を教えてくれた。トーマス・シュヴァルツ・ウェンツェルはラモン・リュイ〔ライムンドゥス・ルルス〕の仕事をわたしに紹介してくれた。スーザン・クエッチラーの結び目に関する文章からは多くを学んだ。アグスティン・フエンテスは人類学と神学の対話を思い切って開拓してくれた。ミケル・バイルには、天候に関するドイツ語文献に関するわたしの理解の狭さを指摘してもらった（これに関しては、わたしは詫びることしかできない）。ジェン・クラークにはオブジェクト指向存在論（object-oriented ontology）の奇妙な世界の説明をするようハッパをかけらた。エリシュカ・シュタートンはわたしに色の問題を突き詰めるよう導いてくれた（それまで、まったく手に負えないという理由で、できるだけ避けていたものである）。クリスチャン・シモネッティとマイク・アヌサスからは、表面（surface）について、またその他のことに関して多くの有意義な考えをもらった。フィリップ・デスコラはわたしとは真逆の方向に進んでいってくれた（彼は民族誌学〔エスノグラフィー〕から逃れて哲学へ向かったのに対して、わたしは哲学から逃れて民族誌学へと向かった。わたしたちは物事が面白くなる中間地点で出会うだろう）。マキシン・シート＝ジョンストンは運動の重要性を絶対に忘れないようにしてくれた。エリザベス・ハラムは、作ることと育つことの意味を考える際に助けてくれた。そして、大切なことを言い忘れていたが、わたしがまだ触れていないＫＦＩチームの皆である。

説明しておけば、ＫＦＩは「内側から知ること（Knowing From the Inside）」という、二〇一三年から二〇一八年の五年間にわたってわたしが牽引するプロジェクトの名前の頭文字をとったものである。プロジェクト自体は欧州研究会議（ＥＲＣ）の寛大な支援を受けている。わたしたちは、人類学（anthropology）、芸術（art）、建築（architecture）、芸術における新しい方法を見つけようとするデザイン、これまでのものよりも思弁的で、かつ経験に基づく、より開かれたかたちの人文科学や社会科学といったものの境界を超えて研究を進めている最中である。今や、本書はわたしの手を離れ、世の中に放たれた。それゆえ以上のことは次の挑戦になるだろう！

序文を締めくくるにあたり、どうしても触れておかなければならない三つのことを述べておきたい。一つ目は、わたしが男であるということだ。二つ目は、theyを使用するという文法的な嫌悪とわたしが和解することができないということである。というのは、「彼（he）」や「彼女（she）」の、あるいは「彼や彼女（he or she）」の代わりに性的に中立な三人称単数としてtheyを用いると、多くの場合すぐに官僚の口ぶりのようになってしまうからだ。そのような理由で、本書を通じて、文脈上別段に必要な場合を除いて、三人称代名詞としてはおおよそ一貫して男性形を用いた。しかし、このことはわたしの議論にはまったく重要なことではないし、もし読者が望むのであれば、ご自由に女性形に変換していただきたい。わたし自身に関する三つ目の事実は、わたしは孫のザッカリー・トーマス・インゴルドと孫娘のレイチェル・ステファニー・ラファエリ・インゴルドの誇るべき祖父であるということだ。この本は、二人の孫に捧げる。

ティム・インゴルド

二〇一五年一月　アバディーンにて

第一部

結び目をつくること

1 ラインとブロブ
小さな塊

わたしたち生物はあてどなく漂っている。歴史の潮流へと放たれたがために、わたしたちは何かにしがみつかざるを得ない。触れることで生じる摩擦の力が、時の流れをどうにか和らげはしないかと願うからだ。さもなければ時の流れは、わたしたちを忘却の彼方へと追いやるだろう。しがみつくことは、幼児の頃にわたしたちがまず初めにしたことである。生まれたばかりの子どもの手や指の強さは目覚ましいものではないだろうか？　それらはしがみつくようデザインされているのだ。まずは母親に、それから周りにいる人たちにしがみつき、さらに年月が経つと、動き回ったり、立ち上がったりすることを可能にしてくれるものにしがみつく。だが、大人たちも、しがみつく――子どもにしがみつくのは、もちろん子どもを失いはしないかと憂うからではある。それだけでなく大人は、互いの身を守るため、愛や優しさを表現するためにもしがみつく。さらに見せかけの安定を与えてくれるものにしがみつく。確かに、しがみつくことには――よりありていに言えば、互いに抱き合うことには――社会性の本質そのものがあるとみなすに足る根拠があるだろう。社会性というのは、もちろん人間に限定されるものでは決してなく、しがみつく、そしてしがみつかれるあらゆる人や物にまで広がっている。では、人や物が互いにしがみつき合うと何が起こるのだろうか？　それはライン同士の絡み合いである。そうしたライン同士は、互いを引き離す張力が、実際には互いを固く結びつけるような方法で結びついているに違いない。そこから一本のラインが生み出されない限り、またそのラインが他のラインともつれ合うことができない限り、いかなるものも維持されない。あらゆるものが他のあらゆるものともつれ合うと、わたしがメッシュワークと呼ぶものになる［★1］。メッシュワークについて述べるということは、すべての生き物が一本のライン、あるいはよりよく言えば、ラインの束であるという前提から始めるということである。本書は、社会学的かつ生態学的な視野と野心をもって、線としての生（ライフ・オブ・ラインズ）について研究するものである。

本書の記述は、社会学で通常行なわれている記述とも、生態学で通常行なわれている記述とも異なる。たいてい人間や生き物は何らかのブロブ（小さな塊）として考えられている。ブロブには内側と外側があり、それらはブロブの表面で分かれている。ブロブは膨張したり収縮したり、侵食したりされたりする。ブロブは場所を占める、あるいは——幾人の哲学者たちによって練り上げられた言葉で言えば——領土化の原理を成り立たせる。ブロブは互いにぶつかり合って合体する。さらには水面にこぼれた油滴のように、より大きなブロブの中に溶け込むことさえあるだろう。だがブロブにできないことは、互いにしがみつくことである。少なくとも、密接に抱き合う中でそれぞれの個別性を失うことなくしがみつくことはできない。ブロブが内面的に融合するときには、その表面はいつも新たな外面の形成の中に溶けているからである。今、線としての生（ライフ・オブ・ラインズ）について書くにあたって、世界にブロブは無いと提言したいわけではない。わたしの主張はむしろ、ブロブの世界には、社会的な生命が存在しえないのではないかということにある。それどころか、社会的ではない生命——ラインの絡まりを伴わない生命——が無い以上、ブロブの世界にはいかなる生命も存在しえないということになる。事実、すべての生物がそうとは限らないにせよ、その多くがブロブとラインの決まった組み合わせだと最も端的に説明されうる。そしてブロブとラインのそれぞれの特性の組み合わせが、生物を繁栄させているとも言える。ブロブには量感、質量、密度がある。それゆえブロブはわたしたちに物質を与える。ラインはこのいずれも持っていない。ラインにはあって、ブロブにはないもの、それはねじれ、屈曲、活発さである。ラインはわたしたちに生命を与える。生命

図1.1　ブロブとライン
上｜1個に融合した2個のブロブ。　**中央**｜一体となる2本のライン。　**下**｜ラインを生やしているブロブ。

が始まるのは、ラインが生え始めて、ブロブだけの状態を脱するときなのである。ブロブが領土化の原理を証拠づけるのに対して、ラインは脱領土化という逆の原理を実証する［図1.1］。

最も原始的な段階にあるバクテリアは、原核細胞と細くたなびくような鞭毛（べんもう）とを合わせ持っている［図1.2］。細胞はブロブであり、鞭毛はラインである。一方はエネルギーを供給し、もう一方は運動性を提供する。合体することで、両者は世界を支配しようと共謀したのだ。この二つは今でも大いに共謀している。というのも、ひとたび探し始めれば、ブロブとラインはどこにでも見つかるからだ。地下茎のツルづたいに成長する塊茎（かいけい）について考えてみよう。買い物袋の中のジャガイモはただのブロブである。しかし土壌の中では、すべてのジャガイモは、糸のような根に沿って形成された炭水化物の貯蔵庫であり、そこから新しい苗が芽を出すことができる。オタマジャクシは、球形の卵から抜け出た瞬間からライン状の

図1.2　腸炎ビブリオのバクテリアの透過電子顕微鏡写真
棒状の細胞体は幅0.5〜0.75ミクロン、全長は平均約５ミクロンである。鞭毛の直径は約20ナノメートル。画像の右上のサイズバーは1.5ミクロンの長さを示している。画像提供：リンダ・マッカーターおよびアイオワ大学。

尻尾をあらわにする。ブロブのような生き物である蚕は、その短い命の中で桑の葉を旺盛に摂取して体積を一万倍に増やし、最上質の繊維のラインを紡いで繭を作る。それでは繭とはなんだろう？　それは幼虫であるブロブが、一筋に飛ぶ翅を持った生物へと自身を変形するための場所である。あるいは、熟練した金属線細工師のような蜘蛛を観察してみよう。蜘蛛のブロブのような体は、自分で紡いだラインの先にぶら下がっているか、蜘蛛の巣の真ん中で待ち伏せをしているかのように見える。卵も一種のブロブである。魚は、卵が孵化するとブロブからラインになって水中を泳ぎ抜けていく。同じことは、雛鳥が空へ飛び立つときにもあてはまる。また、哺乳類の幼体である胎児のブロブは、へその緒のラインによって子宮の内側へと付着されている。出生時に放出されるものの母親の身体に指でしがみつくことで、結局外側から再付着する。

人はどうだろう？　子どもは大人の表現の決まりごとにまだ捉われてはいないので、人間の姿をブロブとラインとして描くことがよくある。ブロブは人間の像に質量と量感を与え、ラインは動きとつながりを与える。あるいは、アンリ・マティスが描いた《ダンス》［図1.3］という有名な絵画作品を見てみよう。マティスは、人間の形をまさにブロブのように描いていた。マティスの描く人の姿は、豊かな量感を持ち、丸々としていて、はっきりと輪郭づけられている。だが、この絵画が持つ魅力は、こうした擬人化されたブロブが生命力を持って脈動していることにある。ブロブが脈動しているのは、この絵画もまたラインの結集だと解釈されうるからだ。そうしたラインは主に腕や足によって表される。一番重要なのは、手をつなぎ合うことで——手前にいる二人の手がつながれれば——、ラインが今まさに完全に閉じようとしている円を形づくっていることである。だが、二人の手は永遠につながれることはない。手をつなぐこと、つまり指をフック状に曲げながら手のひらと手のひらを重ねることが、この絵において一体感を象徴しているわけではない。一体感は他の方法で獲得されている。むしろ、手が一体感を得る方法なのである。すなわち、手は社交の道具なのだ。手がまさにそのように機能できるのは、まさしく文字通りに指を組み合わせるというその能力ゆえである。ダンサーたちは互いに連動しているので、強く引っ張るほど、握る力も強くなる。ブロブのようなダンサーたちの容姿において、マティスはわたしたちに人間

図1.3　アンリ・マティス《ダンス》(1909-10)
国立エルミタージュ美術館、サンクトペテルブルク。©国立エルミタージュ美術館、アレクサンダー・コクシャロフ撮影。

の形の物質性を伝えている。その一方で、ダンサーたちのライン状のもつれにおいては、マティスはわたしたちに社会的な生命の真髄を伝えている。それでは、社会とはいかに説明されるべきだろうか？

社会を表現する方法の一つは、この小さなグループが、それを構成する個々の人間の数よりも多くも少なくもあると言うことである。多いと言うのは、このグループが創発特性を持っているからである。中でも注目すべきは、このグループが、ダンサーたちの連繫からのみもたらされうる、ある種の団結心（esprit de corps）を持っていることだ。少ないというのは、グループのためにダンサーたちが集められたわけではないからである。ダンサーたちの連繫は自発的かつ偶発的なものである。したがって、ダンサーたち全員が彼／彼女の個人的な経歴を背後に持っているとしても、その多くは失われているか、あるいは一時的にせよその場の高揚の中で無かったものにされている。社会理論家たちは、そのようなグループを説明するために集合体（assemblage）という言葉を使っている［★2］。ひとつの概念として、集合体という言葉は、グループを考えるための典型的な二者択一からの都合のよい逃避をもたらすように見える。その二者択一とは、グループを別々の個人の集合体にすぎないと考えるか、あるいは全体の文脈の中で作用する各部分によって個々の構成要素が完全に規定されている全体として考えるかのどちらかということである。だが、集合体が取って代わるところの二者択一とまったく同じように、集合体という考えもブロブの原理に基づいている。五つの小さなブロブや一つの大きなブロブの代わりに、集合体はわたしたちに五つのブロブを与える。それらのブロブは、その個性のようなものを依然として保ちながら部分的に合体している［★3］。しかし、部分が合計されて全体になるかどうかにかかわらず、この付加的な論理に欠けているものは、人や物がくっつくことを可能にする緊張と摩擦である。そして動きもない。集合体の中で、ダンサーたちはあたかも石になったかのようである。

それゆえ集合体の理論は、わたしたちを助けることはないだろう。その理論はあまりに静的なものであり、集合体から成る全体が、実際にはどのように互いに結びついているのかという疑問に答えることもできない。これとは反対にラインの原理は、社会に生命を取り戻すことを可能にする。ラインの生命において、部分は構成要素ではない。部分は動きなのである。わたしたちは、自らのメタファーを組立キットの言葉からではなく、多声音楽の用語から引き出すべきなのかもしれない。マティスの絵画におけるダンスは、音楽で言えば、五つの部分から成るインヴェンションだと考えられるだろう。それぞれの演奏者は順番にメロディを演奏して先へ進むと同時に、すでに流れている旋律（ライン）に対して他の旋律を加えていく。それぞれの旋律は、他のすべての旋律に応答する。その結果は、集合体ではなくロンドである。つまり、並列されたブロブのコラージュではなく、絡み合ったラインの輪であり、巻き込んだり巻き込まれたりする渦巻きである。哲学者のスタンリー・カヴェルは、生命を「有機体の渦巻き」［★4］といわれなく語ったわけではない。これは、わたしたちが立ち返るべきイメージである。しかし、まずわたしたちはマティスの同時代の同胞であり、かつ現代社会人類学の創始者の一人である民族学者のマルセル・モースから教訓を得る必要があるだろう。

★1 メッシュワークに関する考えについては、他の著作で詳しく述べている（たとえば、Ingold 2007a：80-2; 2011：63-94）。

★2 たとえば、哲学者マヌエル・デランダ（2006）の「集合体理論」を参照のこと。デランダは、「全体がその部分とのかかわりにおいて自律的であるということは、全体が細部に対し、制約しつつ支えになるというようにして影響を与えるという事実からみても明らかであるし、かつ全体が互いに相互作用するときその部分へと還元されることはないという事実からみても明らかである」と議論している（2006：40）〔マヌエル・デランダ『社会の新たな哲学——集合体、潜在性、創発』篠原雅武訳、人文書院、七五–七六頁〕。

★3 人類学者モーリス・ブロック（2012：139）の近年の著作は、この部分的な混合について非常に明快な説明を施している。ブロックは「ブロブ」という言葉を、他の理論家たちが「人」や「個人」、「自己」「わたし（moi）」といったラベルの下に分類するものをカバーするための一般名称として実際に用いており、さらにはブロブがいかに表現されうるかを示す一連の図表を提供してさえいる。その図表は、立体の円錐のような形をしており、基部に潜在意識の核を持ち、意識の先端へと上昇していく。円錐の上には、はっきりとした光の輪が浮かんでいる（Bloch 2012：117-42）。

★4 カヴェル（1969：52）を参照のこと。この文献を紹介してくれたヘイダー・アル＝モハマドに感謝する。

2　タコとイソギンチャク

教科書は生態学を、有機体とその環境との関係についての学問だと定義している。有機体は、文字通りその環境に取り囲まれるとともに、自らの肌にも包み込まれているため、教科書の定義にしたがえばブロブとなる。有機体は自らにくるまれることで、世界の中に場所を占める。有機体は領土的なのだ。サンゴ礁や、いわゆる「社会的」昆虫の巣や巣箱などにおいて見られるように、同じ種の有機体が数多く集まって群れを作ることもある。同種同士の「コロニー」としてよく知られているものは、別々の有機体の集団か、単一の超個体として考えられるかもしれない。つまりコロニーとは、たくさんの小さなブロブのことか、あるいは大きな一つのブロブのことなのだ。そして、この超個体に関する生態学的見解の基盤となったのは、社会学の分野の確立である。その主要な立役者はイギリスのハーバート・スペンサーとフランスのエミール・デュルケームだ。スペンサーにとって、社会的な超個体とは小さなブロブの集合であった。すなわち、人間であろうとなかろうと同じ種の個体の多くは、互いの自己利益によって結ばれていたのだ。この考えは市場操作をモデルとしたものだ。市場において重要なのは、所有者（hands）を変えるものであり、所有者それ自体ではない。握手は契約を確定するのであって、契約――生命同士の実際の結びつき――それ自体ではない。その一方でデュルケームは、スペンサー流の市場モデルへの批判的論評を背景に自身の社会学を立ち上げた。とりわけその新しい学問のためのデュルケームのマニフェストとなる書物には、大胆にも『社会学的方法の規準』というタイトルをつけて、一八九五年に出版した。デュルケームにとって、社会は一つの大きなブロブであった。

デュルケームは、さもなければバラバラになりやすい個体同士の団結を引き受ける何らかの保証なしには、永続的な契約はありえないと主張した。さらに、この保証は極めて神聖なものでなければならなかった。つまり、この保証は個別交渉の範囲を超えて存在していなければならないのだ。したがってデュルケーム流の超個体は、有機体の単なる増加ではなかった。むしろ超個体とは、生命体を超えて、現実の中のまったく異なる次元に位置するものであった。『社会学的方法の規準』の有名な一節においてデュルケームは、個々の精神、あるいは「意識」の大多数は、社会生活にとって必要条件ではあるが、十分条件ではないと主張していた。そのうえこうした精神は、ある決まった方法で統合されなくてはならないと言う。それではその方法とは何か？　個々の精神が社会生活を生み出すなら、それらの精神はいかに統合させられるべきなのか？　デュルケームの答えは、「個々人の精神は、集合し、相互浸透し、融合することによって、心理的と呼びたければ呼んでもよいが、あくまで新種の心的個性をなす一つの存在を生み出す」というものであった。このような理由でデュルケームは、「集団意識」について「個人意識」とは区別して論じる必要があると脚注で補足している［★1］。しかしながら、集合すること、相互浸透すること、融合することは、それぞれ違った事態を意味している。デュルケームはこの三つを順に挙げていく中で、事実上、一つではなく三つの答えをわたしたちに提示しているのである。では、どの答えが正しいのだろうか？　集団意識が形成されるのは、精神が集合すること、相互浸透すること、融合することのうちのいずれによるのだろうか？　それともこの三つは、集団意識が現れるに至る三つの段階を表すのであろうか？

集合と融合は、これまで見てきたように、ブロブの論理に基づいている。この二つが前提としているのは、個人の精神が、外部から境界づけられた存在として理解されうること、また自己の内部に閉じこもったものとしても、他の個人の精神やそうした精神が置かれている周りの社会から分離されたものとしても理解されうるということである。集合においては、精神同士はそれぞれの外側の表面に沿って互いに出会うので、それらの表面はそれぞれの中身を隔てる境界面となる。融合において、こうした外面はところどころ溶解して、新しい秩序から成る存在――部分の総体よりも大きい全体――を生み出している。だが精神同士が接する中で、個人の精神が他の精神と分け合う部分は、即座にこの高次のレベルに、すなわち新しく現れた存在に譲り渡されるため、個人の意識に残されているものは、その意識の所有者に独自のものであり続ける。全体は部分を包含し超越するかもしれないが、部分はその内部に、つまり全体の内部には何も持っていいない。しかし、相互浸透はこれらとは異なる。デュルケームの論理を厳密に採用するならば、相互浸透は現れた時点で即座に消え去る。集合や融合の新しいバランスの中にすぐさま溶けるとは、不安定な状態であるとも思える。わたしたちの精神が交わるとき、つまり自らの意識を相手の意識とつなぐとき、相互浸透しているゾーンは、たちまちどちらかに属することをやめて、両者が責任を有する異質な存在、すなわち「社会」に組み込まれる。

ここでもう一度、握手をして契約を締結したと想定しよう。取引は自分と相手の両者に属している。だが、握手は社会に属しているだろう。デュルケーム的な観点から見れば握手とは、存在の上位様態の儀式的な表現であり、これに自分と相手の両者は恩恵を受けている。だが、相手の両手をしっかりと握る両手、そして相手がその存在の中心だと感じるところにある両手は、間違いなくまだ自分の両手なのである。わたしは身体的にも精神的にも、両手と完全につながったままでいる。そして相手も同じ状態である。このことは、二〇世紀初頭に書かれた著書の中で最も知られているもののうちの一つであり、社会人類学の草創期の規範となった著書『贈与論』のまさに要点でもあった。この著書はデュルケームの優れた弟子であるマルセル・モースが一九二三−一四年に発表したものである[★2]。モースは、表向きには師であるデュルケームへの敬意を記していたが、実際には、デュルケーム流のパラダイムに、回復の余地がないほど打撃を与えた。モースがこの著書の中で論証に成功したのは、永続的な状態としての相互浸透の可能性についてであった。モースは、自分が相手にあげた贈り物や、相手の存在そのものに組み込まれた贈り物が、いかに自分と完全に結合されたままであるかを示した。贈り物を通じて、自分の意識は相手の意識の中に浸透し――わたしはあなたの思考の中であなたとともにいる――、また相手からのお礼の贈り物を通じて、あなたはわたしの思考の中でわたしとともにいる。そして贈り贈られを続ける限り、この相互浸透は続き、永久に持続しうる。わたしたちの生命は、握り合う二組の両手と文字通り同様に、互いに結び合ったり、引き合ったりするのだ。

もちろんモースは、この議論において、はるか昔の先人たちがすでに知っていたことを再発見したにすぎなかった。「契約（contract）」という言葉の語源（com「共に」＋trahere「引いたり押したりすること」）は、まさにそのような結びつきにおいて発見されたのではなかっただろうか？　こうしたことは、マティスのダンサーたちがしていることである。彼らは互いに引っ張り合い、向きを変えるときには互いに呼応し合っている。こうしたダンサーたちの動きを調和（correspondence）の一つと呼ぼう。前章の結論を引き合いに出すなら、社会的な生命はブロブが増えることに宿るのではなく、ライン同士の調和に宿るのだ。しかしこの議論は、部分－全体の関係の論理の有効性を減じる。デュルケームによれば、この論理によって全体はその部分の総体以上だと理解されていたという。またこの議論は、意識――いかなる種類やレベルのものでも、個人でも集団のものでも――は、それ自体の中に包まれているとみなす仮定に異議を唱えもする。というのも、精神と生命は、数えられたり集計されたりすることが可能な存在の中に閉じこもってはいないからだ。精神と生命は終わりのないプロセスなのであり、その一番の特徴は、存続していることである。さらには存続する中で、精神と生命は、ロープの多重の輪のように互いに巻きつく。個々の部分から作り上げられる全体は、あらゆるものが分節され、「連結された」総体である。だが、ロープは絶えず編まれており、いつも制作途中の段階にあり——社会的な生命それ自体のように——決して完成されることはない。ロープの部分部分は単純な構成要素ではなく、どこまでも延長するラインであり、そのハーモニーはそれぞれの撚り糸の状態に宿っている。つまり、外に振り出して他の撚り糸に巻きついたり逆に巻きつかれたり、また逆方向への同程度の撚りの力がロープを一つにまとめてほどけないようにしているというような撚り糸の状態に宿っているのだ[★3]。

こうしたことは、モースが自ら「全体的社会的事象」と呼ぶものに関する研究を提唱することを妨げはしなかった。だがその全体性は、個々の部分の総体以上の全体というものとは大きく異なっている。その全体性は付加的なものではなく、対位法的なものである。マティスのロンデルのように、それは動きの中の全体性なのだ。そしてこの動きは結末に向かって進んでいるのでは決してなく、自己永続的なものである。モースは、この全体性を目の当たりにすることが物事をありのままに見ることであると宣言した。「観念や規範以上のもの、つまり人間や集団そしてそれらの振舞が諸社会において把握される。機械の全体やそのシステムを見るように、また海でタコやイソギンチャクを見るように、わたしたちは人間や集団が動いているのを見る」[★4]。『贈与論』を軸として書き上げられた広範で重要な論文の中では、この美しい海洋のメタファー——わたしが傍点をつけて強調した箇所——は、ほぼ完全に無視されている。だがこのメタファーは、モースが言わねばならなかったことの根幹をなしている。モースは、実在する人間は流動的な現実の中で生きているということを主張していた。そうした現実において、すべてのものは次々と移り変わり、繰り返されるものは何もない。この海洋的な世界の中で、あらゆる存在は自分の場所を見つけ出すために、他のものに絡みつくことができる巻きひげを出さなければならない。こうして互いにつかまり合うことで存在は、さもなければ自分たちをばらばらに追いやる流れに必死に抗おうとする。海にいるタコとイソギンチャクを観察してみよう。彼らは集合することも、融合することもない。だが、彼らは相互浸透している。たくさんの巻きひげや触手を絡み合わせて、無限に広がるメッシュワークを形づくっている。

おそらくデュルケームは、このことを常に心に留めていた。だからこそデュルケームは、部分と全体に関する自らの論法が、相互浸透を即座に否定したにもかかわらず、相互浸透について語っていたのだろう。デュルケームが思いのままに使う多方面にわたるリソース、とりわけスペンサーのエコノミズムとの終わりのない議論に由来するリソースは、おそらくデュルケームがどちらかと言えば避けてきたレトリックを彼に強いた。論敵と対したとき、つまり社会全体にはその個別の部分以上のものは何もなく、個別の部分の利益にのみ社会全体は従うと主張した論敵と対したとき、その議論を逆転させる以外にデュルケームができることはあっただろうか？　今日でさえ、心を相互作用する内蔵式のモジュールに還元する勢力が、心理学から経済学にいたるまでの学問領域において主流を占め続けている。意識をより開かれた形で包括的に理解するためには、わたしたちはこれとは反対のケースについて議論し続けなければならない。

だが、わたしたちは全体論を決定的なもの、あるいは完成されたものだとする誘惑を退けなければならない。全体論との合意はロープ全体を編み上げるが、生が続く限り、結ばれていない端が常になければならないのだ。陸上にいる人間同士の間でも、海の生物たちと同様に、結びついたり捉えたりすることができるものに対してラインが出されている。それゆえわたしたちは、タコやイソギンチャクたちの一員として、生態学に着手する。生態学は、もはや有機体とそれを取り巻く環境の関係性についての研究ではない。またわたしたちは、人間と同等のものたちと一体となることで、超個体に関する社会学研究に縛られることももはやない。むしろ、生態学と社会学の両方が、線としての生（ライフ・オブ・ラインズ）についての研究の中で融合しているのだ。タコやイソギンチャクたちのように、つまり水面上ではただのブロブであるが、波の下ではよじれるラインの束であるもののように、社会的事象の研究において――モースが先ほど引用した節と同じ節で結論づけていたとおり――「たくさんの人々や数多くの力が、その環境や感情の中で揺れ動いていることにわたしたちは気づくのである」[★5]。わたしはこうした言葉を後学のために示しておく。なぜならこうした言葉が、ラインと大気の間の関係性について考察する本書の第二部の中心的テーマとなるからだ。

★1 デュルケーム（1982：129、145 fn. 17、強調部は筆者）を参照のこと〔エミール・デュルケーム『社会学的方法の基準』菊谷和宏訳、講談社、二〇一八年、一八二頁〕。

★2 『贈与論』（Mauss 1923-4）。この著書は、人類学者イアン・カニソンによって英訳され、『*The Gift*』（Mauss 1954）というタイトルで出版された。

★3 古代ギリシャでは、「ハーモニー」という言葉は、造船における板の接合や、身体における骨の縫合、竪琴の弦のように、相反する力によって物が互いにつなぎ止められる状況を指していた。このことに関心を向けさせてくれたセザール・ギラルド・エレーラに感謝する。

★4 Mauss（1954：78、強調部は筆者）。フランス語の原文は以下の通り。'Dans le sociétés, on saisit plus que des idées ou des règles, on saisit des hommes, des groups et leurs comportements. On les voit se mouvoir comme en mécanique on voit des masses et des systems, ou comme dans la mer nous voyons des pieuvres et des anèmones'（Mauss 1923-4：181-2）〔マルセル・モース『贈与論』吉田禎吾、江川純一訳、ちくま学芸文庫、二〇〇九年、二八六頁〕

★5 Mauss（1954：78、強調部は筆者）。'Nous apercevons des nombres d'hommes, des forces mobiles, et qui flottent dans leur milieu et dans leurs sentiments'（Mauss 1923-4：182）〔同上、二八六頁〕。

3 対象のない世界

それでは、わたしたちはいかにして、ロープを構成しているラインや、社会的な生命の紐帯の中の個々の存在の生命線(ライフライン)の絡み合い――相互浸透――について説明するべきだろうか? 考えられる回答の一つは、結び目について思考するということだろう。結び目に関する作品の中で、小説家イタロ・カルヴィーノは次のように書いている。

二本の曲線が交わる点は決して概念上の点ではなく実在の点であり、そこではロープやコード、ライン、スレッドの一端が、それ自体の上や下や周りで、あるいはもう一つの同じようなものの周りで伸びたり曲がったり巻きついたりしている。それは熟練した専門技能者たちによってなされる極めて精密な動作の結果のようである。つまりは、船員から船医、靴屋から曲芸師、登山家から裁縫師、漁師から梱包者、肉屋からカゴ製造者、カーペット製造者からピアノの調律師、キャンプをする人から椅子の修理者、木こりからレース職人、製本業者からラケットメーカー、死刑執行人からネックレス製作者にいたるまで

[…]。［★1］

カルヴィーノが専門技能者たちのリストを船員から始めていることは驚くことではないし、結び目や結び細工が、海上生活のあらゆる局面で見られることも偶然ではない。なぜなら海上においては、液状の媒体（メディウム）の中に場所を見つけてしっかりと留まることが最大の課題だからである。船の索具を固定したり、錨で船を停泊させたりする結び目は、速度を測定するために使用されており、過去においては、風を解き放つという呪術的な意味を持つものとして船員たちに売られていた。だが結び目は、ネットやカゴといった編み構造の根本的な要素でもある［図3.1］。ゴットフリート・ゼンパーは、一九世紀半ばに書いた建築の起源と進化に関する論文の中で、ネットの制作やカゴ細工における繊維の結び細工は、人間の制作物の中でも最も古いものに位置すると主張していた。そしてそこから、建物やテキスタイルを含むすべてのものが派生していったのだ。「建物の始まりは、テキスタイルの始まりと一致する」［★2］とゼンパーは断言する。建物における結び細工は、家の骨組みを構築するために棒や枝を編むことから始まって、より精緻な技術へと発達した。ゼンパーによれば、テキスタイルにおいては、カゴ細工や繊維を編むことが、織物の技術や編み模様、そして結び飾りがついたカーペットへとつながっていったという。

以下ではゼンパーに立ち返ろう。わたしの当面の目的は、成長と運動というプロセスを経て、諸々の物が絶えず生じ続ける世界において——つまり生命の世界において——結ぶことが可干渉性(コヒーレンス)の基本原則であることを示すことである。結ぶことは、さもなければ形のない不完全な流体の内部で、形が一つにまとまり、場所を保持する方法である。このことは、人工物のように作られていようが有機体のように成長していようが物質的な物に当てはまるのと同様に、知識の形態にも当てはまる。しかし現代思想の最近の流れの中では、結び目や結ぶことは脇に追いやられていることが多い。その理由は、代わりとなる密接に

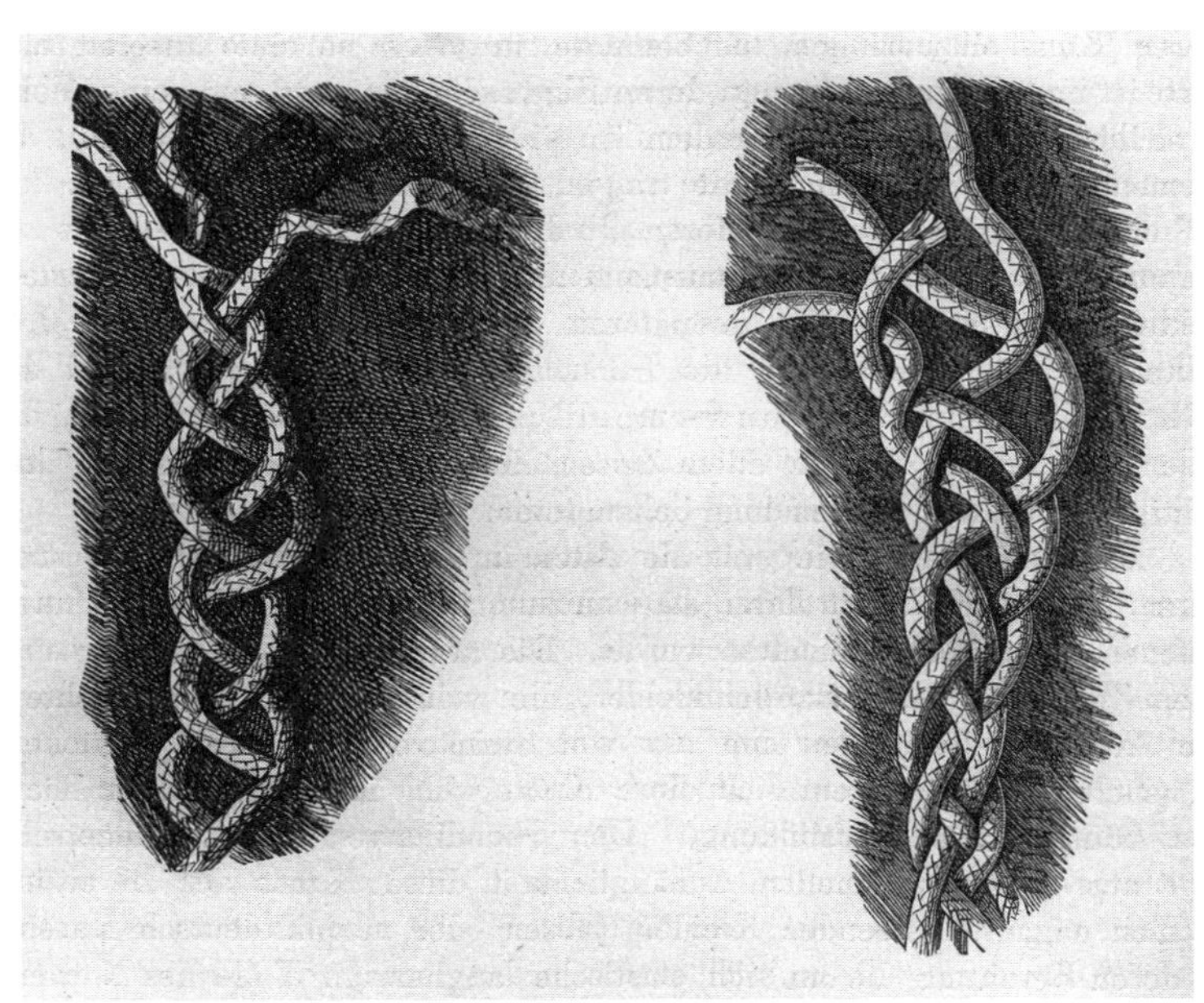

図3.1　結び目から編み目へ
ゴットフリート・ゼンパーの二つの素描。*Der Stil in den technischen und tektonischen Künsten oder praktische Ästhetik, Vol. 1, Textile Kunst*. Munich: Friedrich Bruckmanns Verlag, 1878, p. 172. ©アバディーン大学

関連した一連のメタファーの力にある。そのメタファーとは、ビルディング・ブロック、チェーン、そしてコンテナである。素粒子物理学や分子生物学、認知科学といった領域からの反論が強まっているにもかかわらず、これらのメタファーは依然として多くの魅力を留めている。これらは、世界を一度も糸巻きに巻かれたことのない撚り糸から編まれたものと考えるよりも、あらかじめカットされた断片から組み立てられたものと考えるように促す。この文脈の中で心理学者たちは、思考や心のビルディング・ブロックについて、認識内容を習得するためのある程度の収容能力を備えたコンテナだと論じ続けている。また言語学者たちは、単語や、構文中の単語同士のアンシェヌマン（enchainment）から成る意味内容について論じている。生物学者たちはかなり似た言葉で、ゲノムＤＮＡについて、遺伝子のチェーンでもあり生命のビルディング・ブロックを組み立てる設計図でもあるとしばしば言及する。その一方で物理学者たちは、素粒子の連鎖反応（チェーン・リアクション）の研究の中で、宇宙自体の最も基本的なビルディング・ブロックと呼ぶべきものを発見しようとしている。

しかし、ぴったりと外面的に接したブロックから組み立てられた世界は、生命を抱くことはできないだろう。何も動いたり成長したりできないのだ［★3］。したがって、ブロック−チェーン−コンテナと結び目というのは、世界の構造を理解するための最上の比喩を相容れない形で表しており、それぞれが存在や生成に関する哲学を前提としている。わたしたちの目の前にある課題は、線としての生（ライフ・オブ・ラインズ）の探究において、ブロックやチェーン、コンテナが思考の最重要の形でありつづけた時代の後で、結び目へと立ち返ることが、いかに自分たちに対する理解や、自分たちが作ったり行なったりするもの、住んでいる世界への理解に影響を及ぼしうるのかということである。問題を組み立てやすくするために、結び目ではないものを決定することから始めるのが最もよいだろう。具体的には以下に挙げる通りである。

● **結び目はビルディング・ブロックではない。**ブロックは組み立てられると構造体になるが、結び目は結ばれたりくくられたりするとこぶや結節になる。したがって、ブロックが持つ秩序は外在的(explicate)である。つまり、一つ一つのブロックが外面的に接触したり隣接したりすることで、他のブロックに接がれる。その一方で結び目が持つ秩序は内在的(implicate)である。つまり、一つ一つの結び目を構成している撚り糸が結び目から伸び出て、他の撚り糸に結びつくのだ。

● **結び目はチェーンではない。**チェーンは剛性要素や剛性リンクからつなぎ合わされており、張力が解かれたとしても、そのつながりを保ったままである。だがチェーンは形状記憶能力を持たない。反対に結び目は分節されてはおらず、つながったりもしない。結び目はリンクを持つこともない。それにもかかわらず結び目は、その形成過程の記憶を構造の中に持ち続けている。

● **結び目はコンテナではない。**コンテナには内部と外部がある。だが結び目のトポロジーにおいては、何が内部であり、何が外部であるのかを言うことは不可能である。そうではなく、結び目には隙間があるのだ[★4]。結び目の表面は取り囲むのではなく、結び目を作り上げている素材の「ラインの間」

にある。

結び目がビルディング・ブロックでも、チェーンでも、コンテナでもないとするなら、それと同じことがブロブにも言えるということは認めざるをえないだろう。わたしたちの議論の根底にあるのは、あらゆるブロブはそれ自体であり、他のものへと変化させられはしないということである。また、あらゆるものは元素や分子、原子といった要素で作られていると言えるが、ブロブはそうした要素へ還元されることができない。それゆえ、ブロブはブロックではまったくないし、ブロックから作り上げられたものでもない。ブロブは基本的にそれ自体であるから、どんなに直接的な因果があっても、他のブロブと連繋することはできない。銅の塊と錫の塊を例にとってみよう。銅は銅であり錫は錫であり、二つの塊が直接的につながりうる方法は、互いの内部で交わったり溶け合ったりする以外になく、二つの塊の関係は、還元できない謎めいた本質を保持したまま、すぐさま青銅という新しい塊を構成するようになる。おそらく、あなたとわたしにも同じことが言えるだろう。というのも、わたしたちが関係を結ぶとすると、あなたでもわたしでもない何か新しい存在へといたるのではなく、わたしたち両方がめいめいに自分の何かを生み出すのではないだろうか？　加えて、ブロブはブロブであり、時にわたしたちの知覚に表れる無数の外観とは関わりのないものである。すなわち、ブロブはこうした外観を含み持ってはいないのである。どちらかといえば、ブロブはその表面的な姿が隠している奥行きの中に潜むことで、そうした外観によって含み込まれているのである。

ブロブに見込まれる三つの特性――つまり、ビルディング・ブロックでも、チェーンでも、コンテナでもないという特性――はすべて、哲学の領域の中で、「オブジェクト指向存在論（object-oriented ontology）」［★5］として近年知られるようになったものの中にまとめられている。その頭文字である三つの丸いO――OOO――という表記も相まって、オブジェクト指向存在論はまったくもってブロブの存在論だと言える！　ただし、それは生命からかなり離れた存在論である。OOOは、わたしたちに世界のゴーストを見せている。その世界においては、かつては生きていて、息をして、動いていたあらゆるものは、自己の奥深くへと引っ込み、荒削りで無感覚な無数のかけらと化している。それは、不朽で静止した不活性な世界である。つまり化石の宇宙である。OOOを正当化する理由の一つは、その提案者たちが示すところによれば、OOOは「下方解体（undermining）」も「上方解体（overmining）」もせずに、諸々の物があるがままで存在することを認めるということである。ある物を下方解体するとは、たとえば、その物が他のあらゆる物の中に見られるものと同じ要素の特定の組み合わせや配列にすぎないと主張することだ。上方解体するとは、わたしたちが対象だと考えているものは、意識の舞台にあらわれたものに過ぎないと主張することである。下方解体も上方解体も、現代科学や人文科学に広まっているということには確かに同意することができるものの、わたしはそのどちらも擁護したいとは思わない。

しかしながら、このような「解体」に抵抗する唯一の道が、ブロブ的存在論に訴えることだというわけではない。わたしは、世界にブロブが存在することを否定しない——実際にこれまで見てきたように、ブロブとラインの組み合わせは、生物の形態にほぼ共通する特徴である。だが、ほぼ例外なく、こうしたブロブはラインを出しているか、ラインから膨らむか、ライン状のマトリックスに埋め込まれているということも同様に事実である。ラインによって生命体は生き、動き、互いに抱き合うことができるのだ。ラインを奪われると、ブロブは衰え、自己崩壊する。ラインなしでは、ブロブは「対象」になってしまうのだ。まさにこれが、実際に生じているブロブすべてが——もしくは単にブロブだけが——対象というわけではない理由、つまり常にブロブの数以上に対象がある理由である。ラインの存在論は、対象を下方解体も上方解体もすることなく、対象なしで済ますことを認める。「すべての物は等しく存在するが、すべての物が等しい存在であるわけではない」とは、OOOがたびたび繰り返すマントラである[★6]。だが、わたしたちはこう言う。物はただ単に存在しているわけではない。もしそうであったなら、確かに物は対象であろう。しかし諸々の物についての問題は、物が生じること——すなわち、物がそのラインに従って存続していること——である。このことは物を、名詞としてではなく動詞として、つまり進行中のものとして世界に参入させることである。それは物に生命を与えることである。そしてそれはまた、太陽光や雨、風といった気象現象のような世界へ参入させることでもある[★7]。モースが人間について示したように、生命同士はその内部で交わることができ、なおかつその感情の雰囲気（アトモスフィア）に浸りながら、自分自身の道を進み続けることができる。生命は自己をくって結び目にすることができるのだ。わたしが提唱する物の世界は、結び目の世界、対象のない世界（world without object）、つまりＷＷＯなのである。

★1　一九八三年初版のエッセイ「Say it with knots」より。Calvino（2013：62）を参照のこと。

★2　Semper（1989：254、強調は原文による）を参照のこと。ゼンパーの論文「Style in the Technical and Tectonic Arts or Practical Aesthetics」は一八六一年と一八六三年に二巻立てで出版された。

★3　Ingold（2013a：132-3）を参照のこと。

★4　隙間については、Anusas and Ingold（2013）を参照のこと。

★5　この方法の主唱者の一人はグレアム・ハーマンである。たとえば、Harman（2011）を参照のこと。

★6　Bogost（2012：11、強調は原文による）を参照のこと。

★7　対象が互いの本質にじかに近づけないように、いかに自らの殻に閉じこもっているとされるのかを説明するために、ハーマンは雨とトタン屋根の例を引き合いに出している。「トタン屋根をうつ雨も、その屋根のうえのサルも、その屋根のしたの貧しい住人も、みな同様にトタンの実在性と親密な接触をもつことはできないのである」（Harman 2011：174）〔グレアム・ハーマン「オブジェクトへの道」飯盛元章訳、『現代思想』〈特集＝現代思想の総展望２０１８〉二〇一八年一月号、青土社、一一七頁〕。二頁後で、ハーマンは——少しも理由を述べることもなく——「時間が実在しないのは、実在するのがつねに現在だけだからである」（2011：176）〔同上、一二〇頁〕と断言する。しかし、時間のない世界に雨が降ることはできない。実際、雨とは雫の落下のことであるのだから、雨というものはまったく存在しない。空中に一時停止させられた雫があるのみである。雨が屋根のブリキとまったく接触しなくても不思議ではないのだ！　哲学者たちは、わたしたちがより明確に、正確に考えることを助けてくれるが、時折、哲学者たちの心は他の多くの人々よりも混迷しているように見える。背の高い草の中で迷わないようにするためにも、哲学者たちが向かう先にはついていかないことが最善であるかもしれない。

4 物質、身振り、感覚、感情

それでは、組み立てられたり、鎖でつながれたり、包含されたりするのではなく、結ばれているような世界とはどのようなものだろうか？　ＷＷＯ（world without object）が持ちうるビジョンの一つは、日本の建築家である平田晃久の著書からもたらされる。平田は、アルプスの山々の襞を雲が覆い、その合間に太陽の光が射し込んでいる光景を見た。その光景が、山と雲が絡み合う秩序について考えるよう彼を導いたという。その秩序の中で、山や雲は互いを形状の中に引き入れるのだが、その形状がさらにもつれを引き起こして、不変の複雑さを持つ生命の光景を生じさせるのだ［★1］。結び目を通じた思考と、人が住んでいる世界を皺や折り目、襞を持つ大地と空の相互浸透とする理解との間につながりはあるだろうか？　その理解においては、世界は個体の球体というよりも、建築の構築環境が築かれた外側の表面上をガス状の大気で包囲されたものとして理解される。

もちろん結ぶという動作なしに結び目は存在しえない。したがって、わたしたちは「結ぶ」という動詞から始めて、結ぶことを「結び目」が現れる活動として考えるべきである。このように考えると、結ぶとは、強く引っ張る際に生じる張力や摩擦の逆方向の力が、いかに新しい形を生成するかということである。また、結ぶとは、そうした力場の中で形がいかに保持されるのかということ、つまり「物を定着させること」[★2]でもある。そのため、わたしたちの焦点は、形や内容よりも力や物質にあてられなくてはならない。その結果、結ぶことは、思考や実践のさまざまな領域の中に現れることになる。そして、結ぶことによって諸々の文化パターンは維持され、人間の生活のすき間に結びつけられているのだ。そうしたものには以下のようなものが含まれる。空気や水、コード類や木といった物質の流れや成長パターン、編むことや縫うことに見られるような身体的な動きや身振り、おそらく見ることよりも（もちろん除外されているわけではないが）特に触れたり聞いたりするといった感覚的な知覚、そして人間関係とそうした関係をもたらす感情。わたしは、こうした領域を存在論的に同等のものだと捉える。すなわち、それより根本的なものは何もないし、それ以上派生するものもないのだ。それゆえ、わたしたちの仕事は、何かを他の何かの観点から説明することではない。また結ぶことを文字通りのものとしても、比喩のようなものとしても扱うべきではない。むしろ問題は、領域から領域へと転移する方法である。

素材から始めよう。ここでは、結び目や結ぶことが理解されているところの二つ目の意味を記すことが重要であろう。この意味においては、成長中の生命形態の物質が、塊やこぶを形づくるために互いに巻きつくたびに、結び目は形づくられる。この様子は木の成長に最も顕著に見られるが、動物組織の凝固物やこぶ、さらに比喩を介して、同じ構造や質を持つ岩石露頭へも広く見られるだろう。木の結び目とは木目の渦のことであり、これは大きくなっていく幹や大枝といった物質が、新しく生えた枝の物質を覆うときに生じるものである。枝はいっせいに成長しているので、その結び目の物質は固い核へと圧縮される。結び目は木を一つに束ねるものであるが、木目の結び目の密度とねじれは、大工に最大の課題を課してもいる。そしてこの結び目は、一つ目の結び目と二つ目の結び目の間の関係性に手がかりを与えているかもしれない。後者の結び目は、拡大と分化の過程の中で、つまり成長のラインに沿った物質の成型の中で、形づくられていく。しかし前者の結び目は、繊維や糸、コード、ロープといったすでに成長しているラインの操作を伴う。この種の結び目を作るのは、決して人間だけではない。ハタオリドリは、巣を作る際に結び目を作っている。ある特定の類人猿、少なくとも人間に近しく育てられた場合の類人猿も同様である［★3］。それでもなおゼンパーは、一方で結び目を形づくることや、他方で結び目をスライスするといった能力——すなわち、機織りや大工仕事、テキスタイル、木工品——の技術性の起源をたどることにこだわっていた。ゼンパーは、ギリシャ語のtektonに由来する一群の言葉の中に、この信念のための語源的な裏付けを見つけている。伝えられるところによれば、この言葉はサンスクリット語のtaksanという語に関連している。この言葉は、大工仕事と斧（tasha）の使用を指す言葉であるとされているものだ。突き詰めれば、言語学者のアドルフ・ハインリッヒ・ボルバインが考察しているように、テクトニックとは「接ぐ技術（the art of joinings）」［★4］のことであるだろう。

物を接ぐことが実際に意味していることは、次章のテーマとして確保している。しかし、肉体の動きや身振りに関して、つまり結ぶことの二つ目の登録に関する重要な側面は、結び目がくくられているということである。くくることは決まって輪の形成を伴い、ラインの先はその輪を通ってきつく締められる。輪を描く振り付けは特に興味深い。というのも、用具を集めたり、回収したりするといったアーチや円を描く身振りが、同時に開口部を作り、そこを通ることで振り付けがさらに展開できるようにするという生体の心臓の鼓動や肺の膨らみに比較されるようなリズミカルな交互作用があるからだ。トポロジー的に、人間の心臓（ラテン語ではcor）は、結び目の形をしたチューブであり、それはフランス語の角笛（この語もまたcor）も同様である。体の中で心臓の結び目は、生命を維持する動脈の流れを集めたり、血を先へ送り出したりする。それとまったく同様に、息を吸い込んだ肺は空気を渦の中に集めて、その渦を通してわたしたちは息を吐き出す。また、体の呼吸は鳴り響くメロディーラインと一致する。メロディーラインは、角笛の結ばれたチューブが吹かれたときや、人々が歌うときの声帯から出る。それぞれの声は、応答し合うよう階層化され、コーラスや合唱を作り上げる。cor、cord、chord、chorus、choirはすべて、結び目を意味する同じ語幹を持っている。わたしたちは、マティスのロンデルに戻ってきた。

それでは、結び目はどのようにして知覚に登録されるのだろうか？　その答えの一つは、おそらく音楽としてである。演奏の身振りのシナジーや空気の流れ、コードの振動、そして感情の琴線に触れるような調和した音ではないなら、なぜ音楽なのだろう？　後の章で示すように、音や感情——経験の質とみなされるもの——はあちこちへと向かうものではなく、合唱のポリフォニーやロンデル・ダンスのラインと同様に、互いに絡まったり巻きついたりするものである。そして、音楽とダンスの形式が音や感情の結び目であるとするならば、なぜわたしたちは建築の形を光の結び目だとみなさないのであろうか？　中世の大聖堂の建築者たちは、聖人に光背をかぶせた上で、鐘を鳴らして聖人たちへの賛美を響かせ、彼らのイメージを花冠で飾っていたが、こうした建築者たちは確かにこのことを理解していたのだろう。建築者たちにとって、光背や鐘や花冠と、見る、聞く、感じることは同じ種類のものだったのである。建築者たちは、ほどくこともくくることと同様に知覚に登録されるということも理解していた。それは、雷や稲妻、風を伴う嵐に最も顕著に見られるが、住居にもまた見られる。住居では暖炉の火が、情動や栄養の循環に結びついているが、逆にほどく動きの中で、暖炉の火を煙として大気へと放出し、風の中に消散させるのだ［★5］。特に船乗りのコミュニティにおいて、結び目と風の間には、長きにわたって密接な連関がある。結び目をほどくことは、風をゆるめさせることである。一つ目の結び目が軽風を放出し、二つ目の結び目が和風を放出する。だが、三つ目の結び目がほどけると大混乱が起きる［★6］。そのとき、くくることとほどくことは、暖炉と風との間の、あるいはより広くいえば、社会と宇宙との間の関係の核をなしている。

最後に人間関係において、結ぶことは、血縁や姻戚関係における生命の結びつきを示すものである。ある団体に属する子どもたち、つまり聖書の『詩篇』にあるように同じ「胎内」の中で「結び合わせ（knit together）」られた者たちは、ゆくゆくは別の道を行くラインのようであり、他の結び目から伸びているラインに結局自分たちを結びつけることになる。こうして血縁の網目は遠くまで広がっていく［★7］。こうした生命史のラインは同様に、感情や情緒のラインでもある。互いにそのルーツは、社会人類学者のマイヤー・フォルテスが「友好原理（the axiom of amity）」と呼んだものにある。フォルテスにとって、「血縁は友好と等しく、非血縁は友好の否定と等しい」［★8］。おそらく血縁の悲劇とは、起源で結びついている彼らのラインが離れることにしかない。そして血縁の契約は、結びつく他のラインの発見と、二つのラインから生まれる新しい生命にある。一体感は他者性や友好疎外を引き起こすが、その逆もある。しかし、結びつくことは政治的でもある。哲学者のハンナ・アレントがいうように、結びつくことは「人々が互いに活動し、語ること」のリアリティの中に、人々が自分の関-心（inter-ests）を見つけるあいだのもの（in-between）の中に、そして人間関係の「網目」を織りこんだものの中にあるのだ［★9］。物事のあいだ性（between-ness）——手段から結末までの途上というあいだ性というよりも、結び目のあいだ性——の正確な特徴については、この本の第二部で立ち返る。わたしたちの当面の関心は、結び目を結ぶ中で、生命や物質はいかに「接がれる」のかという問題にある。

★1 Hirata（2011：15-17）を参照のこと。

★2 このアイデアは、人類学者カリン・バーバーの恩恵を受けている。Karin Barber（2007）。

★3 たとえば、Herzfeld and Lestel（2005）を参照のこと。

★4 Frampton（1995：4）からの引用。

★5 このことについては、Ingold（2013b：28）を参照のこと。

★6 Ingold（2007b：S36-7, fn.8）を参照のこと。

★7 Psalms 139, verse 13.

★8 Fortes（1969：110、219-49）。

★9 Arendt（1958:182-3、強調は原文による）〔ハンナ・アレント『人間の条件』志水速雄訳、ちくま学芸文庫、一九九四年、二九七頁〕。

5 結び目と接ぎ目について

大工仕事は別名、指物（joinery）として知られている。つまり大工は指物師（joiner）である。だが、接ぐ（join）とはなんだろうか、物を接ぐとは何を意味しているのだろうか？　ここでわたしは、先に紹介したブロック、チェーン、コンテナといった主要なメタファーが、接ぐことと関節との運命的な方程式をもたらすことを主張したい。こうしたメタファーは、剛性要素（またはブロック）から成る世界を想像するように促す。剛性要素は、左右あるいは両端を外部からつながれ（またはチェーンでつながれ）ている。硬くないものや固体ではないものは、こうした要素の内部に閉じ込められている（あるいは中に含められている）。それゆえ内部のものは混ざったり入り混じったりすることができない。内部のものは、混成された要素の構造の中に融合することしかできず、接ぎ跡はただちに消える。これは、まさにデュルケームの社会構造に関する考えであった。個々人は、自らが市場で行なっているように、外部接触を通じて互いにつながるだろう。だが社会には接ぎ目がないのだ。

しかし、もちろん、関節が物を接ぐただ一つの方法であるというわけではない。他の方法は、何らかの結び目で物をくくることである。ここで接がれる物は、ライン状で曲がりやすくなければならない。それらの物は外側で直に接触するのではなく、結び目のまさしく内部で接触するのだ。またそれらの物は、端と端を接がれるのでも、並んで接がれるのでもなく、真ん中で接がれているのである。結び目は常に物の真ん中にあるうえに、その両端は結ばれておらず、他のラインが絡まるように差し伸ばされている。それゆえ、くくることと関節は、対極の原理に基づいた二つの接ぐ方法であるように見える。そうすると大工は？　大工はどんな原理を採用しているのだろう？　一見したところ、大工は関節の方を選ぶに違いないと思うだろう。なにしろ、木の梁や板を結ぶということを一体誰が聞いたことがあるだろう？　もちろん、隣り合った厚板同士を、しなやかな細枝や根を用いて結わえつけることは可能である。それは、先史時代のいくつかの造船技術によって裏付けられている［★1］。しかし、一枚の板をもう一枚の板で結ぶことはできない。間違いなくこの点が、大工仕事で作られるものと、カゴ細工で作られるものとの違いである。カゴ職人は、硬い木ではなく、しなやかな苗木を使っており、撚った苗木を出し入れして編むことで、苗木同士の接点をすべて通り越すようにしている。だが大工は、たとえば家の枠組みを建てる際に、硬い木材を端から端まで、あるいは端から側面、側面から側面まで接いでいく。カゴ細工の場合、曲がった細枝の拮抗する張力と圧力に、構造全体に剛性を与える。だが、家の枠組みの場合、その一番の圧迫部分は接ぎ目自体に宿る。

大工とカゴ細工の間のこうした明らかな差異を考えたとき、大工の接ぎ目は結び目の一種だと主張することなどできるのだろうか？ これはゴットフリート・ゼンパーが一八五一年の論文『建築の四要素』で提示した議論でもある。わたしたちはすでに、いかにゼンパーが大工仕事とテキスタイルをテクトニック・アートの分野全体の中での相補的な行為として考察していたかを見てきた。それは、両者に共通する最も基本的な操作である結び目ゆえのことであった。語源に魅了されたゼンパーは、ドイツ語の結び目（knoten）と接ぎ目（Naht）の類似に自らのアイデアの裏付けを得た。そのどちらもがインド＝ヨーロッパ語の語根noc――そこからnexusやnecessityが派生する――を共有しているように思われたのだ［★2］。ここで論点となっているのは――ゼンパーがよく知っていたように――技術の問題だけではない。むしろこのことは、物を作るということは何を意味するのか、というより根本的な問題に触れている。大工と織り手はどちらも制作の原則によって動かされており、両者にとって接がずに作ることはありえない。しかし、結び目の必要性は、隙間の中だけで自由を許すといった希薄なものではなく、状態と結果の両方としての動きを認めるという柔軟なものである。言うなれば結び目の必要性は、事前に決定された必要性――その対義語は偶然である――ではなく、物質や、大工や織り手たちの意向に対する関心や注意から生まれた必要性である。その対義語は無頓着である。

この点で、大工の接ぎ目は絶対に関節ではない。というのも、大工の接ぎ目においては、結び目においてと同様に、物質はその内側で互いに自己を提供し合うものの、混成した全体の中で自らの固有性を失うことはないからだ。たとえば、ほぞ穴とほぞを切り取る際に、一方のピースは、もう一方を受け入れるように作られ、その後に起こる相互浸透——接ぎ目の内部に隠されている——が、永続的な状態となるようにされている。実際、物質の関係性における接ぎ目に関するゼンパーの考えは、モースが社会の関係性における贈り物について語っていたことと一致している。挨拶をする際にわたしが相手に差し出した手が完全にわたしのもののままであるのとまったく同様に、一方のピースのほぞは、もう一方のほぞ穴に差し込まれるが、ほぞはほぞ穴に受け入れられたとしても、完全にほぞのままである。結び目の構成要素であるラインもまたそうである。ほぞとほぞ穴の例と同様に、木材のピースは接がれていると言えるが、連結している(*joined up*)とは言えないだろう[図5.1]。というのも、副詞の「up」は完了状態を含意するが、それは物の生命が続いていることによって否定されるからだ。木材は連結されても、使い果たされ

図5.1　木材の連接
カナダのブリティッシュ・コロンビア州で撮影されたこの写真は、伝統的なログキャビン建築の角部分において梁を接ぐ方法の一つを示している。©Alex Fairweather / Alamy

てもいない。それどころか、木材は存続している。木材が存続するにつれて、その接ぎ目や結び目は、関節ではなく共感関係を確立する。多声音楽のハーモニーは交互にくる緊張と解決の中にあるが、その多声音楽の旋律(ライン)のように、木材の部分部分は互いに内なる感情を持っているのであり、外面のつながりによって単純に関連づけられているわけではない。

こうした部分が——外部からの付着ではなく、間質性の分化を通して——共感に結び付けられていることこそが、まさにわたしが部分から成る全体に対して「集合体」という言葉を使うことを控えている理由である。この全体は調和なのであり、集合体ではない。全体の要素は、「連結している（joined up）」のではなく「連接している（joined with）」のである。集合体の凝集的な付着が「と…と…と（and…and…and）」であるのに対して、調和の分化的な共感は「とともに…とともに（with…with…with）」である。デザインの研究者であるラース・スパイブルークが説明しているように、共感は「見ること」というよりもむしろ「共生すること」であり、物と物の隙間、つまりそれらの内部で作動する感情 - 知識の形である。それは「物が互いを形づくるときに感じるもの」［★3］だとスパイブルークは記述する。大工仕事とテキスタイルのどちらにおいても、物の形は、物の上にあったり、その背後にあったりするのではなく、張力と摩擦の両方の力が集まる中でのこの相互形成から現れる。そして、それぞれの傾向や活力を持つ物質を扱う専門家の関与を通じて、物の形は確立されるのだ。結び目をくくることと接ぐことの両者は、それぞれ柔らかいラインや硬いラインをまとめるので、関節の事例ではなく共感的合体の事例であるということが確立される。そうすると、あらゆる種類の中間ケースを認める素地が整う。それらのケースにおいては、結ぶことと接ぐことや、硬いラインと柔らかいラインが組み合わせられている。船のマストと索具、サッカー場のゴールポストとネット、漁師の竿と糸、射手の弓と弦、織り手の織り機と縦糸、あるいはより陰惨なものとして、絞首刑執行人の絞首台と縄について考えてみよう。だが、最も顕著な例は、人間の身体かもしれない。それは結び目と接ぎ目の見事な複合体なのだ。そしてその構成要素は、その人間が健全であるかぎり、共感状態になければならない。

すでに考察したように心臓は結び目である。けれども、骨は接ぎ目部分で接触している。神殿の建築における巧みに接がれた木や石の平行性や、戦士の身体における見事に連繋された手足の平行性——一方は激しい天候へ抵抗する力を、もう一方は敵の暴力に対抗する力を与えるものである——は、ホメロスの詩に頻出するテーマであった。ararisko と「接ぐこと（to join）」は同じ意味の動詞であり、両方とも一般的に使われていた。それらはインド＝ヨーロッパ語の語根〈ar〉に基づく多くの単語のうちの一つであり、戦士の「武器（arms）」や、建設者または製作者の「技術（arts）」（ラテン語ではarmusやars）に由来するだけでなく、「記事（article）」や、もちろんのこと「関節でつなぐ（articulate）」にも由来する。これまで見てきたように、指物師の技術（art）のための単語tekton——ラテン語で「織ること」を意味するtexereを含む単語——に由来するこの一連の単語は、もともとは、ほぼ同じ意味にまとまっていた［★4］。しかし、古代ギリシャやローマの詩人や哲学者にとっては、よく鍛えられた身体の接ぎ目の関節は、今日わたしたちがよく知っているような解剖学的意義をまだ持ってはいなかった。それは、美や均衡、勇気といった概念とより近いものであった。かなり後の時代になって初めて、肉屋のまな板の上の動物のからだであろうと、解剖台の上の人体であろうと、接ぎ目は個々の身体部位の付着点と分離点を示すようになった。そしてこの解剖学的な理解の中でのみ、身体は、死体のように、構成要素から組み立てられた一つの全体としての形になった。しかし、これは生命からは切り離された理解である。生き物にとって接ぎ目は決して組み立てられはせず、それを持つ人間と共にむしろ成長する——ほかの骨格と同様に、接ぎ目は靭帯のライン状のメッシュによって内側で結び付けられているので剛性要素の外的な連結ではなく、むしろ調和的な動きの内的な条件なのである［図5.2］。

接ぎ目の問題から離れる前に、もう一つの見解を追加する必要がある。それは接ぎ目とは正反対のものに関係するもの、つまり分離（separation）である。関節でつながった構造、つまりチェーンでつながれた要素から成る構造は、たとえば、操車場での貨車がそうであるように、たやすく分離されうる。貨車が離されるとき、貨物列車は関節を外されているのだ。同様に、法医学研究所で組み立てられた骨は、その後解体される。しかし、わたしがこれまで論じてきたすべてのことに鑑みて、共感の中で接がれていた要素の分離については、こうした言葉で理解することはできないということは明らかなはずである。というのも、それは単に外部的な連結を切断するということだけではなく、内部から何かが与えられなければならないからだ。このことは記憶の問題に関わりがある。

チェーンと結び目を比較する中で、わたしはチェーンが記憶を持たないことに気づいた。チェーンの張力を解いて地面に落とすと、チェーンは無秩序に積み重なった状態になる。だが、結び目のあるロープをほどいて、それをまっすぐにしようとしても、ロープはよじれや曲がりといったものを留めていて、機会があれば前と同じような形態に丸まろうとする。記憶は、まさにロープの物質の中に、つまりその構成繊維のねじれや曲がりの中に満ちている。同じことは、接がれた木材にも言える。木材はばらばらにされ、他の建造物の中で使用されるかもしれないが、それでもなお、前の連繋の記憶を常に留めている。分離において、内部から何かが与えられなければならないと言うとき、それは忘却の必要性を意味している。関節でつながれた構造は、何も覚えていないので何も忘れない。しかし結び目はすべてを覚えていて、忘れるためのあらゆるものを持っている。それゆえ、結び

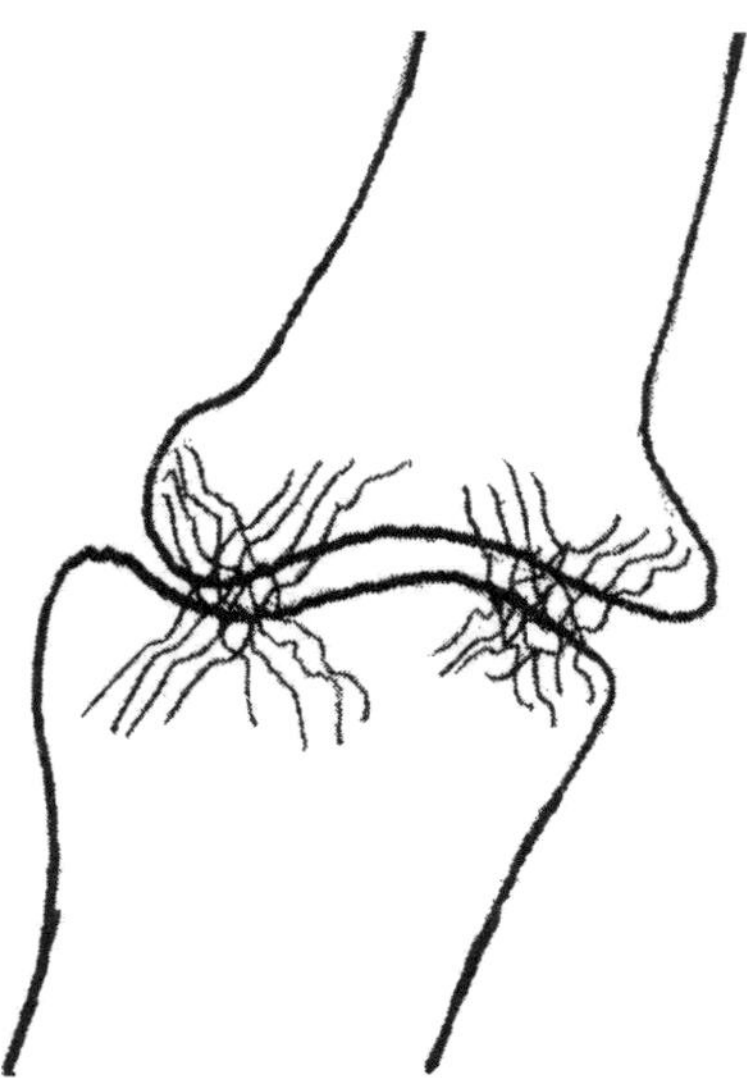

図5.2 骨と靭帯
手稿『造形理論ノート』(1921/2)に掲載されているこのドローイングで、画家パウル・クレーは、骨の接ぎ目がどのように靭帯で結びつけられているかを示している。ライン状のマトリックスに埋め込まれることによって、ブロブのような骨の要素は曲げやすく、共感的な結合体を形成することができる。ベルリンのパウル・クレー・センターの許可によって転載。

目をほどくことは関節を外すことではない。それは物をばらばらに壊すことでもない。それはむしろ解き放つことであり、かつては共に結びあっていたラインが違う道に進むことなのである。たとえば家族の中の兄弟がそうである。彼らは一緒に成長した後、家を離れるが、それは分解ではなく分散である。つまり、血縁関係という名で知られる間質性の分化から成る家族のラインを抜け出すことである。そして、わたしたちの誰しもがへその結び目の中に、誕生の瞬間の記憶を留めている。その瞬間わたしたちは、切断されて解き放たれることで初めて世界に参入したのである。

★1　柳や根、あるいは靭皮(じんぴ)のほかに、イチイで縫われた古代の船もある。MacGrail（1987：133-5）参照のこと。
★2　ここでは、Kenneth Frampton（1995：86）が書いた、ゼンパー作品についての信頼できる論評を参考にした。
★3　Spuybroek（2011：9）を参照のこと。
★4　この平行性についてはGiannisi（2012）を、またその語源的な相関関係については、Nagy（1996）を参照のこと。

6
壁

ゼンパーによれば、建築の四つの基本的な要素は、土盛り、炉床、骨組み、囲い膜であった。このそれぞれを、ゼンパーは特定の技術に割り当てていった。すなわち、石工術を土盛りに、製陶術を炉床に、大工仕事を骨組みに、テキスタイルを囲い膜に割り当てたのだ。しかし、彼が最も重要視していたものは、建物の基礎——土盛り——とその骨組みの間の関係性、ならびに石工術と大工仕事の間の関係性であった。より専門的な言い方をすれば、これは、ステレオトミックとテクトニックの間に区別をつけることである［★1］。わたしたちはすでに、テクトニックには出会っている。ギリシャ語のtektonに由来するこの言葉は、もともとは大工仕事を意味していたが、その後、意味の範囲を広げて、一般に「接合の技術」という意味をも含めるようになった。ステレオトミックもまた古代ギリシャ語のstereo（固体）とtomia（切ること）にルーツを持っている。ステレオトミックは、固体を、タワーやアーチ形天井のような構造に組み立てる際に、互いにぴったりと適合する要素へと切断する技術のことである。そうした重いブロックは、ブロックを真下に、そして最終的には基盤へと押さえつける重力のみによって適切な位置で支えられている。これとは対照的に、テクトニックにおいては、ライン状の構成要素は、接ぎ目や結合部分によってまとめ上げられた骨組みに組み込まれる。たとえば、未だに厚板や皮で覆われる必要があるボートの骨組みや、わらやスレート、瓦で葺かれた屋根の梁について考えることができるだろう。当時のゼンパーや、今のわたしたちにとって重要な問題は、物を作ったり建造したりする際のステレオトミックとテクトニックのバランス——あるいは相対的な優先順位——である。

　前章で見たように、テクトニックにおいては、結び目あるいは接ぎ目が、構造物の根本原則である。ステレオトミックにおける根本原則は、積み重ねである。積み重ねたものが大地に向かって重力に引かれるのに対して、結びつけられたり、接がれたりする構造は、決まって空中につられたり持ち上げられたりしている。建築史家のケネス・フランプトンは、こうした「構造物の対話的に相反する様式」が、それぞれ「空の非物質性に対する骨組みの親和性と、大地に向かって重力に引かれるだけではなく溶けて大地の実体になるような塊の性質」をいかに示しているかを強調していた[★2]。空と、空の中で起こることがこの本の第二部でのテーマとなる。だが、大地と空の中間には地面がある。そして現時点では、わたしは少し前に提起した問題であり、未だ答えていない問題に戻りたいと思う。つまり、結び目を介した思考と、地面に対するわたしたちの理解の間にはいかなる関係性があるのか？　そしてこの理解は、もしもわたしたちがビルディング・ブロックやコンテナからなる建築——ここでは外部空間のシミュラークルとして内部が作り変えられている――を、大地－空の世界からなる建築――地面の組織の結び目として家を再建する建築であり、そこでステレオトミックな基盤がテクトニックな屋根と出会う――と置き換えたとするなら、どのように変わるのだろうか？　ということである。こうした疑問に答えるためにまず始めに、ほぼ世界中に分布している構造に焦点をあてる。だが、それはある意味でステレオトミックとテクトニックの間の区別を混乱させるものでもある。すなわち壁である。壁は組み立てられているのか、織り上げられているのか？　積み重ねられているのか、接がれているのか？それは大地からなるのか、空気からなるのか？

わたしたちは壁を、泥やレンガ、石といった何か固い物質で作られていると考えがちである。また壁の建設者たちを石工やレンガ職人だと考えがちである。昔の壁は、大地――かつてその素材が引き出されてきたところ――に崩れ落ちてしまうと、ほとんど目にできないことが多く、風景の中にかつてあった壁を見つけるためには熟練した考古学的観察力が必要となる。しかし、わたしたちは昔の壁を見ることはないかもしれない。なぜならそうした壁は、もともと固く耐久性のある素材から作られているわけではまったくないからである。むしろそれらは比較的軽量で痛みやすい有機的な物質から作られている。そうした素材は大気やその影響にさらされて、文字通り空気中にやがて消えるだろう。実際、これはゼンパーが持ち続けていた見解である。というのもゼンパーは、原初の壁は小枝で編まれており、家畜を飼育する檻として使われるか、あるいは外の野生動物が入って来ないようにするための、畑や庭を囲むフェンスとして使われていたと確信していたのだ。ゼンパーは、建造物とテキスタイルは棒と枝を編んだものを共通の起源としているという自身の主張に従って、最初の「壁職人」(Wandbereiter)は、マットやカーペットの織り手であったと結論を下した。その論拠として、壁を表すドイツ語Wandが、ドレスや衣服を表す言葉Gewandと同じ語源を有しているということにも言及している[★3]。確かに、建造物の基盤を構成している土盛りは、建造物それ自体の基礎構造へと立ち上がって、岩や石から成る固い壁や要塞を形づくる可能性がある。しかしゼンパーは、Mauerという単語で示されるような固い壁の量感と、Wandという単語で表されるスクリーン状の軽い囲いとを注意深く区別していた。空間を囲い込むというWandの壁の主要な機能に関連して、Mauerの壁は、純粋に補助の役割を果たしており、保護や支えとなるものを提供するとゼンパーは信じていた。それゆえ、壁の建造の本質は、骨組みとしてのライン状の要素の接ぎ目や結び目と、それを覆う物質の製織にある。たとえ石壁や要塞が付加されたとしても、ゼンパーにとって壁の建造は、テキスタイルの技術のような性質を失うことは決してなかったのだ。

ゼンパーの論考『建築の四要素』は、出版された当初、好意的には受け入れられなかった。美術史や建築史の大家たちは、列をなしてそれを嘲笑した。確かに、建造物がカゴ編み細工と同種の製織の実践でありうるというアイデアは、今日の読者たちの多くにとってもそうであるように、一九世紀半ばのゼンパーの同時代人たちにとって奇妙に見えただろう。それに疑問を挟むことには際立った知性が必要とされる。そのような人物の一人に、デザインに関する風変わりな哲学者ヴィレム・フルッサーがいた。フルッサーが二〇世紀の最後の一〇年間で書いていることは、わたしたちに次のことを思い出させる。すなわち、テントのような、雨風からのある程度の防護を与える構造にとって、その第一の条件は重力に持ちこたえることではなく、風で飛ばされてはならないということである。この考えによって、フルッサーはテントの壁と、船の帆、さらにはグライダーの翼とを比較するよう導かれた。それらの目的は、風に抵抗したり風を破ったりすることだけではなく、折り目の中に風を捉えたり、風をそらしたり導いたりすることにあり、人間の居住を円滑にするように行なわれるのである[★4]。フルッサーにならって、風について、そして風とともに考えることで、壁を理解し始めたらどうなるだろうか？　すなわち壁を、ブロックでできた建造物というよりも凧揚げによって理解するのである。

先達のゼンパーのように、フルッサーは二種類の壁（それはWandとMauerに一致する）を区別している。ヽヽヽヽスクリーンの壁はたいてい織られた布から成るが、ヽヽ固い壁は岩から切り出されたり、重い部品から築き上げられたりする。関連する先行の問題を詳しく検討することはないが、フルッサーにとってこの二種の壁の区別は、テントと家の間の違いである。家は地圧の集合体である。その要素は、互いの上に積み重なるブロックの重みだけでしっかりと固定されている。重力は家を立たせるが、家を崩壊させることもある。家の四つの固い壁に形づくられた洞窟のような囲いの中で物は所有される――「財産は壁によって定義される」――とフルッサーは述べる。それとは対照的に、テントは空気力学的な構造物であり、もしも地面に釘で固定されたり、縛り付けられたり、つながれたりしていなければ、飛び立っていきそうである。テントの布のスクリーンは風の壁である。風の凪、つまり乱流媒体の中での休止点のようなテントは、木にある巣に似ている。つまり、テントは結び目なのだ。そこでは、人々や、人が人にもたらす経験や感情が一緒になったり、織り交ざったり、散り散りになったりする。その方法は、テントのスクリーンの壁の素材を織り上げる際の繊維の処理とまさに対応する。確かに、「スクリーン」という言葉はまさに、フルッサーにとって「経験に開かれており（風に開かれている、精神に開かれている）、その経験を蓄える一枚の布」[★5]を示している。だが、このスクリーンが映画を投影するスクリーンや「ホワイト・ウォール」といかに違うのかについて考えてみよう。理想的な場合、そうしたスクリーンや「ホワイト・ウォール」は完全に特徴を欠いており、質感も均質である。そしてその表面で再生されるイメージに徹底して無関心である。これは、二〇章で立ち戻る対照性である。

それゆえ、家がテントに対するように、また世界の上で世界に対して生活の所有物を包み込むことが、世界の中で生活の道筋の結び目や結合部分を作ることに対するように、固い岩の壁の閉鎖性は、吹きさらしのスクリーンの壁の開放性に対する。「風に吹かれているスクリーンの壁は、経験を集め、所有し、拡散する。そしてテントが創造的な巣であるという事が感謝されるようになる」[★6]とフルッサーは書いている。もちろんこの記述は、大雑把な一般論と同様にあまりにも荒削りであり、こうした言葉で建造物の形を分類しようとするあらゆる試みは、批判の重みのもとにすぐさま崩壊するだろう。岩の壁を組み込んだテントや、壁がスクリーンの家もある。

たとえば、日本の家の障子を考えてもらえばよい。薄く半透明な紙の壁は、内側と外側の間のあらゆる対立を退けて、住人の生活を光と影の複雑な作用として表現する。フランプトンが考察しているように、伝統的な日本家屋は、神社の草の結び飾りや稲わら注連縄（しめなわ）から、畳の敷物や竹の壁までいたるところが織られている世界に属していた。［★7］。確かに、テクトニックへの傾倒という点で、日本の建築物の文化は、ステレオトミックな量感に重点を置く西洋の記念碑的な伝統とは対極をなすものである。

だが、岩の壁の地圧と、風の壁の空気力学の間の全般的な対照性は残っている。フルッサーとは無関係にだが、フランプトンは、ゼンパーの先駆的な研究を直接引用することで、ステレオトミックとテクトニックの基本的な差異と、両者の間のバランスの問題へとわたしたちを連れ戻す。世界中の、その土地に特有な建造物の伝統は、天気や慣習、利用できる素材に応じて、このバランスの中で幅広い変化を見せる。日本家屋のように、壁も屋根も織られている一方で、土盛りが基盤の一部に縮小されているような建造物から、石やレンガ造りの壁がアーチ状になって同じ素材の円天井になり、はけ仕事やカゴ細工は補強としてのみ役立つ北アフリカの伝統的な都市住居にいたるまで。前者の場合、ステレオトミックな構成要素が、後者の場合テクトニックな構成要素が、最小限に抑えられているのである。いくつかの例において、物質は一つの建築様式から別の様式へと置き換えられている。たとえば石が木材の枠組みの形に似せて切られている古代ギリシャの神殿のようにである［★8］。

それでは、普通のレンガ壁をどう考えるべきだろうか？　確かにレンガ職人は、ブロックの達人であり、ブロックを何段にも重ねていく。その方法は、ブロックを均等かつ平行に、真下へ、そして最終的にはその基盤へと圧迫するものである。しかし、レンガ職人はラインの達人でもある。彼の主要な道具は、こてを別として、ひもと振子のおもりなのである。壁へのステレオトミックな見方は、きちんと積み重ねられたレンガを認識させると同時に、モルタルを単にレンガの間のすき間を埋めるものとみなすように促すだろう。しかしテクトニックな見方は、壁が、複雑であるがひと続きにつながったモルタルの織物であることを明らかにするだろう。そこで隙間を埋めているのはレンガなのである。では、壁はバランスのとれたレンガの積み重ねであるのか、あるいは精巧に織られた織物であるのか？　壁は積み上げられているのか、あるいは接着されているのか？　明らかに両方である。壁や壁の建設の中で、ステレオトミックな技術とテクトニックな技術は交わって融合しているのだ。しかしそのとき、地面に何が起きているのか？　空間的な囲いや保護、防御といった壁のたくさんの機能を指摘することはできるだろう。しかし、壁の厚みの中で地面はどうなるのか？　ステレオトミックなモデルが示しているように、地面は未だに基盤としての機能――隠れていたとしても――を果たしていて、構造物全体がその上に支えを見出しているのだろうか？　それとも、壁は地面に、つまり大地の物質が込み上げて、亀裂を通るようにレンガ造りの構造の中に接着した外部に面した表面の間に、ある種の襞を作っているのだろうか？　続く章では、結び目の原理に基づいたテクトニックなモデルが、否応なく後者の結論を導くことを示していく。

★1 この区別については、Frampton（1995：5）を参照のこと。
★2 Frampton（1995：7）を参照のこと。
★3 Semper（1989：103-4）を参照のこと。
★4 Flusser（1999：56）を参照のこと。
★5 Flusser（1999：56-7）。
★6 Flusser（1999：57）。
★7 Frampton（1995：14-16）。
★8 Frampton（1995：6-7）。

7 山と摩天楼

山と摩天楼の違いは何だろう？　摩天楼を建設するには、最初に堅固な基盤、すなわち建物全体をその上に置くための下部構造を築かなければならない。その際、クレーンが必要になるだろう。クレーンとは、本来の意味での重機である。つまり、重い物を持ち上げるための道具である。そしてそれは、単純であるが非常に基本的な原理を具現化している。すなわち、構造を作り上げるために、部品を上から降ろす必要があるのだ。したがって、クレーンは建造物の一番高い部分よりもさらに高くなければならない。急速に成長している都市ではどこでも、クレーンの森が訪問者を迎える最初の光景である。各々のクレーンは、建設現場の地面から部品を持ち上げ、建設が及んでいる高さ以上に部品を持ち上げてから再び降ろすことで、すでに設置されている部品の上に部品を置くというように使用されている。これらの部品はもちろん構造のビルディング・ブロックであり、大抵は他の場所で作られてから、既存の場所に持ち込まれる。建設が終わると、摩天楼は鋼で補強され、ガラスに覆われた、完全な垂直性に関する抽象的で幾何学的な原理から成るコンクリートの化身として建つ。そして建設現場の地面——瓦礫が取り除かれ、構造上の重要性のすべてが今やそこから立ち上がっている——は同様に、完全なる水平という理想に限りなく一致するように平らにされている。

現代の世界では、「摩天楼モデル」——そう呼ぶならば——が、人々の想像の中で特に偶像的で壮観な山々が象徴となってきた方法を掌握するようになった。わたしたちは山を、クレーンの援助なしに、自然によって奇跡的に作り上げられた摩天楼のようなものだと考える傾向がある。実際、多くの点で山は都市の延長となっている。最高峰の山々に登ることは、摩天楼の外側をよじ登ることと同様に、専門家やスタントマン、変わり者の仕事だとみなされている。というのも、同一人物が同じ装備を用いて、両方に登っていることがよくあるからだ。彼らにとって、山腹はガラスの窓であり、山の急勾配面は「壁」である。重要なことは山の垂直性であり、それは海抜として数値化される。だからこそ山々が特徴づけられるのは、その頂上によってであり、山頂の激しく波打つ岩の塊がちょうど一番高い地点となるところによってではない。また、登山家たちが山に登ったと主張するためには、山頂に到達しなければならないのもそれゆえである。しかし、普通の入山者たちはリフトや、あるいは山でそれに相当するケーブル鉄道やケーブルカーを利用する。入山者たちは引っ張りあげられるのだ。頂上で入山者たちは、外部から完全に隔絶された、ガラスに囲まれたパノプティコンの中で、眺めを楽しんだり、あるいは高価なレストランの食事を楽しんだりするのかもしれない。こうした山頂施設は、摩天楼と同じ原理で、つまり上から材料を降ろすことによって建てられる。しかしながら、スイスの高山に十分に勝る高さのクレーンは未だ作られていないので、持ち上げることや降ろすことはヘリコプターで行なわれるだろう。

もちろん実際の山は、摩天楼のように建てられているわけではないが、わたしたちはあえてそう思おうとしている。山は、ブロックから構成されるのではなく、地殻(テクトニック)変動の動きから生じている。山の形は、人間の命の長さと比べると不変のように見えるけれども、変動している最中であることの証である——その動きには始まりも終わりも決してない。実際、あらゆる山岳地帯は、果てしのない建設現場である。山を建設する際に作用する地質的、気象的な力は多種多様であるが、ここではそうした力を再検討することはしない。わたしが言おうとしている大まかな論点は、すべての山は地面の襞なのであり、地面の上に置かれている構造ではないということだ。襞の内部で、地球の物質は——火山活動の場合——上方に押し上げられる。まさに噴火である。より適切な用語を必要とするなら、わたしはこれを「押し出しモデル」[図7.1]と呼ぼう。摩天楼モデルでは、部品は上方から土台へと降ろされるのに対して、押し出しモデルでは、部品は下からその構造へと盛り上がる。このモデルにおいて、地面は大地の膨張によって隆起するが、それは肌が吹き出物によって膨れるのと同じである。それゆえ地面は地面でありながら、険しかったり急であったりする。そして登山者は、傾斜面や山頂で、歩こうが登ろうが降りようが、いずれにせよ地面と接触したままである。確かに、完全な垂直性という観点ではなく地面のトポロジーの観点から山について考えるならば、山頂はその魅力の多くを失う。というのも、それは偶然的に周囲の地面から高くなっている地面の一区画にすぎないからである。

近頃では、丘の上の多くが、電力発電所などのような他の用途に供されている。こうした開発の支持者や反対者たちの間に広まっている感覚は、いたるところにある風力タービンが、景観に場違いな存在感を放っているというものである。こうした感覚になるのは彼らが、建造物の摩天楼モデルと押し出しモデルとの間の不適合さに思い至るからであろうか？　タービンを支えるためには、平らな表面を持つコンクリートの基盤を用意して、地面に深く沈める必要がある。タービンは、基盤の表面の上に取り付けられている。しかし、その周りのすべての地面は下部構造ではない。それは襞である。タービンを観察することは、地面や、実際には丘であるものについての、大きく異なる二つの概念を同時に受け入れなければならないということかのようである。この矛盾を取り除くために、わたしたちは、丘もまた大地の表面に取り

図7.1　摩天楼モデル（上）と押し出しモデル（下）

付けられた巨大な建造物だと考える（この方法で象徴的な山々についても考えるために、高山の上のレストランや眺望施設に宿る同様の不調和を見つけることができないのだろう）。あるいはタービンを、高い木々から成る森のように、丘自体からどうにかして成長したものとして考えるのだろう。こうして、それらの建造方法を曲げて解釈するのである。

それでは、丘や山が地面から隆起しているにもかかわらず、地面であるということは、どうして可能なのだろうか？　わたしたちは、前章を同様のジレンマで締めくくった。しかしながらそれは、人間が建てる構造物である壁についてであった。どうして、壁は地面から隆起させられているのに、それでも地面であるのだろうか？　哲学者ジル・ドゥルーズが『差異と反復』において、同様の問題に取り組んでいることに気づくだろう。ドゥルーズの主張は、異なるものに生成する中で、あるものは自らを他のものから区別しようとするのだが、それは後者が自らを前者から区別することなく行なわれるというものである。たとえば、稲妻の筋は夜空を背景にして見えるが、空は稲妻を背景にして見えることはない。区別とは一方的なものなのである。そしてこのことが、いかに背景とラインにもあてはまるかをドゥルーズは提言する。彼が記述するに、ラインはそれ自身を背景から区別するのだが、それは「背景が自身をラインから区別することなく」[★1]行なわれる。これは、一枚の紙を持ち上げて折り目を作るようなものである。わたしたちは折り目のラインをつけ、そのラインをそれ自体の存在を持つものとして見るが、しかし折り目は未だ紙の中にあるのだ。言うなれば、折り目のラインを放棄することは、紙が折り目と別れて、均質な同質性に戻ることというわけではない。折り目が紙であるということは、襞が——山の形の襞であろうと、壁の形の襞であっても——地面であるということである。

だが、この押し出しモデルが、山にも壁にも適用されるならば、摩天楼にも適用されるのだろうか？　摩天楼と地面との想像上の会話に耳を傾けてみよう。摩天楼は言う。「見てください、わたしは完成したのです。どんなに高く、空にまっすぐそびえて見えていることでしょう。地面さん、あなたは下部構造で、わたしは上部構造なのです。わたしはあなたの上に、あなたを超えて存在しています。あなたはわたしの真下にいます。あなたはわたしを支える岩なのでしょうが、わたしがいなければ、あなたは自分自身と呼ぶことのできるいかなる形や特徴も持たない、ただの荒地です」。これに対して地面は応える。「あなたは自分が完成したと思っているかもしれませんが、それは実際には大きな間違いです。というのも、あなたを作っている物質——コンクリート、鋼、ガラス——がどこから来たと考えているのでしょう？　また、そうした物質は現在の形で永遠にあり続けると思いますか？　こうした物質は大地から来たもので、いずれはそこへ還るでしょう。わたしはそれらをあなたに譲りますが、それはただ情けの上でのことです。それらはわたしの肉体、わたしの実体のままであるのだから。こうしてわたしは、まさにあなたの構造の中に立ち上がるのです」。ここで地面は、テクトニックの声色を用いて、ラインの言葉で話している。

だが、最後の言葉は壁に向かうべきかもしれない。壁という地表の襞は、その実体の中に大地を取り込んでいるので、同じテクトニックな力によって破壊される。その力は、壁を接ぎ目で引っ張ったり曲げたりするのだ。壁の構成要素は、そのやりとりの中で、互いに自らを差し出し合っている。石垣の強度は、ラルス・スパイブルークが考察しているように、その沈下[★2]に存在している——沈下は石積みの重みや、石同士の接触や「適合」にだけではなく、石がもともと採掘されたところの地面との石の共同的な沈下にも及ぶ。さらに、この沈下は一度きりではなく、たびたび起こる。地面が持ち上がると、壁がその重みで応える。これが調和のプロセスである。詩人のノーマン・ニコルソンは、彼の出身地であるイギリスの湖水地方についての詩を詠んでいる。そこは荒野や山々から成る地域であり、畜産のために建てられた石の壁が数世紀にわたって存在している。彼はその土地を次のように綴る。

壁がゆったりと歩く
地面のたわみや、
岩の突起のきしみの上に、
壁は恐る恐る自らの足を置き、
羊が通り抜けるための穴にまたがって
敷石やひざ関節を
沈めて固定させる。

山の斜面が
侵食され、吹き流されるにつれて、
壁は斜面とともに変化する
壁は絶えず動いている。［★3］

★1 Deleuze（1994：29）〔インゴルドは英語版の『差異と反復』を引用しており、仏語原書から訳された邦訳該当箇所（『差異と反復〈上〉』財津理訳、河出文庫、二〇〇七年、八九頁）とは文意に相違があるため、本文中の引用は上記を参照しながら訳者によって訳出された〕。

★2 Spuybroek（2011：153-5）。

★3 これらの一節（ライン）は、ノーマン・ニコルソンの詩「壁」の第三節を構成している。Nicholson（1981：15-16）。著者と出版社（Faber & Faber）の厚意により転載の許可を得た。

8 地面

人間は陸生生物であり、地上に住んでいる。このことは一目瞭然のように思われる。しかし、地面とは何だろう？　最初の見通しとして、わたしたちは、地面は大地の表面の一部であり、それは直立した身体の諸感覚にはっきりと感じられると思うかもしれない。哲学者のイマヌエル・カントは次のように書いている。大地は「わたしの感覚に対して、円形の地平線を持つ、平面的な表面」としてあらわれる。カントにとって大地の表面は、人間の経験のまさに根底にある。すなわち大地の表面は、「わたしたちの熟練を示す芝居が演じられる基盤であり、舞台であり、［また］その上でわたしたちの知識が獲得され、応用される地面」［★1］である。存在し、わたしたちの知覚の対象を形づくるものはすべて、小道具や舞台装置が劇場の舞台の上に設置されているように、大地の表面に置かれている。その表面の下には、形のない物の領域、つまり世界の物質的な材料がある。そしてこの上には、非物質的な形、つまり純粋な観念や概念の領域がある。それは経験の断片的なデータを、世界全体についての秩序立った知識へと組織化するために、精神が感覚の裏付けにもたらすと言われる領域である――カントが想像するに知識は、球面上に、ひと続きで限りあるものであるかのように配列されている。カント哲学の主体は、しっかりと地面に足をつけ、精神を理性の球面に飛翔させながら、とりわけ知識を探求する者であった。

カール・マルクスの政治経済論において、主体は、大地が自分の目的のための道具へ変化したことを見るという労働過程を経た後で、仕事に従事させられる。マルクスは、大地は「最も一般的な労働の道具だ［…］なぜなら、大地は労働者に、あらゆる作業のためのプラットフォームを準備するとともに、その活動のために使用するフィールドを提供するからだ」［★2］と主張した。より簡単に言えば、わたしたちは立つための地面を必要とする。これは、自明のことに関する見え透いた意見であり、こうした意見の多くがそうであるように、たくさんの複雑な事態を隠している。地面や、その下の大地を取り去ると、わたしたち労働者は、自分の道具を失った人のようになるのだろうか？　あるいは、あらゆる存在から脱落した人だろうか？　人間がいなくとも大地は存在できるが、大地なしに人間は存在できるだろうか？　また、もしも大地が人間の存在のために必要であるならば、同じように、人間は大地の最も一般的な道具であるとは言えないのだろうか？　なぜなら人間は大地の恵みを回復させる手段を提供するのだから。人々は大地の上で生産するのだろうか？　あるいは出産に立ち会う助産師のように、大地が生産するものを収穫する際に手助けをするのだろうか？［★3］　今のところはこうした複雑さには目をつむり、次のことを記せば十分である。それは、カントにとって舞台となるものは何か、マルクスにとって生産のプラットフォームと同等のものとは何か、ということである。それらは、単に備え付けられていたものではなく、人間の活動を通して大いに変形されたものである。だが地面は、それでもそのような活動の基底として現れる。つまり、精神的なものと物質的なものとの間の接点として現れるのである。そこでは、世界の純然たる物性は、人間の努力の創造性に直面する。

一世紀以上後で、心理学者ジェームス・ギブソンは、視覚的な知覚の生態学に関する先駆的な研究の中で、地面の重要性に立ち返った。ギブソンは、自明の理に思えるようなものから論を再開する。すなわち、「地面とはもちろん、大地の表面を指している」［★4］。この表面についてのギブソンの理解と、マルクスとカントが表面について述べたことの間には多くの共通点がある。マルクスによる大地の道具性やその使用価値についてのアイデアに対して、ギブソンは「アフォーダンス」の概念を代わりに用いる。ギブソンの理論において、物のアフォーダンスは、動物をその現在の活動に照らして行動させること（あるいは逆に、動物の行動を妨げること）であり、動物が知覚するあらゆるものに先立って存在している。たとえば、地面の表面は、陸生の二足歩行や四足歩行の動物を支える基底である。地面は「その上に立つことができるものであり［…］、歩くことも、走ることもできる」［★5］。ギブソンが「開けた環境」と呼ぶもの、つまり内容物のない環境という限定的な場合においては、地面は完全な平面として実感され、地平線の大円を遮ることなく遠ざかっていく。すでに見たように、カントも同様の見解を示していた。

しかし一つの重要な違いがある。ギブソンの思考において、地面は形而上学的な意義を持っていないのに対して、カントやマルクスの場合はそれを持っていたのだ。地面は精神的なものと物質的なものとのあいだ、あるいは観念的な理性と感覚的な経験とのあいだの境界を印づけはしない。労働者の意識を彼が働いている土壌から切り離すことはできないのだ。要するに、地面は、物質的な世界を包みこむのではなく、むしろ物質の世界の内部で、大地の相対的に固形の物質と、空気の相対的に揮発性の媒体との間の接点を構成するのである。マルクスが一八四八年の『共産党宣言』で、「すべての固定されたものは空中に消え去る」と宣言したとき、彼は隠喩的にブルジョワ社会の中での、生産の前資本主義的様式における「固定され、凍てついた関係」の霧散に言及していたのであり、自然の過程については何も言及していない[★6]。これとは対照的に、ギブソンにとって固体性とは、大地の実体を、その上のガス状の媒体から区別するものである。つまり地面の表面という認識を浮き彫りにする区別である。もし固体の大地が空気に溶け出してしまったならば、そのとき地面は簡単に消失するだろう。

下方の大地と上方の空とともに地面に支えられることで、ギブソン的知覚者は、現象界の外面へと追いやられるのではなく、現象界の真ん中に位置付けられる。その意味で、彼は住人である。彼は呼吸するための空気と、立つためのプラットフォームを持つ。だが開けた環境は、地面の表面のみを構成するので、それ自体が居住可能なわけではない。この点について議論するにあたって、ギブソンは地面を部屋の床と比較する。家具のない空っぽの部屋の中で、人は床の上で立ったり歩いたり、あるいは走ったりすることさえできるだろうが、それ以外のことはほとんどできない。しかし、居住者のいる家の中では、部屋には家具が散在している。そしてこの散在こそが、他のすべてのこと、つまりその家で続けられている日々の活動を可能にする（もちろん、走り回るといったいくつかの活動を妨げもする）。同じようにギブソンは、特徴を欠いた平面は、立ったり歩いたりすることに適しているかもしれないが、他のあらゆる点においては、荒廃しきった光景であろうと推論した。そこは生命をかくまうことができないので、いかなる生き物に対しても環境となることができないのだ。ギブソンの言葉で言えば、「部屋の家具のように、大地を整備するもの（furniture）は大地を生活できるようにするものだ」［★7］。部屋のように、大地にはありとあらゆるものが散在しており、それらが無数の居住者の多様な活動を可能にしている。そこには着脱可能な対象がある。つまり洞窟や巣穴といった囲い、丘などの凸部、窪地などの凹部、亀裂や裂け目といった開口部である。確かに、どんな普通の環境もかなり取り散らかっているので、その環境の居住者たちが地面に直接的に触れるようになることはまったく起こりそうもない。

この結果はひどく逆説的である。一方でギブソンは、地面が「地上の環境の文字通りの基礎」であり、「基礎的支持面」であるだけでなく、「他のあらゆる面の基準となる面」ですらあると強調している［★8］。この意味では、地面は根本的に他の何よりも先立って、そこにあるべきである。しかし他方で、地面は、抽象や再構築の過程を通ってのみ到達されうる表面である。つまりは、地面がその一部を成す環境から、あらゆる変化や細部を排除することによって、また家具や景色の一部として地面を作り変えることによって、そして前もって準備された特徴のない床の上にそれぞれの家具を置くことを想像して光景を再構築することによって、到達されるのである。このことはもちろん、わたしたちが摩天楼モデルと呼んでいた論理を正確に反映している。このモデルは、山ですら土台の上に立てられた上部構造として扱うことで、等方性を持つ完全な水平状態を作り出すものであった。このモデルにおいては、差異は両面的なものとなる。つまり諸々の特徴が自らを地面から区別するのと同様に、地面も自らをその特徴から区別する。折り目から紙を、壁から基盤を、上部構造から下部構造、そして山から土地を区別するのだ。このようにして、あらゆる差異は、戦場で切断された手足のように荒野に撒き散らされた諸々の断片――ギブソンが「環境的対象」と呼ぶもの――を残しながら、分離させられる。荒野と断片は、無差異の二つの側面に対応している。つまりそれぞれ、ドゥルーズが言うところの「暗黒の無」と「純白の無」である［★9］。断片は、荒野の上にいようと無差異である。つまり断片はどこにいることもできるのだ。逆に荒野は、その上に何が載っていようと無差異である。ドゥルーズは、実際の差異はあいだのものであると議論する。

ここに別の例がある。子どもの頃、わたしは鉄道模型を作っていて、そのことに非常に誇りを持っていた。しかし、その配置の最重要部分は、線路(ライン)ではなく、線路(ライン)が通り抜ける丘や谷といった景観であった。それらはワイヤーの網や、張り子の紙、石膏などで作られており、そのすべてを、木製の枠と足の上に乗せられた軟材の平らなシート上に設置していた。このシートは、ベースボードとして知られていたが、確かに支持体の下部の表面であり、わたしの模型のまさに土台であった。しかしこのシートは、わたしがその上に作った「散在物」によって完全に視界から隠されていた。わたしがその景観の中に置いたミニチュアの人や動物は、動くことができたならば、ベースボードの地面を歩き回るのではなく、舞台装置によじ登るだろう！　彼らは丘の上にいようと谷底にいようと大した違いはなかった。なぜなら彼らは散在物の一部であったからだ。山頂に執着している登山者は、同じような方法で世界を自分の模型として扱うが、この場合は実寸大で、海面に概念的に設定されている基点との関連から標高を計算する。それゆえ、すべての地面は地面の上にある。なぜなら地面自体――他のすべてのものがその上で休息するはずの固い土台――は流体の大洋に他ならないからだ。しかし、この海でさえ作り事である。なぜなら本物の海は、航海者は皆知っているように、うねったり波打ったりして、その水面を潮目とともに上下させるからだ。

少なくともわたしたちは現在、地面ではないものを知っている。地面は舞台でもなく、プラットフォームでもなく、床でもなく、ベースボードでもなく、海でもない。では、地面とは何であろう？

★1 二つの引用のうち、最初の引用はカントの『純粋理性批判』(1933：606)〔イマヌエル・カント「純粋理性批判」、『カント全集6』有福孝岳、久呉高之訳、岩波書店、二〇〇六年、五一頁〕から、二番目はカントの『自然地理学』(1970：257)〔イマヌエル・カント「自然地理学」『カント全集16』宮島光志訳、岩波書店、二〇〇一年、一七頁〕の序文からの引用である。

★2 この見解は、『資本論』第一巻(Marx 1930：173)から引用している。

★3 一八世紀にフランソワ・ケネーとアンヌ＝ルベール＝ジャック・テュルゴーが提唱した重農主義の原理によれば、土地をたがやす農業者の役割はその土地の多くの生産物を受け取ることにある。その一方で職人の役割は、人間が所有する形のデザインを生むことである。マルクスは製造の一種として農産物を扱うことによって、重農主義を覆したとも言える。人類学者スティーファン・ギュードマンとアルベルト・リベラは、重農主義的理想の反響を、現代のコロンビアの小規模農業者たちの自分たちの生活や仕事についての話の中に見る。こうした農業者たちにとって生活は、土地の「力」(la fuerza)、あるいは強さを原動力にしている。彼らは大地が自分たちに食べ物を与えてくれると言う。人間の役割は、大地が産出する際に手助けすることである(Gudeman and Rivera 1990：25; Ingold 2000：77-88も参照)。わたしは最終章で、この生産と収穫の問題に戻る。

★4 Gibson(1979：33、強調は原文による)〔J・J・ギブソン『生態学的視覚論——ヒトの知覚世界を探る』古崎敬、古崎愛子、辻敬一郎、村瀬旻訳、サイエンス社、一九八六年、三五頁〕を参照のこと。

★5 Gibson(1979：127)〔同上、一三七頁〕。

★6 Marx and Engels(1978：476)〔マルクス／エンゲルス『共産党宣言——共産主義の諸原理』服部文男訳、新日本出版社、一九九八年、五四頁〕。

★7 Gibson(1979：78、強調は原文による)〔前掲書、八五頁〕。

★8 Gibson(1979：10, 33、強調は原文による)。〔前掲書、一〇、三五頁〕

★9 Deleuze(1994：28)〔ジル・ドゥルーズ『差異と反復〈上〉』財津理訳、河出文庫、二〇〇七年、八七頁〕。

9 表面

外の地面と部屋の床とのあいだの差異は何だろうか？　あらゆる近代的な利便さを備えた都会のアパートや郊外の家に十分住めるほど裕福な人々は、住まいは包み込まれると想像しがちである。わたしたちは外側が内に入っている世界――わたしが反転した世界と呼ぶつもりのもの――の中に生きている。そこでは、動いて成長するもの、輝いたり燃焼したりするもの、あるいは騒音を起こすもののすべては、外部のシミュラークルやイメージとして再構成されている。ネズミから蜘蛛にいたるまで、実際に生きている動物は、彫刻のようなものや、鉢植えに植えられた装飾用の植物に場を明け渡すために、追い払われたり駆除されたりしている。見晴らし窓は、テレビのスクリーンに投影されるものとよく似た景色を提供する。人工照明は、太陽光線を真似て設計されている。物陰のラジエーターは、目に見えない熱源から熱を発する。その一方で模造の石炭は、電気で点火されて、暖炉の中で燃える。またスピーカーは、壁のあちこちに体裁よく取り付けられ、録音された音を発するが、その音は木々を通る風のざわめきや、海岸で波が砕ける音である。音は、わたしたちが床に置かれたベッドで眠りに落ちるときに、リラックスする手助けをする。そしてその床は、ほかの誰かの天井であるかもしれない。大地は、わたしたちにはわからない、あるいは知りたくないと心のどこかで思っている、わたしたちが心の奥底で考える場所であり、悪いことが起こったときや、わたしたちの生活を包み込んできた防御物が破綻するときに設備屋のみが入り込むことができる場所だ。わたしたちが横になって眠っているとき、破裂したパイプや、水漏れする配水管、電気ケーブルをネズミが齧っている光景が夢にたびたび現れる。

この包み込まれる経験は、そうした事柄の研究に取り組んでいる心理学者や哲学者たちですら、認識する準備がうまくできていないと思うまでに、世界に住む意味についてのわたしたちの考えに影響を及ぼす。前章で見た通り、わたしたちは、屋外の地面を、床と同様にその上であらゆるものが立つベースボードや下部構造の一種だと考えるように導かれた。あらゆるものとは丘や谷、木、建造物、さらに人のことである。わたしたちは植物が地中ではなく、地上で育つと思っている。また動物たちは地面の表面上を走り回っていると思っている——植物や動物たちもまた穴や巣を掘るということを忘れながら。わたしたちは景観を視界として扱って、絵画の中で世界を見ていると想像する。そこで世界は、室内の白い壁の上のものとしてわたしたちの精神へ光学的に投影されるのだ。この絵画的景観においては、天候は存在しない。風は吹かないし、雨も決して降らない。雲はその成長を永久に止められている。どこかで火が燃えることもなく、煙もたたない。わたしたちは太陽を、光の爆発としてではなく、天体として語る。外出したときに聞こえる音を録音して、それを「サウンドスケープ」と呼ぼうとさえ考える。

わたしたちの祖先はそのようには考えていなかっただろう。遠い昔、祖先の多くは洞窟に暮らしていた。世界のいくつかの地域では、彼らは未だに――あるいはかなり最近まで――洞窟に住んでいる。洞窟の中では、床は大地そのものである。だが壁も屋根もそうなのである。洞窟に住むことは、大地の上ではなく、その中に住むことであり、地球から栄養を引き出すことである。近辺で成長している植物や、そこらをうろつく動物、人間とともにいて洞窟が提供するシェルターを活用している動物たちがそうしているように。洞窟の開口部から、つまりわたしたちの目としての場所から、わたしたちは、世界を描いた絵画ではなく世界それ自体を見る。時折、人は洞窟の壁に絵を描いた。だが景観を絵画的に表現するのではなく、どちらかというと自分の足跡を大地に刻印するかのように、彼らは自分自身（あるいは祖先や、自分たちが精霊に変身した姿）をその絵の中に描いた。まさに洞窟の中心部における、火――炉床の火――は、暖かさだけではなく、生命そのものの源でもあった。また音響的に、洞窟には大気の立てる音が鳴り響いていた。したがって洞窟は、わたしたちの身体と同様に、生命のコンテナではなかった。わたしたちは身体の内部に住んではいないが、しかし――呼吸や食事において――かわるがわる絶えず世界を自分の中に集めると同時に、自分を世界に解き放っている。同じ方法でわたしたちが住んでいる家や地形について考えた場合、そこにはどのような違いがあるのだろうか？

歩行者を想像してみよう。今回は、ミニチュアのレプリカではなく、現実の人間である。彼は現実にある丘の上や、谷を通って自分の道を作る。こうした丘や谷は、わたしの模型の舞台装置がベースボードの上に載っていたように、大地の表面に載っているわけではなく、山や壁のように、それ自体が大地の襞なのである。歩行者は地面それ自体を踏みつけて、その起伏を、近くや遠くの地平線の移り変わりや、重力に抗い、屈するという筋肉の行使の強弱の度合いの中で経験する。それゆえ、歩行者は地面を何よりもまず、動きの中の運動感覚で知覚する。わたしたちが丘の地面について「隆起している」と言うのは、これは地面自体が動いている状態にあるからではなく、わたしたちが自らの身体を行使する中で地面の輪郭を感じているからだ［★1］。たとえ遠くから丘を見ていたとしても、わたしたちはその隆起を、注意を焦点化する眼球運動が、地平線の上方に傾斜するラインを読み取るにつれて感覚する。次に、わたしたちは、地面を特色のない完全な水平面で構成することから離れて、地面が差異の領域であることに気づいた。すなわち、地面は際限なく変化に富んでいるように見えるのだ。こうした変化は、輪郭だけではなく、材質や色彩、質感にも及んでいる。そうした散在物について、ギブソンは地面に置かれていると考えていたが、実際にはまさに地面の構成に内在するものなのである。もちろんその表面は、近くから遠くまでさまざまな尺度から観察され、それぞれ異なるパターンや質感、肌理を見せるのである。しかし、わたしたちが採用する観察の尺度がどのようなものであれ、地面の表面は、まるで皺があったりまだらであったり多様な形に見える傾向がある。

この意味で、地面はフラクタルな質を持ち、それゆえに第三の特徴に従う。それは混成である。

いうなれば地面は、あらゆる表面の表面であり、さまざまな素材の寄せ集めが織り交ざったものから成る絡まりであり、それぞれ独自の性質を持っている。類似したものは、テキスタイルから引き出される。テキスタイルの表面は、それを織り上げているすべての糸の表面と同じではないにもかかわらず、それらの糸によって構成されているのである。テキスタイルはメッシュあるいはラインのマトリックスである。このマトリックスの中には、ブロブもあるだろう。それは、岩や木が形成される過程で取れた小石のような小片やかけら、小枝や球果のことである。地面のところどころは織地というよりも粒状であり、結ばれているというよりも砂丘や砂利のように積み上げられている。しかし、わたしたちが繰り返し観察してきたように、純粋に粒状の地面――すべてがブロブであり、ラインのない地面――は生命をかくまったり養ったりすることができない。また、生命を養うことに関して、わたしたちは地面の表面についての第四の特徴であり、おそらく最も重要な特徴を見つける。すなわち、地面の表面はあらかじめ存在しているのではなく、つまり他のすべてのものにとっての既定の基盤ではなく、連続的発生を経ているのだ。ギブソンにとって表面は、固形物質が気体の状態に変化しない範囲において、あるいは「空中に消え去る」ことのない範囲においてのみ存続するものであることを思い出そう。ギブソンが考えるに、表面の存在は、物質と媒体の分離と不混和の証である[★2]。しかし、生命の世界において、地面の表面は、物質と媒体との間の反作用にもかかわらず、それらのおかげで存続するのである。実際、そもそも地面が形成されるのは、そのような物質と媒体との間の反作用を通してである。

大地の表面の大部分は、植物で包まれている。大地を詳細に調べると、植物のもつれがかなり密に絡まっていることがわかる。そのため、「地面の水平面」が実際にどこにあるのかを正確に決定することはおおよそ不可能である。植物にとって重要なことは、太陽エネルギーを利用するということである。そのため、実際のところ地面は、照明の境界のような干渉可能（コヒーレント）な表面ではない。植物の成長は、光合成反応によって刺激される。光合成反応は空気中の二酸化炭素と、根から吸い上げた水蒸気——あらかじめ大気から土壌に吸収されていた——とを結合させ、わたしたちや他の動物たちが呼吸するための酸素を放出するものである。植物が最終的に死滅し分解すると、その堆積物が土壌の層に加わり、栄養を豊富にし、そこからさらなる成長が起こる。この意味で、大地は絶え間なく成長している。それゆえ考古学者たちは過去の生命の形跡を発見するために掘り起こさなければならない［★3］。しかしこの成長は、地下で起こっていることに対する封印や蓋、マンホールであるかのように、覆い隠しているわけではない。あるいは、未来の建造物のための干渉可能（コヒーレント）な基盤を据えるような固形化でもない。この点で、地面の表面は、表層的なものでも下部構造的なものでもなく、不活性なものでもない。それはむしろ*間質的*なものなのである［★4］。文字通り、大地と空の「あいだに立つこと」は、最も活動的な表面であり、あらゆる生命が依存している反応——光合成がその最も基本的なものだ——の主要な場所となる。生命が生じるところはどこでも、地面が形成されていく中で、地上の物質が、空気の媒体と結合する。

自明のことであるが、植物は地面の上ではなく、*中*で成長する。この記述もまた、大地は人間の活動のための場を提供するというマルクスの考察のように、より深淵な真実を隠している。その真実とはパウル・クレーが、地面に落ちている種のイメージにおいて美しく喚起したものである。クレーは次のように書いている。「地球と大気の関係は、成長する能力を生じさせる。[…]種が根を張り、そのラインは最初に大地へと向かうが、そこにとどまることはなく、ただ空中へと伸び上がるために大地からエネルギーを吸収しているのである」[★5]。種が成長するにつれて、胚芽の先端——かつて大地と空が生命の誕生に直に触れていたところ——は、性交をとりなすライン状の茎へと伸びる。それぞれの端を擦り減らしながら、茎は球根の中で下の土壌へとほどけて、花冠の中で上の空気と混じり合う。クレーのスケッチブックの中の一枚のドローイングを、[図9.1]に再現したが、このドローイングにおいてクレーは、植物の成長の三つの段階を、茎の両端に二つの調和点を持った定常波として描写していた。そこに付された注記は、以下のような段階を記述している。「I：活力は土壌であり、そこで種が発芽する。土壌、種、栄養、成長、根の複合体がIの形を生み出す。II：光と外気の中へ芽を出して、呼吸器官を形成する。一、二枚の小さな葉が生え、そのあとたくさんの葉が生える。III：結果として花が咲く。植物は完全に成長した」[★6]。

この三部構成において、植物は大地的であると同時に天体的である。そうであるのは、クレーが指摘したように、空と大地の混じり合いそれ自体が生命と成長のための条件だからである。植物が大地に属するものである（大地の上にあるのではなく）から、植物は空に属するものでもあるのだ。あるいは、哲学者のマルティン・ハイデッガーは、彼独自の言葉で、大地は「運搬者の役目をつとめ、開花して実を結び、岩や水へと広がり、植物や動物へと立ち上る」[★7]と述べる。要するに、光照射や水蒸気、気流——太陽や雨、風——のおかげで、大地は永遠に外に吹き出し続けており、その結果、地面を破壊するのではなく、地面を作り出しているのだ。そのとき、物質と媒体の分離を維持したり、あるいはそれらを各々の領域にとどめたりするのは、大地の表面ではない。それをしているのはむしろ、大地の表面仕上げ（Surfacing）である。この言葉で、わたしは、道路建設や都市開発の基盤構築において見られるように、コンクリートやアスファルトといった固く耐久性のある素材の層で地面の表面を覆うという、地面の表面の処理を意味している。そのような処理の目的は、地面を、現代の理論家たちが常に考えていたような表面へと変えることである——つまり、水平で、均質で、あらかじめ存在していて、不活性な地面である[★8]。

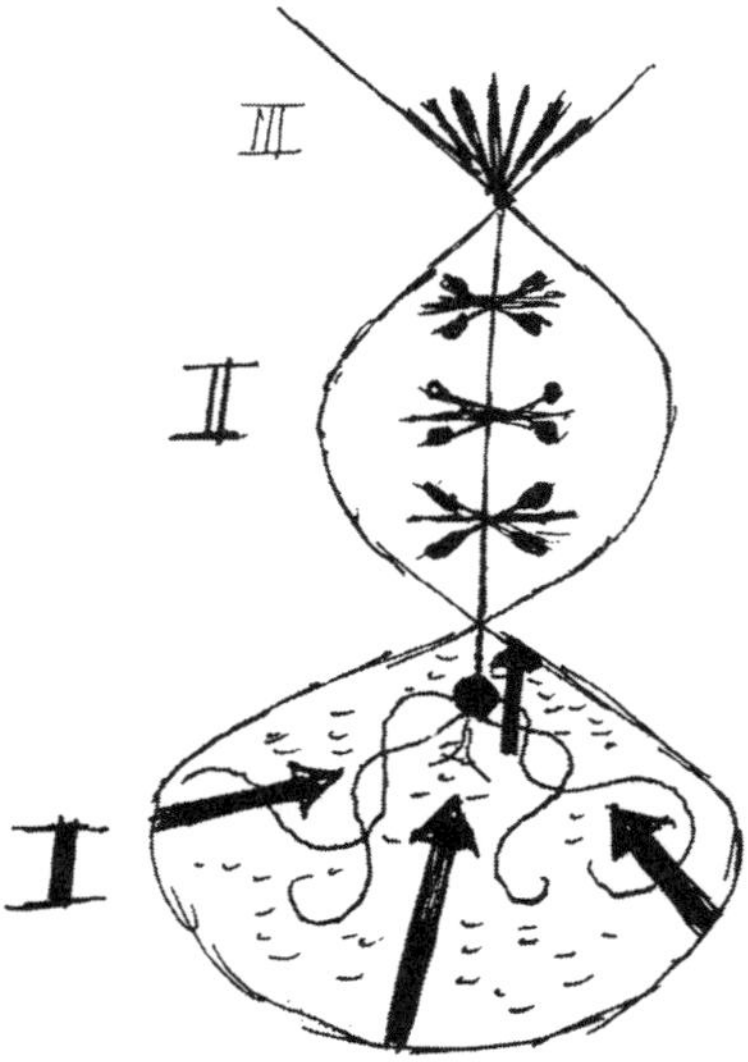

図9.1　植物の形成の3段階
パウル・クレー『造形理論ノート（Beiträge zur Bildnerischen Formlehre）』（1921/2）の中のドローイングをアウトライン化したもの。ベルンにあるパウル・クレー・センターの許諾のもと複製。

それは大地を舞台やプラットフォーム、床、ベースボード、言い換えれば、その上に都市の上部構造を建てることができる下部構造にする。

頑丈な表面仕上げは、構築環境の決定的な特徴であると主張したい。そのような環境の中で生命は、正確には地面の上や、それより高いところに住んでおり、地面の中に住んではいない。植物は鉢植えの中で育ち、人々はアパートメントの中にいて、遠くの源から食事や水分を得る。生命と住まいは包み込まれている。構築環境には、ギブソンが環境一般について述べていたように、多くの対象が散在している。そうした対象と地面のあらゆる部分との唯一のつながりは、それらの対象が地面の上にたまたま配置されているということである。散在している対象がすべて取り除かれたならば、わたしたちは確実に荒廃した光景に直面するだろう。家具のない固い表面の世界は、特徴がなく不毛である。そこでは何も成長することはできない。だが、これは極端なことであり、かなり入念に環境を処理したとしても、実際に実現することは決してできない。というのも、絶えず管理され、強化されない限り、固い表面は空と大地の自然の力に耐えることができないからだ。その力は地面を上から侵食し、下から破壊する。最終的に、固い表面はひび割れて崩れ去る。そして、そうなるにつれて——下にある物質が再び光や水蒸気や気流にさらされるにつれて——大地はもう一度生命の中になだれ込み、大地を覆い隠そうとする人間をのみこむのだ。

★1 この理解は、哲学者ガストン・バシュラールが「筋肉意識」と呼ぶものである。Bachelard（1964：10-11）〔ガストン・バシュラール『空間の詩学』岩村行雄訳、筑摩書房、二〇〇二年、五五頁〕。Ingold（2000：203-4）も参照のこと。

★2 Gibson（1979：22）を参照のこと。

★3 Ingold（2007b：S33）。

★4 Anusas and Ingold（2013）。

★5 Klee（1973：29）。

★6 Klee（1973：64）。

★7 Heidegger（1971：149）。

★8 Ingold（2011：123-5）。

10 知識

先にわたしは、大地の表面はまさに「その上でわたしたちの認識は獲得され、応用される地面」だというカントの見解に触れた。この見解は、わたしたちにもう一つの疑問を呈している。それは、カントの地面に対する理解は、彼の知識に対する理解にどのように作用しているのか、という疑問である。あるいはもっと重要なのは、もしもわたしたちが、前章で特徴づけようとしてきたような表面をカント的表面と置き換えた場合、知識とは何であるか、あるいは何でありうるかというわたしたちの理解——つまるところ、認識論——はいかに変わるのか、という疑問である。カントにとって地面の表面とは、平面的で均一な基底として経験にあたえられるものであり、その上に知覚の対象を形づくるあらゆる物が存在しているものだということを思い出そう。知覚者は、この表面上のある特定の場所に置かれると、地平線の円の内部に存在する物についてのほぼ完璧な知識を得ることができる。しかし知覚者は、さらに知るべきことがあとどれだけあるかを決して知ることができない。カントは、この苦境の中にいる自らを想像しながら、「わたしは、どんなときでも大地に対する自分の実知識の限界を知っているが、しかしあらゆる可能な地理学の限界を知っているわけではない」［★1］ということを認めていた。このような状況の中では、体系的な知識はありえない。それまでに知ったものを、全体に対する総合的な構想の中に適合させる方法はないのだ。

それにもかかわらず、いかにそうした知識が、人間の理性を理解する中に存在しているのかを説明するために、カントは精神のトポロジーと大地の表面のトポロジーとの間の精緻な類似を描きだした。わたしたち知覚者はすでに、つまりア・プリオリに——その感覚の裏付けに反して——大地が平面ではなく、球形であることを知っていると仮定しよう。そのとき知覚者の状況は一変する。大地の表面の大きさには限りがあり、算出可能なので、知覚者は自分の現在の知識の限界だけではなく、知りうる世界全体の限界についても推し量ることができる。そして、知りうる世界が球形であるならば、知識の世界も同じであるとカントは主張した。

> わたしたちの理性は、決してその制限がただそのように一般的にのみ認識される無規定的に広がった平面ではなくて、むしろ球面に比較されねばならない。球面の表面上の弧の曲率——ア・プリオリな総合的命題の本性——に基づいて、球面の半径が見出されるが、しかもこの曲率から球面の内容と限界づけもまた確実に呈示されるのである。［★2］

したがって知識は、精神の球面上に配置される。それは知識の対象が、大地の球面上に配置されているのとまったく同じなのである。

カント的な旅行者を想像してみよう［★3］。大地の表面を横断しながら旅行者は、あちこちから情報を集めて、土地の詳細を、常に広がっていて最終的に地球規模となる入れ子状の概念的な枠組みに累積的に当てはめていく。こうして、旅行者が大地の表面を横切って旅するにつれて、旅行者の知識は、その理性の湾曲した基盤の上の上部構造として築き上げられる。旅行者が収集する諸々の断片から世界を再構築するとき、堅固であるが最初は空っぽの表面であった精神に内容が備えつけられる。旅行者は実際には、精神的な地図の製作者である。そして、地図製作の決まりと同じように、旅行者の諸々の観察所見は、ある場所から別の場所に向かう途上から引き出されるのではなく、一連の定点から引き出される。旅行者の動きは、彼自身とその装備――いうなれば精神とその身体――を、一つの固定された観察地点から別の地点へと運ぶこと以外の目的を果たすことはない。それゆえ、旅行者の理想的な旅行形態は輸送である［★4］。観察の中で、旅行者は世界を、あたかも原寸大の模型のように測定し、全長や海抜を、海面の想像上の基点との関連から計算する。

この架空のシナリオは、知識と知識の限界に対するカント的な構想が、わたしたちが先に検討してきた地面についての仮定にいかに密接に関連づけられているかを十分に示すかもしれない。この仮定は、わたしたちが見てきたように、実際のところは現実的なものではなく、住人たちの現実の経験とほとんど関係がないものだ。哲学者アルフォンソ・リンギスが書いているように、「地面は——宇宙飛行士や、天文学者の想像を除けば——惑星、つまり遠くから見ると球状である対象ではない。わたしたちは、支えるものが何もないプラットフォームの上では自分を感じず、無限に深く広がる支持体としての容器を感じる」［★5］。住人たちは歩く。そのとき彼らは、世界の外側の表面を横切って自分たちの道（ライン）を進むというよりも、世界を縫うように進むのである。また彼らの知識は、今から示すように、築き上げられるのではなく、彼らが行く道筋に沿って成長するのだ。カントにとって、知識が獲得され生かされる地面とは、地平線によって境界づけられた特定の地点で把握されるものであることを思い起こそう。この地面は均一で同質であり、あらかじめ完璧に配置されている。歩行者の経験においては対照的に、地面は場所から場所への通過の中で、つまりは移動の変遷と、道中で変化する地平線の中で把握される［★6］。地面は無限に多様化され、合成され、連続的な発生を経るものである。このことが、知ることの地面に似ているのならば、どのような知識が生じるのだろうか？

　最初に動きの要因について考察してみよう。歩行者にとって、動きは知ることの補助ではない——精神の中の次の模型製作にとっての生データを収集するために、単に次から次に移動することではない。むしろ、動くことは知ることである。歩行者は、進むにつれて知るのだ。自分の道を進んでいくことで、歩行者の人生は広がっていく。歩行者は年を重ねて、賢くなっていく。したがって歩行者の知識の成長は、自らの人間性の成熟と等しく、後者と同じように一生を通じて続いていく。熟練者と未熟者とを分けるのは、熟練者の精神がより内容豊かであるということ——学ぶことが増えるごとに、さらに多くの表現が頭の中に詰めこまれるかのように——ではなく、環境の中の手がかりに対するより素晴らしい感受性や、こうした手がかりに対して、判断力や正確さを持って応えるためのより優れた能力を備えているということである。言うなれば、両者の差異は、どれだけ知っているかということではなく、どれだけよく知っているかということにあるのだ。よく知っている人は、世界に関する話を物語ることができるという意味だけではなく、周囲の状況に対する精緻に調節された知覚認知を持っているという意味で、語ることができる。たとえば、シャーロック・ホームズは、この意味で極めて博識であった。ホームズは自らを推論の達人として示したがっていたが、彼の真のスキルは、アブダクション——たとえば、一つの足跡の調査から、起こった事件のあらゆる糸を引き出す能力——にある[★7]。

　要するに、カント的な旅行者が、自らの精神の中にある地図上で推論するのに対して、歩行者は地面の痕跡から物語を引き出すのだ。測量士であるよりも語り手である歩行者の目的は——カントが持っていたような——「分類と配置」、あるいは「その分類の中にあらゆる経験を置く」[★8]ことではなく、各々の印象を、その出来事との関係の中に位置付けることである。出来事は、印象の下地を作り、やがて印象と一致し、その印象についていくのだ。この意味で、歩行者の知識は分類的ではなく物語的なのであり、総合的でも概要的でもなく、終わりのない探索的なものなのである[★9]。歩くことについて建築理論家のジェーン・レンデルは、次のように説明している。

［歩くことは］一連の固定的で静的な視点から場所を測定したり調査したり製図したりする方法に疑問を投げかけることで、流動的な場所を理解する方法を提供する。歩いているとき、わたしたちは運動の中で、また互いの関係の中で場所に出会い、わたしたちが「やって来る」のか「そこから行く」のかによって、物事が異なって見えることを示すのだ。［★10］

このことは、わたしたちを、地面の表面が持つ第二の特徴に導くように思われる。すなわち地面の表面は無限に多様化されているという特徴である。歩行者の精神の中に大地の表面に似た表面があったとすれば、それは完全に丸い球体の表面ではなく、むしろ地面の表面それ自体と同じように、あらゆる規模で皺が寄ったりくぼんだりしていることだろう。実際、脳の神経組織の畳み込みは頭蓋骨の球状ドームよりも、優れたアナロジーを提供するだろう。わたしたちは脳を――ジル・ドゥルーズとその長年の共同研究者フェリックス・ガタリがしたように――草地になぞらえてもよいかもしれない［★11］。彼らなりの理由で、ドゥルーズ＝ガタリは木を嫌う。わたしとしては、森林地帯の鬱蒼とした土地から優れたアナロジーを引き出すことができると考えている。その土地の地面自体には根が絡まり合っており、そこから飛び出た幹が、同じような枝の絡まりや、林冠の小枝を生じさせているのだ。

けれども正直に言うとわたしは、精神と地面との間にどんなアナロジーも見出す必要はないと思っている。というのも実際には、その両者は一つであり、同じものであるからだ。頭蓋骨の内部——惑星の表面の球体の凸面にしばしばなぞらえられる球状の凹面——に収まっているものとは違って、精神は、土の中の根や空中の葉がそうであるように、人間生成の成長の進路や方針（ライン）に沿って広がる。したがって、知ることの地面——あるいは、もしこの言葉を使わなければならないならば、認識の地面——は、外の地面と似た体内の神経基質なのではなく、それ自体がまさにわたしたちが歩く地面なのである。そこでは、大地と空が生命の産出のさなかで調節されている。そのとき、歩くことは、歩行者の身体の中に包み込まれた精神の行動的な表出というよりはむしろ、考えることや知ることの方法——レンデルによれば、「足だけではなく、心や精神を使って行なわれる」活動——である。ダンサーのように、歩行者は動きの中で考えている。ダンスの哲学者、マクシーン・シーツ＝ジョンストーンは、「運動の中で考えることの特徴は、思考の流れが動的であるということではなく、思考そのものであるということだ。それは徹底的に動作によって特徴づけられる」［★12］と記述している。しかし、動作によって特徴づけられる思考は、地面に沿って流れていく。したがって地面の複雑な表面は、まさしく考えることと知ることの過程の中で密接に絡み合わされたものなのである。それは、アンディ・クラークが精神の「ワイドウェア（Wideware）」と呼んでいるものの一部である。それは、身体や脳を超えて存在する認識の本質的な支えである［★13］。

この点で、地面は道具である。それは、わたしたちが立つために必要であるという率直な意味においてだけではなく、地面がないとわたしたちは知る能力の多くを失うという意味においても道具なのである。もしも地面の多様性が消し去られ、固い表面によって覆われたならば、わたしたちは、依然として立つことや歩くことはできるだろうが、もはや進みながら知ることはできないだろう。真っ白な紙に向き合っている製図者にとって見るものが何もないように、表面を仕上げられた大地の上にいる歩行者にとって知ることは何もないのである。その者の歩行は、単なる移動方法、つまり点から点へと移る方法へと変えられるだろう。だが実際には、歩行者の拡張された精神は、無数の経路沿いに地面に浸透するだけではなく、当然のことながら共に住む者たちの精神と絡み合う。したがって地面は、人間と人間以外の住人の生命と精神が、互いに包括的に結びつけられている領域を構成する。すでに見てきたように、地面はさまざまな素材で織り込まれた混合物であり、その表面は、絶え間ない発生を経るがゆえに、すべての表面の表面なのである。同様に、地面に流れ込む知識は、すべての知識の知識である。あるいは、一言でいえば、知識は**社会的**なものである。精神の働きが社会的なものの領域に入るのは、知識が他の存在の痕跡ともつれながら、理性の超越的な表面上ではなく、地面にしみ渡るときである。

★1 Kant（1933:606）〔イマヌエル・カント「純粋理性批判」、『カント全集6』有福孝岳、久呉高之訳、岩波書店、二〇〇六年、五一頁〕。

★2 Kant（1933：607-8）〔前掲書、五三頁〕。

★3 Ingold（2000：212-13）。

★4 他の著書で（Ingold 2007a：77-84）〔ティム・インゴルド『ラインズ――線の文化史』工藤晋訳、左右社、二〇一四年、一二六－一三六頁〕、わたしは輸送の観念について、こちらからあちらへ、より長い距離を「横断する」ものとして議論してきた。

★5 Lingis（1998：14）。

★6 Ingold（2000：227）。

★7 アブダクションという考えは、人類学者アルフレッド・ジェル（1998：13-16）によって進められたアートとエージェンシーに関する理論の中で最上のものとみなされている。この著書でジェルはアメリカの実用主義哲学者の代表であり記号論の創始者、チャールズ・サンダース・パースを大まかになぞっている。このトピックに関するパースの著作はあまり知られていないが、パースを念頭に置いていたと思われるものは、今わたしたちが「知識に裏付けられた推測」と呼ぶものに似ている。これは、探偵のやり方である。探偵は、異常な事件の物的痕跡を読み解きながら、最初の状況や一連の状況に戻る。当然のことながら、そこから観察結果が得られるのである。

★8 Kant（1970：257-8）〔イマヌエル・カント『カント全集16』宮島光志訳、岩波書店、二〇〇一年、一七頁〕。

★9 分類化された知識と物語化された知識との間の区別については、Ingold（2011：156-64）を参照のこと。

★10 Rendell（2006：188、〔 〕は訳者による補足）。

★11 Deleuze and Guattari（2004：17）を参照。

★12 Rendell（2006：190）ならびにSheets-Johnstone（1999：486）より引用。

★13 「ワイドウェア」の概念はClark（1998）で議論されている。

第二部

天候にさらされること

11　つむじ風

わたしはライン学者(リネアロジスト)、すなわち、ラインの研究者になった。これはさまざまある主題の中で最も古いものである。たとえ意識されることがなかったとしても、道を歩いたことがある者、布を縫ったことがある者、動物を追いかけたことがある者、詩を朗読したことがある者、図を描いたり手紙を書いたりしたことがある者、——つまるところ、実際に生きている者であれば誰もがそれに携わってきた。ところが、ライン学(リネアロジー)は最も新しい主題でもある。なぜなら、その名の下で研究を行なっているのは、今のところわたしだけしかいないであろうからだ！　この主題の範囲は驚くほど広く、歩くこと、織ること、観察すること、歌うこと、物語ること、描くこと、書くことにまで及ぶ。これらすべてが何らかのラインに沿って生起する［★1］。ところで、本書の第二部で理解していただきたいことは、ライン学者になるためには、ちょっとした気象学者にもなる必要があるということである。わたしたちは天候について研究しなければならない。わたしは以前よりラインと天候のあいだには何らかの深いつながりがあるに違いないと思ってきた。その関係は、歩くことと呼吸すること、織ることと時が過ぎゆくこと、観察と気質、歌うことと鳴り響かせること、物語ることと記憶の残響、描いた線と画家のパレットの上の絵の具のあいだのつながりと同じくらい深いものである。あるいは、ページに書いたものと予言のためにかつて人々が空の中に読んだ前兆のあいだにあるつながりと同じくらい深いものである。それらの前兆は、つまるところ「大気現象（meteors）」とかつて呼ばれていたものである。そして、今いうところの「気象学（meteorology）」という語は大気現象の研究に由来している。それゆえ、ライン学者が、歩くこと、織ること、観察すること、歌うこと、物語ること、描くこと、書くことに共通しているものが何かを問うのに対して、気象学者は、呼吸、時間、気分、音、記憶、色、そして空の共通分母を探している［表11.1］。この分母となるのが、後にも示す通り、一般に大気と呼ばれているものである。

ライン学が求めるラインの概念は、狭義の幾何学的なものとしてのそれを超えるものである。それと同じように、ライン学を補うために必要とする気象学が求める大気の概念は、わたしたちを取り巻く地球空間の測定学を超えたものである。確かに、数理的な幾何学の還元と科学的な気象学のそれとの間に何がしかの

ライン学	気象学
歩くこと	呼吸
織ること	時間
観察すること	気分
歌うこと	音
物語ること	記憶
描くこと	色
書くこと	空

表11.1　ライン学と気象学

連関はある。というのも、両者とも「反転（inversion）」とわたしが呼んできた論理的操作に基づいているからである。反転によって、生命がそれに沿って生きる成長と運動の道は、生を包み込む境界線へと変換される［★2］。幾何学は、生を点に押し込み、それらの間に引かれた最短の距離としてラインを定義する一方で、気象学は——それが近代科学として現れるときには——質量を容積に変換し、密度をあるものと他のものとの比率として定義する。このような反転の操作によってこそ、わたしたちは運動を成長や生成のラインに沿って発する力としてではなく、すでに固まってしまった塊やブロブの次から次へと起こる変換として考えるよう導かれる。ここにおいて道は、初期状態から計算可能で、外側の介入を通じてのみ変更可能な軌道や軌跡となる。同様に、休止あるいは停止している瞬間は平衡状態となる。この状態は、その状態が長く続くほど強くなる内的な緊張によってではなく、外的な力のバランスによって、ともに維持されるものである。

台風の運動について考えよう［図11.1］。台風は、稲妻や雷鳴とともに、ラインと大気が切っても切れない関係にあることを示す素晴らしい実例である。ただし、関係はあるとしても、それは台風が通る道の中にある。わたしたちは、台風はまずここを、次にあそこを襲う、と言うだろう。そして気象学者は、台風が辿るコースを座標で示そうとするだろう。しかし台風は、点から点へと空を横切る一貫する自己完結した塊ではない。むしろそれは一つの運動そのもの、つまり、中心の眼に静止の点を生み出す「巻き上げ＝終えること（winding up）」である。台風は前方へと巻き上げながら進んでいきつつ、後方で解ける。これと同じようなことが生物についても言えないだろうか。哲学者アンリ・ベルクソンが主張するところによれば、すべての生ある存在は生の流れの中に放り込まれた渦巻きのようなものである。それはあたかも、発達する中で「円のようなもの（a kind of circle）」［★3］を描いているかのようである。すでに言及したマティスの《ダンス》という絵では、大地に弾む五人の人物が円を描いている。彼らはぐるぐると回っている。「有機体の渦巻き」という生についてのカヴェルの考えを、この作品以上に力強く表現したものはないだろう！　台風のように、有機体の渦巻きは、本書の冒頭で述べておいた意味で、何からも影響を受けないブロブではなく、運動の形式なのである。

もちろん、反転の論理は、自ら渦巻いている生物を外部から境界づけられた対象として想像するように導くことで、それを運動そのものというよりも、生のコンテナとして考えるよう欺く。それはあたかも円を描く手のカーブする運動やそれが残す痕跡を、完成した図の周長と混同するようなもので

図11.1　宇宙からみた台風
2014年8月4日、大西洋上のハリケーン・イゼル。ジェフ・シュマルツによるNASAのイメージ。

ある［★4］。円は互いの内側や外側に置かれたり、接触したり重なり合ったりすることがある。しかし、有機体と台風の渦巻く世界にはコイルや螺旋しかない。つまり、生の流れの中で動的に持続する形成があるだけなのだ。それらは、まさに生成し消滅する過程において、絶えず互いに流れ込み、そして流れ出る［**図11.2**］。コイルは互いに重なり合うことはないが、互いを包み込み合うことができる。つまり、コイルはそれが置かれている環境や感情の只中において相互に浸透する——タコやイソギンチャクのようにである。マルセル・モースのアナロジーを思い起こそう——ことができる。そして、そのアナロジーに忠実であれば、わたしたちはそのような形成を大気や海の

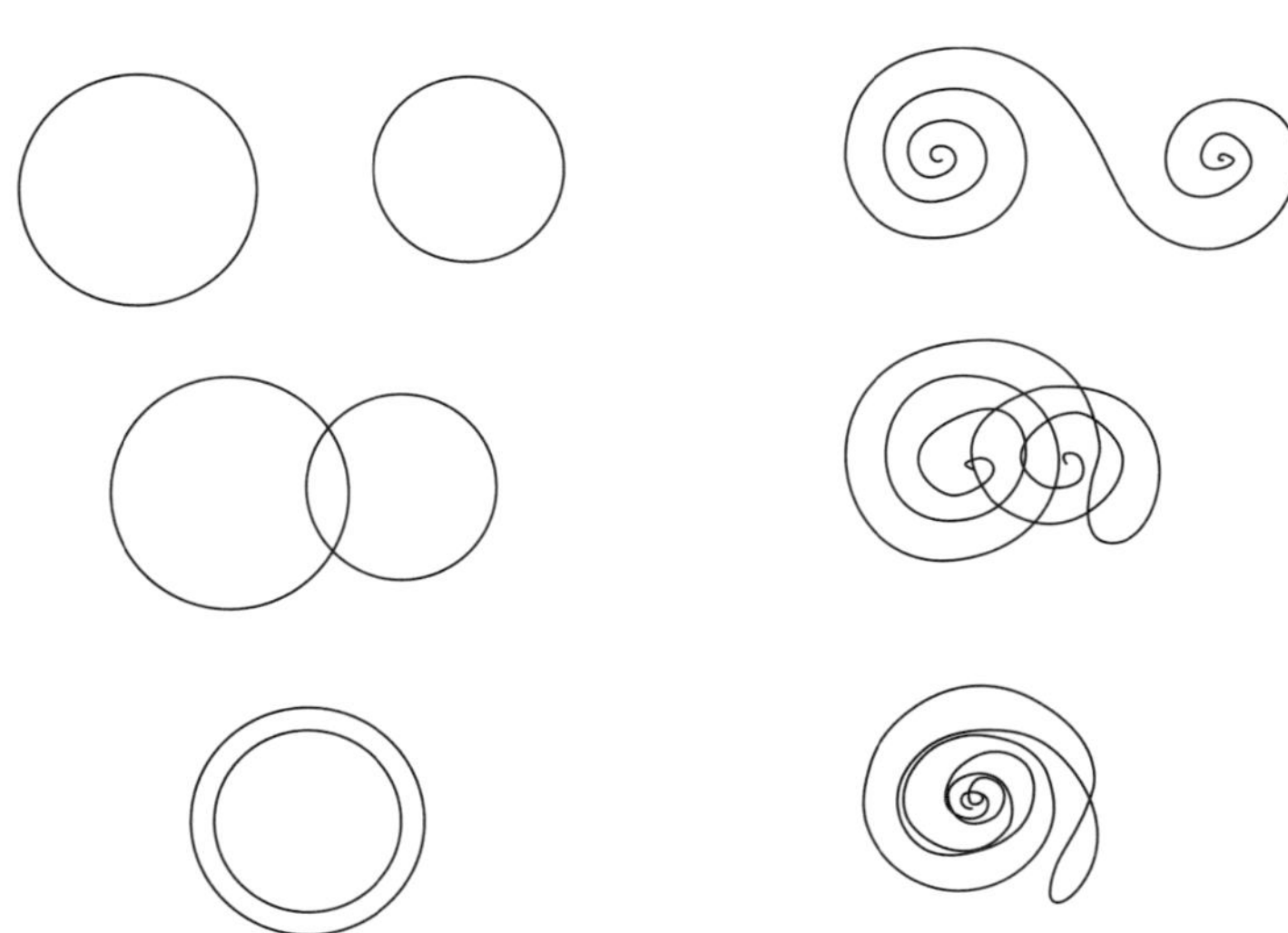

図11.2
重なり合う円と互いに連続し合う螺旋の図

中にだけでなく、モースも述べていたように「人々やそのグループ、そして彼らの行動」の領域の中にも見出すことができる。これをクロード＝レヴィ・ストロースは記念碑的著作『親族の基本構造』の中で「一般交換（generalized exchange）」［★5］と呼んだ。

一般交換の典型は、男性のグループ同士の間に交わされる永続的な協力関係である。グループ同士は、婚姻における女性の授受を通じた共通の家系の結びつきによって関係し合う。決まりでは、男性は母親の兄弟の娘にあたる女性と結婚しなければならない。婚姻関係が結ばれれば、その決まりによって、一方の娘を差し出すグループと、他方の妻を娶るグループは、幾世代にわたって変わらないということになる。したがってそのような交換は、グループAがグループBに与え、BがCに与え、そして最終的にAが受け取る側になる円環を形成することを可能にする。しかし、古典的な文化人類学の文献が描き出すのは妻や娘の授受であり、そこに巻き込まれている女性はあたかも単なる交換の対象に過ぎないものであるかのようだ。だが、このことはそれ以上のことを含意している。というのも、円環におけるそれぞれのグループの次のグループへの贈り物は、真に生命の生殖衝動そのものであり、円環をまわすすべての世代によって新たな勢いが与えられることで、その流れが決して枯渇しないことを確実にしているからである。これは、社会的な結束の達成という問題――あたかも円環の閉鎖によって構造は閉じられ、運動は停止するかのように――などではない。それとは正反対で、血族（lines of descent）間での調和の関係を築くことが問題なのだ。それこそが、互いに巻きつき合う中で、進み続けるための運動を可能にする。

このことはまさに、マティスの描いたダンスの中で起こっていることに酷似している。そこでは、人物から人物へと勢いの移行が起こっているのだ。あるいは、輪唱において歌手から歌手へとメロディーラインが渡されていくことにも酷似している。わたしたちはすでに社会生活とロープの巻きつく（winding）撚り糸について比較した。このアナロジーの観点から見れば、一般交換が確立するのは巻きつくメカニズムである。それは、ロープのように——部分では完成しているが、縦方向に延び続けていく——社会生活が営まれることを確かなものとする。ところで、ロープ作りにおいては、または、より一般的に紡績においては、巻くシステムは紡錘車（whorl）として知られている。糸が糸巻き棒によって紡がれるとき、紡錘車は紡錘に付けられた円盤である。紡錘は円盤に回転の恒常性を維持するだけの十分な角運動量を与える。使用時には、それはグルグル回る［**図11.3**］。そのようにして、糸を紡いだりロープを作ったりするときには、社会生活におけるのと同様に、紡錘車はラインを発生させるものとなるのだ。問題とするラインは、ロープであっても糸であっても、あるいは血族であってもよい。いずれにせよ、そこには円環からライン性（リネアリティ）への直接的な変換があるのだ。

　しかし、このことは樹木の成長の中にも確認することができる。それは幹から枝が出てくる箇所である。そこでは渦巻きと渦は二つ目の種類の結び目に収束する。すなわち、成長する樹木の木目として現れるのである［**図11.4**］。木の結び目の渦と嵐の渦巻きが実に不気味なまでに似ているのは、これらが生まれる際に似通った力の働きがあることを証明しているからだ。それは、巻き込み、そして解き放つ力である。確かに、風の二つの方向は、ねじったり巻きついたりする運動として、また動いている空気として、渦や渦巻きと密接に連関している。縄職人や糸紡ぎ女が渦を巻くことは、台風が引き起こす空気の回転にちょうど対応するものを含んでいる。紡錘車の回転による風とつむじ風の渦巻く動きのあいだには、ラインと気候のあいだの連携を明らかにするものが確認できるのではないだろうか？　そして、樹木の節－結び目は渦であり、それゆえ樹木のラインとしての枝は張り出して風と混ざり合うので、ライン性が大気に与えられ取り出されるということを、樹木の成長の中に認めることができるのではないだろうか？

しかし、そもそも渦が確認できるのは木目やつむじ風においてだけではない。それは、腹足類の巻貝もそうである。そしてこのことはさらに他の生物へとわたしを導いてくれる。それは渦を背負った動物である。嵐が過ぎ去った後の夕暮れ時、大群のカタツムリに出会うだ

図11.3　紡錘車
この紡錘車は、スコットランドの北東、おそらく鉄器時代のものである。粘板岩の洞窟から発掘された。直径は32mm、厚さは8.5mmである。アバディーン大学のマーシャル博物館のコレクション。©アバディーン大学

ろう。彼らは庭の植物を食べるために日中隠れていた場所から出てきたのである。カタツムリが地面に沿ってのっそりと道を作っていくのを観察してみよう。後部を大地の上に置き、カタツムリは身体の前部を後部の抵抗に逆らって前方へと押し出す。それから今度は前部を置き、後部を引き上げる。このサイクルを優雅にゆっくりと何度も繰り返すのである。台風とカタツムリではあまりにスケールが違うが、それでも、動きの原理からすれば、それほど異なるものでもない。台風は大地の表面を横切り、痕跡——酷いときは破壊の痕跡——を残しつつ、巻き込み解き放つ。それと同じように、カタツムリも地面（ground）の上に粘液の痕跡を残しつつ、代わる代わる前方に押し、引き上

図11.4　木の結び目
ひび割れた古い木の厚板 ©Digifuture

げるのである。このリズミカルな押引きのサイクルは、すべてではないにしても、わたしたち人間も含むほとんどの生命にとっての根本をなすものであるように思われる。カタツムリのように、呼吸するときや歩くときには、前に進むために息を吸ったり足を引っ込めたりしなければならない。そして、社交会のダンスにおけるように、自らの血統（ライン）の繁殖を繋げていく必要があるとすれば、わたしたちは生殖衝動を受け入れなければならないのである。

カタツムリが花壇の中の野菜を摂取するという仕事を終えた後の光景を調べれば、敷石などの表面に彼らの痕跡を確認することができるだろう。しかし、あなたは朝日にキラッと光るカタツムリの痕跡の美しさを賞賛せずにはいられない。たとえあなたの作物を破壊されて腹をたてたとしても。すべてのカタツムリは、動きの中で、渦の殻の内面性から自らを解き放ち、一本のラインとなった。そして、地面の上に粘液の痕跡を残しながら、カタツムリはありとあらゆる同種のラインと混じり、可視的なメッシュワークを形づくった。おそらく、これらのラインの目立った特徴は、一貫した方向に広がっているようなときでも、決して完全なまっすぐではないということである。まっすぐなラインを引くためには、たとえば定規を用いるなどして、二つの点を結ぶ必要がある。一方の点から他方の点へとつなげていく前に定規の角をその運動を先導するジグとして使う。しかし、生きているラインは、必然的にそれが沿うべき道を見つけなければならないので、絶えずその道に注意を働かせる必要があり、旅が進むにつれて前進する先の方向を補正し、「微調整（fine-tuning）」する。特定の地点に到達した後にのみ、そこに道を見出したふりをすることができるのだ。文化史研究者ミシェル・ド＝セルトーの言葉を借りれば、ラインとは、戦略的というよりもむしろ戦術的ということになる。その道は「曲がりくねった（wandering）」ものであるか、「逸脱した（errant）」［★6］ものである。さまようことは、まっすぐではなく曲がりくねったコースをたどるということである。これはそのコースに沿って巻きつくことである。では、そのときどのような痕跡が残るのだろうか。これが次章で取り上げる話題である。

★1 ライン学（リネアロジー）への入門としてはIngold（2007a）を参照のこと。
★2 「反転」についてはIngold（2011：60-70, 145-8）を参照のこと。
★3 Bergson（1911：134）［アンリ・ベルクソン『創造的進化』合田正人、松井久訳、ちくま学芸文庫、二〇一〇年、一六六頁］。
★4 Ingold（2011：147-8）を参照のこと。
★5 Lévi-Strauss（1969）、またMauss（1954：78）も参照のこと。
★6 Certeau（1984：xviii-xix）を参照のこと。

12 道に沿った足跡

放浪することは描くことになぞらえることができるだろう。製図者が鉛筆を使って描線（ライン）を引くのと同じように、放浪する人――沿って歩いている――は足を使って道（ライン）を行ったり来たりする。パウル・クレーがこの類似性を明らかに用いて、ドローイングを「歩行としての線（ライン）」[★1]と定義したことはよく知られている。それからすぐ後の一九六七年に制作された彫刻家リチャード・ロングの記念碑的作品《歩行による線（*A Line Made by Walking*）》において、そのメタファーは現実のものとなった。彼は牧草地の上を歩いて何度も行き来し、そこにライン状の道を作った。ロングの作品が出展された展覧会の批評を行なったロバート・マクファーレンは、作者の「足はスタイラスであり、ペンの先端である足先で、自らの痕跡を地上に刻むのだ」と述べている。歩くことは刻み記す（inscription）という行為になる。すなわち、表面の上に鋭い点を描く、溝を掘って小道を作るというその本来の意味となるのだ[★2]。そうではあるが、歩くことと描くこととのあいだには重大な相違がいくつかあり、それらが、道を作ることは地面に刻むという単純な行為である、という考えを複雑なものにしている。

まず、歩行者は何もないところに向かわない。描く場合、美術史家のジェームス・エルキンズが言うように、最初の目印は「盲目の中で生まれる」[★3]。製図者は、彼が紙上に顕現させたいと思っている図像、あるいは輪郭線を心の中で描くことから始める。だが、目の前の紙の上に見ることのできるものはまだ何もない。絵画が展開するときにのみ、盲目は――完全にではないにしても――視覚に取って代わられ、それに応じて心の中のイメージは消えていく。それとは異なる意味で、歩行者は盲目である。ただし、歩行者が視野のうちに何も捉えることができないということではない。それどころか、すでに確認したように大地はフラクタルな表面なので、それが彼の視察（inspection）に提供する多様性には限りがない。けれども、彼が見ることができないものは、心の目においてでも大地の上においてでも、自身の運動によってつけられた全体の模様、あるいはデザインである。これはスケールの問題である。歩行の範囲の広がりに対して、歩行者の目はあまりに地面に近すぎるのだ。デザインを見るためには、一部の社会のシャーマンがそうしているとされているように、鳥とともに飛ばなければならないだろう。確かに、ペルーの高原に描かれたナスカの地上絵のラインのような、歩いて作られた図像の中でも例外的なものは、シャーマン的、あるいは神の目の眺めという発想を前提としているように思える。

通常、放浪者は外形や輪郭の歩行者ではない。また、進むにつれて彼の視野は、高いところにある固定された見晴らしの利く地点からではなく、地面の高さで展開する。逆に言えば、描くことが通常の歩行のようなものであるとすれば、製図者の目は、彼の頭の中にではなく、鉛筆の先に近い所にあるということになるだろう。哲学者のジャック・デリダが述べているように、それは「目蓋なき目が、指先に開いているかのよう」[★4]である。そのようなわけで、建築家のフランチェスコ・カレリのように、地面の表面を、図像が次々と上に重ね合わされるパリンプセプトになぞらえると誤解を招いてしまうに違いない。カレリによれば、歩行の表面は「白紙のページではなく、もう一つのレイヤーが単に乗っている歴史的で地理的な堆積の複雑なデザインである」[★5]。しかし、道を作ることは、他の図像的なレイヤーを地面の表面に加えるというよりも、その**中に**他の運動の撚り糸を織り込むということなのである。

歩くことと描くことのさらなる違いは、手と足の機能の対照性に起因する。解剖学的な進化の過程の中で、手は身体を支える機能から解放された。そのことにより、刻み記す——程度の差はあれ身振りを記録するのに耐えうるような溝を掘ったり痕跡を残したりすることができる——道具を操ることが自由にできるようになった。そのように刻み記されたものは、連続するラインとして姿を現す。しかし、足は全体重を支えながら、地面に刻み記すというよりも、**押し付ける**(impress)。歩くという運動は連続するものであるにもかかわらず、それぞれの足取りは別々の押し付けられた跡となる。道が連続するラインとして地面に出現するためには、個々の足跡が広く行き渡るよう、何度も歩く、あるいは沢山の人が歩く必要がある。多くの表面の上に、そのような足跡によって残された痕跡がわずかではあるがどうにか認めることができる。時には、それらは痕跡をまったく残していないこともある。小道の地面は、風が吹き抜ける地形のそれとまったく同様に、変化が加えられるだろう。それゆえ、足に踏まれて固められた土壌、新たに作られたり変えられたりする植物の成長のパターン、移動させられた小石、あるいは、滑らかになった岩石の表面によってでしか認識することができない。加えるにしても、消し去るにしても、物質を追化したり消去したりする必要はない。

たとえば、ロングが牧草地の端から端まで歩くことで作った有名な道（ライン）をわたしたちがなんとか認識することができるのは、彼が歩くことで曲げられ平らにされた草の茎の道が光っているからである。彼は靴を用いてその道（ライン）を切り開いたわけでもないし、たとえば、スポーツの競技場の境界を定めるために芝の上にラインを引くときのように、何かの資材を置いていたわけでもない。他にも例はあり、ナミビア北部の先住民で狩猟採集民のハイオム・アコエ族（Akhoe Hai//om）を調査した民俗学者トマス・ウィドロックによれば、彼らは意図せずに砂漠を横切る道を作ってきた。道は、主にオアシスの間をつなぐもので、マンゲッティの並木（ライン）に沿っている［★6］。道を行くときに彼らは、貴重なマンゲッティの木の実を噛み、その固い種を一定間隔で吐き出す。その種から新しい木が生えたのだ。木々の寿命は短いが、一度道が作られれば、それはさらなる用途につながっていく。木々はナッツという食べ物を与えてくれるし、熱い太陽光から守ってくれる。そして、古い幹の穴の中には水を蓄えてくれるのだ。

したがって、刻み記されたものは一つの物なのであり、押し付けてできる跡とは異なる。この差異は、今度は、足跡という現象にいくばくかの影響を招く。ある者が刻み記されたものから動きや道順を読み取ることができるように、ある者は足跡からそれらを読み取ることができる――ただし、その刻み記されたものとは身振りの痕跡ではなく、むしろ歩く身体と地面のあいだの境界面上で変化する圧力分布の記録である。表面の質感や外形に注意を払えば、読み物とは触覚的であり視覚的であるということがわかる。個別の足跡が最もはっきりと残るのは、固い表面にではなく、柔らかく順応性があり、簡単に押し付けることのできる表面の上にである。たとえば、雪や砂、泥や苔などの表面である。あるいは、シャーロック・ホームズが、「背中の曲がった男」の中で観察した芝生のようなものである。ホームズは、「ひとりの男が部屋にはいった。そしてその男は、外の道路から芝生を横切ってやってきた。きわめて鮮明な足跡が五個、見つかったよ［…］。どうやら、走って芝生を横切ったらしい――爪先の跡のほうが、踵の跡よりもはるかに深いからね」［★7］と述べている。しかし、正確には柔らかい表面は形を維持することが容易でないので、どちらかといえば足跡は比較的短い間のうちに消えてしまう。雪はその上に降り積もる雪で覆われるか、最後には溶けてなくなるだろう。砂は風によって再び形を変えられるか、波に流されるかするだろう。泥は雨によって溶けるだろうし、苔や芝生は再び成長するだろう。そのように、足跡はまさにそれが属す地面の力学に結びついているつかの間の存在、一つの持続なのである。つまり、有機的な成長と腐敗、天候、そして季節の循環に結びついているのだ。地面は、すでに見てきたように、さまざまな物質からできたマットである。足跡はそのマットの中に押し付けられるのだ。

刻み記されたものと押し付けられたものは、それぞれ違ったふうに表面に跡を残すにもかかわらず、共通するところもある。それは、両者とも前進するときの身体の運動の痕跡であるということだ。この観点からすれば、これらは両者ともわたしが印（stamp）と呼ぶ他の種の跡と対立するものである。印は固い表面の上に既製のデザインを押して作られるものである。書くことを例にとれば、これは印刷機の働きと筆記者のそれとを、あるいは印刷とペンとを隔てているものである。テキストに関する古い喩えが暗示しているように、筆記者や書道家の文字を書く手が通った後にインクの跡を残すのは、まるでタペストリーの織り手が横糸を通すときに行なう往復運動のようである［★8］。それに対して印刷機は、別々の印刷上の要素をあらかじめ集めて、ゲラを構成し、それを受け止めるようにできている均一で耐久性のある表面の上に面付けする。近代の作家の印刷された作品についてミシェル・ド・セルトーは、ページは作家自身によるデザイン構成が印刷されることを待ち望んでいる余白のようであると述べている［★9］。セルトーは、作家を縄張りを目の前にした植民地支配者になぞらえる。支配者は多義性を払いのけ、過去を消し去り、表面の上で歴史を書き換える。地面の上に印を押すことで、支配者は領有権を主張する。これこそまさにフリードリッヒ・エンゲルスが、歴史的転換の中で「ただ人間だけが、自然に自分の刻印を押す」と言った際に、念頭に置いていたものである。彼が言及したのは、表面化された世界の上に押し付けられた人間のデザイン――「あらかじめわかっている特定の目標に向けられた、前もって考えぬかれた、計画的な行為という性格をますます帯びるようになる」［★10］——についてであった。ここで表面は精神と物質の境界面となる。心の中にすでに刻まれている意思が固い大地の上に刻印(スタンプ)されるのだ。

　しかし、足跡は印ではない。それは質感においても、足跡がつけられる場所での時間性や定着性においても印とは異なるのである［★11］。足跡の作るデザインは既製のものではないし、固い表面の**上に**、上から押し付けられるものでもない。むしろそれは、人間、またはその他の動物が、柔らかく、柔軟で吸収力のある表面の**中を**歩いたり走ったりするときに作られるのである。それゆえ、印が固定や偏在を含意している一方で、足跡は、配置された運動を記録しているのだ。先住民たちが足跡を地面に残すのは、領有権を主張することとはまったく異なり、後続の者たちに自分たちの所在を知らせるためである。訓練された眼や触覚は、一連の跡から読み取れるものよりも多くのものを、一つの足跡から読み取ることができる。そのような一連の跡は、連続するものとして観察されることで一本の軌跡を作り上げる。まさにその軌跡が幾度となく十分に踏み固められたとすれば、多くの個々の跡はつながった道となる。その際、道から個々の運動を読み取ることはできないが、一般的かつ集合的に作られる運動に限っては読み取ることができる。足跡は個的なもので、道は社会的なものなのである。

★1 Klee（1961：105）。

★2 Macfarlane（2009）。

★3 Elkins（1996：234）。

★4 Derrida（1993：3）〔ジャック・デリダ『盲者の記憶——自画像およびその他の廃墟』鵜飼哲訳、みすず書房、一九九八年、三頁〕。

★5 Careri（2002：150）。

★6 Widlok（2008：60）。

★7 引用は、アーサー・コナン・ドイルの著書『*The Memoirs of Sherlock Holmes*』より行なった（Doyle 1959：146）〔アーサー・コナン・ドイル『回想のシャーロック・ホームズ』深町眞理子訳、創元推理文庫、二〇一〇年、二五三頁〕。

★8 Ingold（2007a：68-71）。

★9 Certeau（1984：134-5）。

★10 この文はEngels（1934：34 and 178）〔フリードリヒ・エンゲルス『自然の弁証法』秋間実、渋谷一夫訳、新日本出版社、一九九九年、九九、一一五頁〕から引用した。

★11 Ingold and Lee Vergunst（2008：7-8）も参照のこと。

13 風 - 歩行

『ラインズ』でライン学に初めて着手したとき、わたしはラインには主に二つの種類があると述べた。軌跡と糸である。軌跡は表面上に形成されるに対して、糸は空中に張られる。わたしの議論は、これら二つのラインの現れ方は、容易に相互交換が可能なものであるというものだった。表面を形成するとき糸は軌跡となるが、それが解けると軌跡は糸となるからだ[★1]。では、道は軌跡なのであろうか、はたまた糸なのであろうか? ニュージャージー州の狩猟者であるトム・ブラウンは、幼いときにストーキング・ウルフという名のアパッチ族の年老いた斥候(せっこう)と出会い、追跡の技術を教わった。ブラウンが語るところによれば、軌跡ははかないものである。泥が突然固まって、ゆっくりと石に変わるということが起こらないかぎり、足跡がずっと残ることはない。それらはだんだんに消えてゆく。地面全体が同じ高さになるように、表面が乾くにしたがって風が吹いて容赦なく散らしてしまう。足跡は、空が大地の表面を引きずるその境界線に存在する。風や天候の移り変わりは気温を左右し、地面の状態も変化する。足跡はそうした自然環境に影響されながら、地面の表面に近い表層部分に、比較的短い時間だけ存在することができるのだ。風は足跡を平らにしようとするし、雨は洗い流してしまおうとする。［★2］

ブラウンの洞察によれば、わたしが強調した箇所の通り、足跡は地面の表面にではなく、それに近いところにある。これは、本書の第一部で行なった地面に対する特徴付けと共鳴するところがある。わたしたちは、地面とはそれ自体が継続的な形成を行なっている表面であるとした。そこは不安定な地帯であり、その内側では、大地の物質が空気という媒介（メディウム）と混ぜこぜになり結びつくことで相互浸透しているのだ。このような混合の反応は、すでに見てきたように、すべての生にとって基本的なものである。しかし、そうであるのなら、軌跡あるいは道は空気中の現象であると同時に、地面の上での現象でもあるということを確かに認めるべきである。人間であるかそうでないかにかかわらず、地面を歩くときに空気を吸い込まなければならない生物によって形成されたものは、単に大地の中に押し付けられただけのものではなく、大地の表面を引きずることで、それを消し去ろうとする風と天候の流れの中に宙づりにされているのである。地面のことであり、また空中のことでもあるという、足跡の持つこのような本質的な両義性を表現する方法を探していたブラウンは、どうやら両者の差異を分けることで、その方法を見つけた。地表の「近く」とは、完全に大地のものであるというわけでも、完全に空中のものというわけでもない。では、どのようにして、一挙かつ同時に、道は大地のものであり空中のものでもある、となるのだろうか？　どのように道は風を受け、風を感じるのだろうか？

道は、媒体と物質とが絶え間なく入れ替わる世界の中を通り抜けている、ということを認めよう。そこでは表面が常に形成し解体しているので、わたしたちは道は軌跡でも糸でもなく、むしろ「糸になりつつある軌跡」や「軌跡になりつつある糸」であると答えるべきなのかもしれない。民族誌学者のクリス・ロウによれば、西アフリカに住む狩猟採集民のコイサン族の猟師たちは、空気中を漂う動物の匂いの糸によって、彼らの獲物とつながる。周囲の環境はそのような匂いの糸で満ちているだけではなく、人々の意識にしみわたってもいる。その意識の中で、匂いの糸は響き渡る音を鳴らすと言われる。匂いを漂わせる動物を追っているときは、気配が動物にバレないように、必ず風に向かって動かなければならない。それゆえ、糸の端からスタートして、それを徐々に巻き上げるのである。獲物に向かって進んだ後には、運動の軌跡が残される［★3］。この場合には、糸が軌跡になる。それとは反対に、北オーストラリアに住むヤラリンのアボリジニにおいては、軌跡から糸へという変換が起こる。それは、世界創造の時代に大地の表面上に先祖のドリーミングによって残された軌跡が、日没時に空を横切る、あるいは枝分かれした稲妻の中に出現する長い筋に似たひもとして受け止められるようになる、というものだ。それらのひもに沿って、恐ろしいカヤ（kaya）の存在、つまり大地と空のあいだをつなぐ者は、人々を大地に落とすか、引っ張り上げると言われている［★4］。

道が同時に軌跡でも糸でもあり、地面の上にも空中にもあるとすれば、そこを歩く者の身体は歩いていると同時に呼吸もしている。一歩が前の一歩に密接につき従うのと同じように、息を吐き出すことと吸い込むことはリズミカルに交互に続けられる。この現象がいかに重要なことであるのかを見定めるために心に留めておくべきは、平均的な人が一分間におよそ五〇リットルの酸素を吸引し、一日に一万歩歩いているということである。実際には、計測よりも多くの空気を呼吸しているだろうし、もっと歩いてもいるだろう。また、呼吸をしているからといって、風の流れにさらされているとはならない。哲学者のガストン・バシュラールは歩行者を葦にたとえて問題の核心を捉えた。葦のように、歩行者は地面から離れることができない。しかし同時に、歩行者は葦とは反対のものでもある。葦は風によって後ろに仰け反らされ、その穂先が——葦が地面とつながっているときには——円を描く。ところが、歩行者は風の流れに反発して向かい、前方へと身を乗り出すのだ。バシュラールは、「かれの杖は、旋風を貫き、地面に穴を穿ち、疾風を切る」［★5］と記している。このように、葦にとっての地面の中の円は、歩行者にとっては、空気中のものであると同時に地上のものでもある通り道を提供する隙間である［図13.1］［図13.2］。風が強くなればなるほど、空気の範囲は広くなる。確かに、強風は感覚を圧するので、実際に地面と接触しているという認識を消し去る。「あたりの、空に向かって、歩くように吹く風は、なんとよいものか！」とジェラード・マンリ・ホプキンスは彼の「収穫の歓喜」［★6］という詩の中で詠んでいる。

泳ぐ者が水中に沈むように、風の中を歩く者は空気の中に沈んでいる。彼が風の中を通り過ぎるとき、息を吸うたびに風の通り道に渦が作られる。そして、息を吐き出すことは、それによって作られた隙間に突き刺す、目に見えない杖のようなものである。ここで、必然的に行なわれるリズミカルな交替は、平泳ぎのそれと比較することができる。平泳ぎでは、腕を後ろにかくことと足をたたむことの後に、前への推進力が生じる。つまり、まず寄せ集めたり再収集したりする運動があり、その次に前進運動が続くのである。カタツムリを思い起こそう。彼らも独自のやり方ではあるが、同じような運

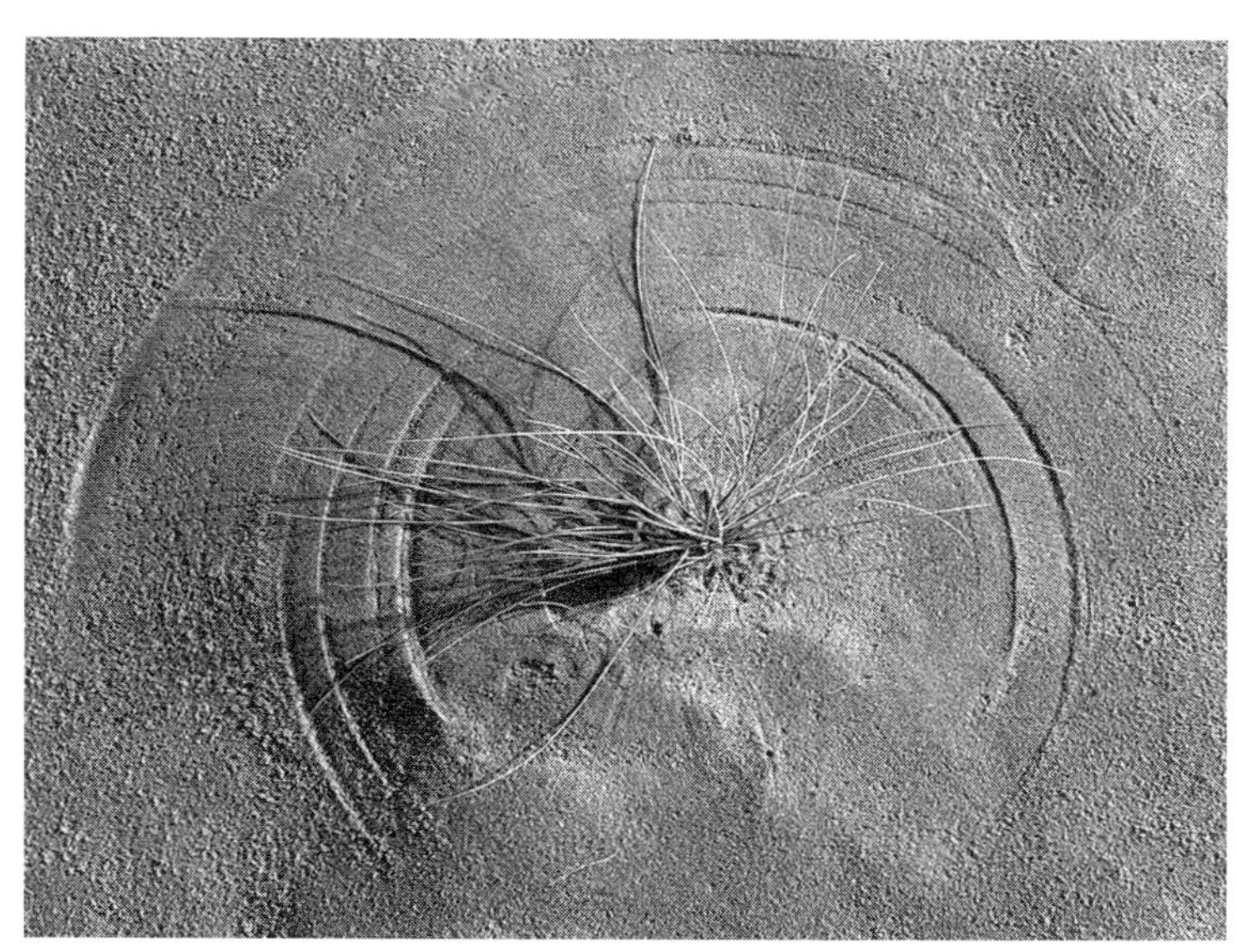

図13.1　砂漠の中で風に吹かれて円を描くハマニンニク
2012年2月スコットランドのアバディーンに近いバルミディの砂丘で撮影。

動を行なっている！　息を吸ったり吐いたりすることは結び目を縛る身振りにもよく似ているということは、すでに第四章で記述した。ここでもまた、水をかくことは、ラインを引き出す円を描く運動であり、ラインが通り抜けることのできる隙間を作る。対象のない世界においては、呼吸は空気中の結び目のようなものである。結び目は、荒れ狂う風の中で有機体によって縛られ、まさにOOO（オブジェクト指向存在論）によって否定された親密性のようなものを他の事物に結びつけるのだ。ピーター・スローターダイクは吸気（インスピレーション）が生を与える瞬間についての哲学的な思索を行なってお

図13.2　「今日は歩いて家に帰ろう」
マイク・ラッジのスケッチ。作家の厚意によって転載を許可いただいた。

り、「息を吹きかけられる者は、必然的に息を吹きかける者との存在論的な双子である。両者は親密な共謀によって結ばれている」［★7］と述べている。このように、呼吸は存在が互いに直接結びつき合うことを可能にする方法であるが、その一方で、両者が同じように浸されている宇宙の中に漏れ出てもいる。

　結び目と同様に、呼吸はブロックでも、チェーンでも、コンテナでもない。呼吸は構造の中に組み込まれることも、つなぎ合わせられることもない。呼吸とは、外的な接合を通じてというよりも、共感という関係の中で、諸事物を内側で接ぐ内在秩序を構成する瞬間である。足跡のように、呼吸はひもにつながれたビーズのように互いに従って続くことはない。むしろ、都度の呼吸の死が、次の呼吸の誕生を準備する。呼吸することによって、わたしたちは息を吸うことが再び集めることであるのを思い出す。そして最後になったが、呼吸はコンテナではない。したがって、「呼吸する」ということは、まとまった量の空気を詰め込むことでも、循環の中から空気を取り除くことでもない。むしろ、歌手たちがモテットを合唱する中で旋律（ライン）を授受するように、与えるよりも前に受け取るのである。より正確に言えば、息を吸ったり吐いたりする運動は、たとえ依存し合っているといえども、互いをひっくり返すことは絶対にできない。これは、再び扱うべき非常に重要な問題である（一七章をみよ）。差し当たりは、呼吸することによって起こることの予測ではなく、文字通り、呼吸を描くことで、あるいは呼吸にラインを与えることで――クレーであればこう言うだろう――起こることを予測しておけば十分である。

下の絵が三つの連続する呼吸を描いたものである。それぞれの渦巻きが空気を取り込むことを示している。そして、それぞれの伸ばされたラインが後から渦の中心を通り、空気を吐き出すことを表しているが、それは次の渦巻きへと続く。しかし、呼吸にラインを与えることにおいても、歩行にラインを与えることにおいても、身体だけがリズミカルな運動を被っているというわけではなく、精神も想像力のエーテルの中を漂うままにさせられているのだ。呼吸することは、わたしたちの全存在――分けることのできない身体と心――を伴っている。モーリス・メルロ＝ポンティが『眼と精神』の中で「本当に、存在の吸気（インスピレーション）とか呼気（エクスピレーション）というものがあるのだ」と記しているように［★8］。このメルロ＝ポンティの言葉をメタファーとして受け取ってはいけない。「吸気」と「呼気」はそのまま字義通りに取らなければならない。そして、これらの能動と受動の二つの運動の中にこそ、知覚の本質があるとメルロ＝ポンティは考えていたのである。わたしたちは空気を呼吸し、空気の中で知覚する。それゆえ、空気がないと窒息してしまうだけでなく、感覚も失ってしまうだろう。通常、わ

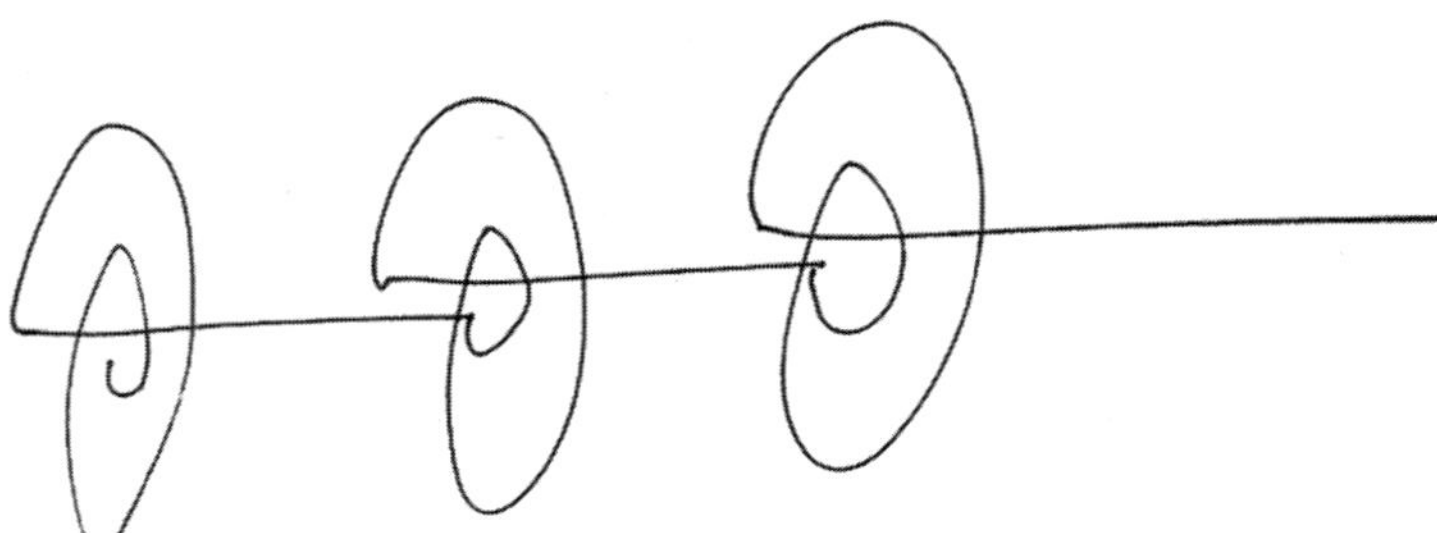

たしたちは空気を見ることができない。けれども、時折、霧の中で、炎や煙突から煙が昇る中で、あるいは小雪が羽のように舞い降りる中で、空気の流れの繊細な模様を見ることはできる。しかし正確には、空気を見ることができないのは、わ、た、し、た、ち、が見ることのでき、る、生を維持させる媒体の透明性がゆえである。さらに言えば、空気が振動して音の波動を伝えてくれるので、わたしたちは音を聞くことができるし、空気が与えてくれる運動の自由の中で、わたしたちは触れることができるのである。そうすると、すべての知覚は空気に依存しているということになる〔★9〕。空気のない、固まった世界の中では、知覚することはできないだろう。それゆえ、まさに感情を持つものとしてのわたしたちの存在は、対象のない世界、つまり天候－世界に浸かっていることを前提としているのである。

★1　Ingold（2007a : 39-71）。
★2　Brown（1978 : 6、強調は筆者）〔トム・ブラウン・ジュニア『トラッカー――インディアンの聖なるサバイバル術』斉藤宗美訳、徳間書店、二〇〇一年、二四－二五頁。ただし、強調部分は訳されていなかったので補った〕。
★3　Low（2007 : S75-7）。
★4　Rose（200 : 52-6, 92-5）。
★5　Bachelard（1983 : 162）〔ガストン・バシュラール『水と夢――物質的想像力試論』及川馥訳、法政大学出版局、二〇〇八年、二四四頁〕。
★6　Hopkins（1972 : 27）。
★7　Sloterdijk（2011 : 44）。
★8　Merleau-Ponty（1964 : 167）〔モーリス・メルロ＝ポンティ『眼と精神』滝浦静雄、木田元訳、みすず書房、一九六六年、二六六頁〕。
★9　Gilson（1979 : 16）。

14 天候－世界

「空気の無いところで人は生きることができるのか？」と、哲学者のリュス・イリガライは問う[★1]。答えは、宇宙飛行士や深海に潜るダイバーがしているように、タンクからの予備供給につながっている場合を除いて、「もちろん不可能である」。それにもかかわらず、すでに述べた通り、環境をベースボードの上に固形物が散在しているもののようにみなす傾向があり、そのおかげで、多くの哲学者や理論家たちが空中での身体的な運動や経験をなおざりにしてきた。たとえば、人類学、考古学、そして物質文化研究のような領域においても、「物質世界」は風景と人工物というまったく異なる二つの要素から構成されている、という考えが長く親しまれてきたのだ[★2]。これまでに多くの者の関心を引き付けてきたのは、いかに人がこの世界の事物と関係しているのか、についてであった。あるいは、反応することができる諸事物の表面的な能力に、人と物が結びついて効果が生じるときに作られる、いわゆる「ハイブリッドなエージェンシー」についてであった。しかし、これらのどれにおいても空気が思考の対象になることはなかった。それが看過されてきた理由は、おそらく単純なもので、一般に認められている言説の範囲内では、空気は考えることができないものだからである。思考されえないのは、それが言葉の上で矛盾しているからだ。物質的なものはすべて、風景の硬直した形式やその表面上にある固形物の中に――あるいは、考古学者のビョルナル・オルセンが「世界の堅固な物性」と呼んでいるものの中に［★3］――閉じ込められている。その中に空気はない。あるいは、空気は実体を欠くものなので、社会的で文化的な生活には無関係のものである、と結論づけざるをえないだろう。そして、もしそうであれば、その世界には天候もないだろう。

この結論は、経験に反しているだけでなく、明らかに不条理なものである。風景と人工物の表面のまわりに物質性の境界線を引くことは、風景の中の居住者と人工物の使用者を真空の中に置き去りにするということになるだろう。彼らは息ができないだろう。また、何も育つことはないだろう。確かに、生や経験に対する天候の重要性に鑑みれば、人間が存在する方法や知る方法に関する人類学的な説明からそれが欠如していることは、実に驚くべきことである。ただしこれは、わたしたちのフィールドノートの中で天候がおろそかにされているからではない。というのも、間違いなく多くの民族誌学者のノートは気象現象に関することで満たされているし、実際、わたしのものはそのようになっているからだ。フィンランドのラップランドでフィールドワークを行なったことがあるが、日々行なう最初の作業は、その日の天候の様子の簡単な説明を記入することであった。しかし、ノートを分類し整えるときには、つまり民族誌学者がやや大げさに「分析」

と呼ぶ段になると、天候に関する説明は省いてしまった。わたしはそれらの扱い方を心得ていなかったのだ。その際に、わたしが削除したものは観察結果の一つではなかった。天候という変幻自在で予想不能なものを受け入れるための観念的な枠組みを持ち合わせていなかったのだ。このような状態であったのはわたし一人だけではなかっただろう。思うにその難しさは、この世界やこの世界との関係性についての考え方をまったく変えてしまうことなしに、風景や人工物とともに、物質世界の観念を天候に還元することができないことにある。というのも、もはやわたしたちは、そのような関係すべてが人と物との間の相互作用の形をとっている、あるいは、それらがハイブリッドなネットワークの中に集められた人と物との共同動作から必然的に起こる、ということを考えることができないからだ。

どのみち、空気は人でも物でも、いかなる種の実体でもない。またそれゆえ、分節された集合の一部を構成するものでもない。そうではなく、端的に言えば、それは媒体である。媒体は、ギブソンが指摘しているように、移動、呼吸、知覚を可能としてくれる[★4]。すなわち、空気とは相互作用するものではなく、まさに相互作用の条件なのだ。諸事物が相互的に作用し合うことができるのは、単に媒体の流れの中にそれらが吊り下げられているからである。空気が無いと、鳥は空から真っ逆さまに落ちてくるだろうし、植物は枯れてしまうだろう。そして、人間も窒息死してしまうだろう。わたしたちが息を吸ったり吐いたりすると、空気は肺を満たし、血液を酸化して、身体の組織と入り混じる。環境哲学者のデビッド・マコーレイが記しているように、「大気の厚みの中に浸されたわたしたちの頭、あるいはうず巻く風と絡み合う肺や手足も含めて、わたしたちは空気の中で繰り返し呼吸をし、考え、そして夢を見る」〔★5〕のだ。スロータ－ダイクの場合、空気は「中間的要素（medial factor）」と呼ばれ、「それは目的語によって定義することは決してできない」ものである。初めて呼吸を行なう新生児にとって、存在する（be）ことは、空気の中にいるということ、つまり、豊かな空気という媒体の中に自由に参入するということである。また、それと同時に、自律した呼吸を経験するということでもある。しかし、子どもでもその他の者でもよいのだが、彼らと関係している対象が空気に変換されるといったことなどはあり得ない〔★6〕。それゆえ、歩行者はそよ風に顔をさらしていても、空気と相互作用することはないが、彼の存在全体を浸す全身を覆う浸出液のように感じる。空気は彼が知覚するものでもないし、その中で知覚するものでもない。同様に、わたしたちは太陽の光の下で見る。その影や色が事物の形よりも地面の表面の肌理や質感を明らかにする。あるいは、雨がさまざまな物に降って奏でるテクスチャーを聞く。あるいは身体にピアスの穴を通すように穴を開け、触覚と臭覚の反応を鋭くする身を切るような風の中で触り、嗅ぐ〔★7〕。

さて、媒体が相互作用の条件であるとすれば、当然、その相互作用の質は媒体の中で起こることによって、つまり天候によって調整される、ということになる。実は、それがわたしたちの経験である。哲学者のミシェル・セールは、フランス語のtempsは天気と時間の両方の意味で用いられると記している〔★8〕。この語は、もちろんラテン語のtempus〔時、天候、こめかみ〕に由来するが、そのtempusはtempo〔速さ〕やtempest〔嵐〕に派生した。時間は天候であり、また天候にさらされること＝風化（weathering）である。それについては、建築学者のモーセン・ムスタファヴィとデイヴィッド・レザボローが建物の生を扱った著作の中で指摘している通りである〔★9〕。生きているかのような建築において、風化とは人と物がさまざまな自然の諸力にさらされることで被るものである。「被ること」と「さらされること」の両者が何を意味しているのかについての詳細な説明は、これらが重要になる本書の第三部にて行なうことにする。ここではひとまず、天候にさらされること＝風化とは形づくるもの——ムスタファヴィとレザボローはそれを「絶え間ない変形」と呼ぶ——であると言っておけば十分であろう。風化においては、果てなく続く荒廃は絶え間ない始まりでもある〔★10〕。それらが天候にさらされることで、存在はそのラインに沿って進み続けるために、吸気、力強さと回復力を媒体から引き出すのだ。風化は存在の肌触りや手触りを明らかにし、共感のうちにそれが一つになることを可能にする。そこでは、自然の諸力の渦巻きは糸（ライン）の紡績になり、嵐は時を生み出す。

加えて、この変換は不可逆なものである。というもの、回転を解いても渦巻きにはならないし、天候にさらされるものが天候を悪化させることもないからだ。無風で止まった船乗りは、結び目を解くことで風をゆるめることができると望んでいたので、肩を落としたはずである。天候や風化の時間を逆転することはできない。ただし、その種の時間は一貫した方向に進むということが言いたいわけではない。それは前進しない。この点について、文化史家のスティーブン・コナーは、天候の時間は歴史を欠いたとき、つまり「純粋な変動」であるとする[★11]。しかし、コナーが考えているように、それは「パターンを欠いている」というわけでもない。天候にパターンはあるし、風化にも確かにある。たとえば、それは環境が行なう多様でリズミカルな交替――昼と夜、太陽と月、風と潮、植物の成長と腐敗、移住性の動物の往来――の中に絶えず編み込まれている。海や陸の幸で生計を立てる人々は伝統的にそのような交替に精通しており、共変する（co-varying）諸現象の最も好都合な同時発生に彼らの活動を一致させるタイミングをよく知っているのだ。そのような理由から、環境社会学者のブロニスラフ・セルシンスキーは、天候はカイロス的ではなくクロノス的な時間を経験することである、と述べている。すなわち、それは連続する出来事の中にではなく、リズミカルな関係に対する応答と注意の調律の中にあるのだ[★12]。

もちろん今日では農家や船乗りの古い「天気予想」は脇に追いやられている。天気予報が進歩したおかげでもある。また、生産活動や家庭的な活動が、気温、明るさ、湿度のような変化しやすいものが厳密に管理されている囲われた建築空間の中で行なわれるようになったことにもよる。タイミングも問われないし、かつてのように天候の変化に煩わされることなどもない。ルネサンス以降の建築史においては、天候を締め出すことが強く望まれ続けてきた。理性を愚弄し、制御されるのを拒否し、構造を崩壊させ、進歩を軽蔑する天候は、近代的な想像力の中では長いあいだ悪の根源として考えられてきたのだ。建物のドアと窓を、そして壁と屋根を叩くも、天候は入ることを断固として拒否されている。しかし、もちろん実際のところは、それを防ぐことはできない。というのも天候とは、建築史家のジョナサン・ヒルが主張しているように、建物を成形し続ける作者の力なのであり、建物をデザインし、建て、そしてそこに住む者でもあるからだ［★13］。管理された空調、調節された温度、人工的な光、ガラスで閉じられた建物の外部に天候を追いやるために最大限の努力を捧げているにもかかわらず、超近代都市の居住者は天候と闘わなければならない。さまざまに変化する気まぐれな天候はわたしたちに大きく影響を及ぼすのである。

この意味で、わたしたちが世界の中を歩んでいくのに、天候はわたしたちの活動にとって絶えず存在する底流であり続けている。その意味は、temper〔気質〕と根本的な意味を共有する、天候に関係する語群によって知ることができる。tempoとほとんど同じような発音だが、実際のところtemperはそれとはまったく異なるラテン語の起源を持つ。それは「混ぜ合わせること」を意味するtemperareである。この語から、temperature〔温度〕やtemperate〔温暖な〕などのような天候に関する語のみならず、temper〔気分〕やtemperament〔気質〕といった人の雰囲気や性質を示す語も派生した。混ぜ合わせる（たとえばテンペラ画〔tempera〕における卵黄を用いた顔料）と微調整する（ほどよく調律された〔well-tempered〕キーボードのように）という二つの意味を持つtemperという動詞は、天候の経験の特徴を完全に捉えている。天候の経験は、空気という媒体とその中で生活する感情的な生物を一つにまとめ上げる。要するに、空気という媒体の中に浸されているので、わたしたちはハイブリッドではなく節度のある（temperate）（そして気まぐれな〔temperamental〕）存在なのである。このように、同じ語源を持つ一連の語のすべてが天候の性格と人の雰囲気や意欲とを同時に示す。というのも、天候や雰囲気は類似語というだけでなく、より根本的なところで一致しているからだ。この情動的なものと宇宙的なものの一致は、次章で示す通り、大気を理解するための鍵である。

★1 Irigaray（1999：8）。
★2 Gosdem（1999：152）。
★3 Olsen（2003：88）。
★4 Gibson（1979：16）。
★5 Macauley（2005：307）。
★6 Sloterdijk（2011：298）。
★7 太陽光と影に関しては、Baxandall（1995：120-5）、地表を雨が打つ音についてはHull（1997：26-7, 120）、風の中での感触についてはIngold（2007b; S29）をそれぞれ参照のこと。
★8 Serres（1995a：27）。
★9 Mostafavi and Leatherbarrow（1993：112）。
★10 Mostafavi and Leatherbarrow（1993：16）。
★11 Connor（2919：176）。
★12 Szerszynski（2010：24）。
★13 Hill（2012：2-3, 319-20）。

15 大気（アトモスフィア）＝雰囲気（アトモスフィア）

大気（アトモスフィア）＝雰囲気（アトモスフィア）という言葉は、一方で気象学者の口から、他方で美学者の口から、容易にすべり落ちる。ところが、彼らはその言葉をまったく異なる意味で用いているようである。気象学者にとっての大気（アトモスフィア）は、わたしたちの惑星を取り囲んでいる、気体状の包むものである。科学的な理解では、この大気はわたしたちが呼吸する空気とはまったく異なるものであり、わたしたちが経験する風や天候のようなわたしたちの手に負えない流動とも違う。わたしたちが実際に居住している世界は、惑星の大地にのみ属しているわけではない。居住者には、世界は堅固な球体としてではなく、下の大地と上の空の多様性として与えられる。そして、それは大地と空が混ぜこぜになる地面の上、あるいは中である。居住者である生物が暮らしているのはそのような場所だ。それとは反対に、気象学的科学における大気は、外の空間に置かれた視点からしか直接的に得ることができない、世界の光景に属するものである。初めて公開された地球の写真は衛星から撮影された［★1］。大地に根付く魂に与えられる光景は、遠隔のイメージによってだけでなく、圧力、気温、風速、湿度などの計器測定によって集められたものである。居住者のいる大地と空の世界には天候があり、地球の大気には天気（climate）がある。前者は経験され、後者は測られ記録されるものだ。ところが、そのように見たとき、大気は完全に情動の領域から排除される。それは、人間であってもそうでなくても、住居者の気分や意欲にはまったく関係しない。つまり、それはわれわれやその他の生物が感知するものではないのだ。

その一方で、美学者にとっての雰囲気は、要するに、感覚的な経験である。それは情動の空間のことであり、雰囲気（アトモスフィア）の哲学の著名な解説者であるゲルノート・ベーメの言葉にいう「空間にどこまでも広がる感情の質」[★2]のことである。けれども、哲学者たちと関係している限りでは、この雰囲気は空気を欠いているように思われる。たとえば、デンマークで行なわれているように、室内のあちこちに置かれているろうそく——それに明かりが灯されている場合は特に——が、そこにいる人々みんなを魔法のように落ち着かせる、快適で心地よい（hygge〔「温かく心地よい雰囲気」を意味するデンマーク語〕）質を発するというのがある[★3]。あるいは、ステージやスクリーン上のドラマティックなパフォーマンスによって投じられる不安や期待の雰囲気もあるだろう。地理学者や建築家たちは、彼らが学んだり作ったりした空間の雰囲気について広く執筆してきた[★4]。彼らは、そこに存在する人々や事物に、それらの相対的な配置やそれらによって呼び起こされる感情に興味を持っているのだ。つまり、彼らはそれらの空間の見た目、あるいは耳触りや肌触りに興味があるのだ。ところが、多くの場合、彼らは天候に対しては無関心である。そこの空気や乱れた気流に彼らの注意が向けられることはない。以上のように、気象学が差し出す大気という概念は、気分や情感が完全に抜き取られた気体で満たされた領域のことである。美学が提示するのは、それとは正反対のもののようで、空気のないところに存在しているように思われる情感のシステムである。気象学者と美学者の両者ともに、それぞれの立場から、それぞれの大気＝雰囲気が示す特定の意味が重要なのであり、お互いに他方のものを単なるメタファーである、とみなす傾向がある。しかし、それらの相互補完性は、見た目よりも多くの共通点がそれら二つの立場にあることを示している。

思うに、この共通性はわたしが「反転」と呼んできた操作の中にある。「反転」とは、成長のラインと運動が包み込むものの境界線になることで、世界がそれ自身を閉じてしまうというものだ。気象学と美学は、両者とも近代の産物であるが、とりわけ反転の操作こそが、その時代の始まりを知らせる。たとえば、ミシェル・セールは二つの世界を比較している。一つ目は、わたしたちが与えられた世界——わたしたちはその中で、立っているときは太陽の光で影を作り、座っているときは握ったペンで文章(ラインズ)を書く——である。二つ目は、これと同じだが、ある光景として理解される世界である。その光景とは、瞳孔のブラック・ホールによって視覚的な逆投影を通じて、あたかも完全に形成されたものであるかのように、実体ではなく見かけ——つまりイメージ——として心の内面に投影されるものである。ミシェル・セールによれば、「近代は、この現実世界の空間が光景として解釈されたときに始まった。そして、この光景は［…］裏返しになり——手袋の指や視覚的な図表のように――、中心にある本質的な主題を知ることのできる理想郷の中に陥っている。このブラック・ホールは世界を吸い込む」[★5]。曲がりくねった影や書かれた文章（ラインズ）の常なる構成、この世の存在は、具体化された世界から心の奥底へと全体の構成を伝えるのに役立つ投影の媒体物に屈してきたのだ。

歴史地理学者のケネス・オルウィグは、一七世紀前半の芝居じみた自惚れに対する反転を跡付けている。その時代に、世界は舞台上で上演され、プロセニアム・アーチを通じて観覧され始めた。実際、これが世界を室内に持ち込んだのであり、その気象学的な現象は舞台の小道具や花火によってシミュレーションされるべきものであったのだ。先駆的な舞台美術家の仮面と建築家イニゴー・ジョーンズに言及して、オルウィグは次のようなことを述べている。古典古代からエリザベス朝時代まで、劇は太陽の光によって地面に役者の影が投げられるであろう場所で上演されていた。それにもかかわらず、ジョーンズの舞台が設置したのは、「建物の内側に取り込まれた風景であった。そこには、照明の使用と空間の構成によって三次元空間が生み出されている。その空間はエーテルの宇宙の無限の中の終極点まで貫通する各々の瞳孔のブラック・ホールから発せられる」[★6]。実際には、古典時代から受け継がれてきた円形劇場が裏返しにされたのだ。さらに、この反転によって、オルウィグも示しているように、空気はエーテル（空気）となった。舞台上は一種の非物質化された空気のようなものが、シミュレーションされた空間のようなものを満たしている。それを呼吸するのは、役者自身ではなく、彼らが演じる登場人物である。つまり、役者のオリヴィエは空気を呼吸するが、登場人物のハムレットはエーテルを呼吸するのだ。ある意味で、これら両者は、先に登場した、物質性から逃れた物質の持つ矛盾を解く鍵となるかもしれない。それは、存続する物質性と堅固性の合成を可能とするかもしれないのだ。そして、たとえエーテルという概念が今では時代遅れのものであると考えられているとしても、わたしたちは未だその矛盾とともに生きているのである。変わったことはといえば、意味に明白な違いのない「空間」が「エーテル」に取って代わっただけである［★7］。

前近代の芝居じみたしぐさは、風や天候といった空の世界を内部で構築された空間に変えただけではない。それはまた、建築のデザインや都市計画の再生の試みに変えられたのだ。立案したのはまたもや熱意あふれるジョーンズであった。その結果、演劇の世界は再び反転された。室内の遠近法的な空間が再び外に出されたのである［★8］。今度は、舞台装置の見せかけの風景は、舞台建築それ自体と近所にあるそれに似た仰々しい建物の外面であった。役者が自分の役柄を演じる舞台は、今や街の硬く舗装された道路となった。しかし、注意してみれば、この二重の反転は、世界の以前の状態を復元することにはなっていない。舞台と舞台背景が室外に出されたとき、舞台はそれでも舞台であったし、舞台背景もやはり舞台背景のままであった。この舞台の上と背景の前で、街に住む者たちは役者のように、彼ら自身の役割を果たすことが求められた。最大に拡張されれば、全世界が舞台となる。その上で、後にカントが指摘したように、「わたしたちの熟練を示す芝居が演じられる」［★9］のである。思い出せば、カントにとってこの舞台は堅固な球体、あるいは地球の表面を構成するものであった。それで、ジョーンズや彼の同時代人たちによる二重の反転のおかげで、大地と空の世界の中に住処を持っている居住者＝内住者（inhabitants）たちは外に放り出され、惑星の外側の表面に追放されたのである。かくして彼らは外住者（exhabitants）となり、「外側の至るところ」で暮らすこととなる。そのため、問題に対する科学的に正しい見方の特性を取り入れたのだ［★10］。イギリスの宇宙物理学者アーサー・スタンレー・エディントンは、一九三〇年に執筆した書面上で、このような見方は「わたしたちが慣れ親しんだ世界の光景をひっくり返してしまうようなもの」［★11］を必然的に伴う、と説明している。それは、わたしたちの足下の大地が地球という惑星に取って代わられたということであり、それと同じように、わたしたちが呼吸する空気も幻のエーテルに取り替えられたのだ。

したがって、これは立場の異なる気象学と美学の両方からの世界の見方であった。気象学という名が、空にあらわれるさまざまな前兆を読むことに由来するということを想起しなければならない。それは、農家や船乗りの「天気予想」とは異なるものである。彼らは毎日の仕事を行なう中でより日常的で実践的なタイミングの問題で頭がいっぱいなのだ。近世前期、ウラジーミル・ヤンコヴィッチは、大気中に現れる前兆＝驚異に対する気象学的な関心と天気予想を共存させてみせた。それを彼は、「人類の道徳的運命に対する神の気遣い」［★12］を示す兆候として読んだ。しかし、産業革命の結果、農業と船乗り業の伝統的な知識が無視されるだけでなく、気象学は実験科学へと姿を変え、計測するための器具と規格化された装置によって遂行されるようになった

[★13]。そして、この科学の鍵となる概念が「大気」であった。大気は大規模な実験室として考えられるようになった。あるいは劇場の空間で起こったのと同じように裏返しにされたことで、科学者たちは、大気を天候の予想のつかない変化を計測することも予測することもできる、また自然の法則に従って動く馴染みある物理的な力として理解することのできる領域であるとみなすことができた。実際、セルシンスキーが解説しているように、計測と予想によって気象学者たちは「天候を室内に持ち込んだ。それは、物質的で記号的な粗暴さを飼いならす、つまり特殊な種類の書物を読めるようにするためであった」。それはつまり「狭義の科学技術の」[★14]一つである。この読書では、天候は天気（climate）の中に含まれ、科学的目的のために局所的な実例として再定義された。それだけでなく、空気は大地と空の居住者のいる世界の構成要素としての、つまり、われわれ人間と他の諸存在が呼吸する何かとしての地位を失ったのだ。

しかし、気象学者にとって、大気が感覚を欠いた自然界に属するものであるとすれば、美学者にとってのそれは、明確に、感情、感覚、知覚とともに、人間の意識の側に置かれるものである。それゆえ、この気象学と美学の二つの大気＝雰囲気は、自然と人間、物質性と感覚性、宇宙的なものと情動的なもの、という馴染みある区分にまたがっているのだ。後者の意味においては、雰囲気は、哲学者であり批評家でもあるヴァルター・ベンヤミンが「アウラ」と呼んでいたものと、あるいは、精神科医のルートヴィヒ・ビンスワンガーの言う「情感づけられた空間（gestimmter Raum）」[★15]とほとんど同じものである。哲学者のオットー・フリードリッヒ・ボルノウは、一九六三年に刊行した論文「人間と空間」が主題の論文の中で、ビンスワンガーの例を引用して、知覚する主体と知覚される対象のあいだにわたしたちが引く差異に対して、いかに気分づけられている空間（mood space）が存在論的に先立っているのか、を示すことを試みた。ボルノウによれば、「気分はそれ自身、人間の「なかに」存在する、主観的なものでもなく、また人間の「そとに」あってその周囲にみいだすことのできる客観的なものでもなく、周囲の世界とのまだ分かたれていない統一のなかにある人間にかかわっている」。すべての空間が、わたしたちに影響し、わたしたちの感情を制する、それぞれに異なる雰囲気の特徴を有している、とボルノウは考えている。すなわち、不安に満ちた空間では、狭く閉じ込められ、余裕がないように思えてくるし、楽観的な空間では反対に、空を飛んでいるような感じで、何でも簡単にできそうに思えてくる。これらは、空間の気まぐれさを表している［★16］。

ごく最近では、ゲルノート・ベーメが、ベンヤミンのアウラの概念を直接的に引き合いに出すことで、明らかに雰囲気の概念を中心とした美学を解説している。たとえば芸術作品のような事物のアウラは、それの前に流れ出てきて、一定の範囲に入ってくる人々が「呼吸」することのできる、かすみのようなものである。ベンヤミンが言わんとしていることを説明するために、ベーメは青いコップを想像するように言う。その青い色はコップに付着している、あるいは、物がそれ自体を包み込むように、その中に含んでいる何か（カントなら持っていたであろう）ではない。むしろ、コップの青みはその周囲に向けて放射されるのである。雰囲気とは、それが感情的な環境の中に流れ出た際に、事物の放射や恍惚によって染められた空間のことである[★17]。ボルノウと同様に、ベーメも雰囲気はある意味で環境的な質と人の状態の中間にあると仮定している。彼によれば、雰囲気は「感知する主体なしに」存在することはないし、「主観的な経験においてしか知覚されない」。しかし、「主体は「あちらにある」何かとして雰囲気を経験するのである。何かというのは、わたしたちに到来するであろうもの、わたしたちが引き込まれるもの、わたしたちを捉えるものである」[★18]。それゆえ、雰囲気は事物とわたしたち自身のあいだにあるかすみのように、自由に浮遊するものではない。反対に、人と事物が一体になることで雰囲気は生じるのである。つまり、雰囲気は事物の質に内在するにもかかわらず、客観的なものではない。あるいは、感覚を持つ存在に属するにも関わらず、主観的なものでもないのだ。

だが、この雰囲気のあるものという概念について最も印象的なのは、ほぼ完全に天候を欠いているということだ。確かに、「気分づけられている空間」に関するボルノウの議論においては、天候の状態の影響についても言及されてはいる。特に、天候の状態が、物の接近や距離の知覚にいかに作用するかを記している。ところが、天候は起こりうる多くの影響のうちの一つにすぎず、気分づけられている空間のようなものの構成要素ではない[★19]。ベーメはどうかと言えば、彼は少なくとも「雰囲気」という語が気象学にその起源を持つということを認識しており、「天候を運ぶ空気という大地の覆い」と述べている。だが、これは雰囲気の側に空気の領域を設置するための口実ではない。というのも彼が記述していた当時、雰囲気を、大地の空気から「空中に漂っている」気分へと隠喩的に拡張することは、あらゆるヨーロッパ諸語において慣例となっており、この語の元来の意味は、すべて忘れられてしまったも同然であったからだ。そしてベーメは喜んでこの流れに従う［★20］。人々は呼吸するための空気を持っているが、この事実は――ベーメにしてみれば――雰囲気の構成にとってまったく余分なものである。雰囲気は他者や事物との出会いから生じるのだ。ベーメが舞台装置の中に、雰囲気の最も的確で典型的な例を見つけ出したことも不思議ではない。彼は「雰囲気を生み出す芸術はわたしたちの生の真の劇化を反映している」と述べている［★21］。美学のいう雰囲気と、すべての物――政治、スポーツ、街、日用品、人格、自己――が劇化される近代性の二重に反転された世界とのつながりは、さらに曖昧になっていくだろう！

もちろん、ベーメには、感情、知覚や感覚について述べるさまざまな理由がある。しかし、舞台装置の人工的に作り直される模造品の外側で、呼吸する空気もないのに、どうして人と事物のあいだに感情に満たされた出会いが起こるというのだろうか。感情の領域は、気象学的なものの領域から完全に分離させられたように思われる。その統一を復元することは、第一の反転の操作を拡張したり具体化したりすることではなく、元に戻すという第二の反転を要求することに他ならない。反転とは、劇場の箱（ボックス）=建物を裏返しにすることで、世界の居住者を大地と空で満たされた場所に戻すことである。これは、オルウィグが空気の気象学（エアログラフィー）=空気の学と呼ぶものを生み出す。気象学（エアログラフィー）とは、「人々が空の太陽の光の中に自身の影を投げることができるようにすることであり、それは影を制御され理想的に構成されたエーテルの空間によってそれらを取り囲むことはない」[★22]。それで、おそらくわたしたちは、科学的気象学が「大気」という名を与えた宇宙の実験室、すなわちセルシンスキーの言葉にいう「科学技術の監獄」の中から再び天候を解放することができるだろう。すでに確認したように、現実の反転されていない世界の中では、天候-世界への浸漬は、温暖で温和な存在、そしてそれゆえ感覚する存在としてのわたしたち実存が置かれている状態――その結果ではなく――なのだ。この状況を満たす大気=雰囲気の概念に到達するためには、一度に情動的で気象学的なものを指す言葉の意味を理解する必要があるのだ。そして、これを得るための第一歩は空気という要素と再び向かい合うことで踏み出される。

★1 Ingold（2011：99-114）。

★2 Böhme（1993：117-18）。

★3 Bille and Sørensen（2007：275-6）。

★4 多くの文献のうちのほんの一部の例だが、ここにあげておく。Adey et al.（2013）、Anderson（2009）、Ash（2013）、Augoyard（1995）、Böhme（1998）、Edernsor（2012）、Stewart（2011）、Thibaud（2002）。加えて、新しい雑誌『*Ambiances：International Journal of Sensory Environment, Architecture and Urban Space*』が二〇一三年に刊行された。

★5 Serre（1995b：80）。

★6 Olwig（2011a：526）。

★7　Olwig（2011b : 306）を参照のこと。
★8　Olwig（2011b : 312-13）を参照のこと。
★9　Kant（1970 : 257）。第八章の注を参照のこと。
★10　Vosniadou and Brewer（1992 : 541）。
★11　Eddington（1935 : 40）。
★12　Jankovic（2000 : 37）。
★13　Hill（2012 : 150-1）。
★14　Szerszynski（2010 : 21）。
★15　Benjamin（2008 : 22）、Binswanger（1933）。
★16　Bollnow（2011 : 217）〔オットー・フリードリッヒ・ボルノウ『人間と空間』大塚惠一、池川健司、中村浩平訳、せりか書房、一九七八年、二二九頁〕。
★17　Böhme（1993 : 121）。
★18　Böhme（2013 : 3）。
★19　Böhme（2011 : 218）。
★20　Böhme（2013 : 2）。
★21　Böhme（2013 : 6）。
★22　Olwig（2011a : 529）。

16 滑らかな空間の中で膨らむこと

マルセル・モースは、人とその行動を海中のタコやイソギンチャクと比較して、後者は海の中で揺れ動き、前者は「その環境や感情の中で揺れ動いている」[★1]と、述べている。この言葉は予見的なものであった。というのも、わたしたちが突き止めたように、まさにその環境と感情の――あるいは、今では宇宙的なものと情動的なものと言ってもよいが――統一の中にこそ、大気の本質があったからである。そして、それとともに、厳密に言えば科学的ではなく、純粋に美学の対象でもない気象学の指針となる関心事こそ、わたしがライン学を補完するのに必要としたものであったのだ。

この気象学はさまざまな大気現象を研究するものではあるのだが、それらは、天候の現象であって天気のそれでなく、経験されるものであって計測されるものでもない。そして、それは、媒体の変動に対する人間の気分や意欲の調節や適合、またその両者の混合の中に現れる。空気を媒体であるとすることは容易なことだが、その空気は物理学や化学が分子構造によって規定するようなものでもないし、呼吸する人間やその他の存在がいなくても気体の状態で完璧に存在することができるようなものでもない。むしろ空気とは、わたしたちが呼吸するとき、その周囲の世界に流れ込んで、わたしたちの情動的な生を支えるものである。この意味での空気は、風や天候と同様に、経験されるものであって、記録されるものではない。窒息しそうな人は、「息ができない。空気をくれ！」と叫ぶ。その人が再び呼吸できるようにするもの、それこそが空気なのである。なるほど、空気は呼吸の裏面であり、そのことは、光が見ることの、音が聞くことの裏面であるのと同じだ、と言う人もいるだろう。しかし、見ることができるということこそが光なのであり、聞くことができるということこそが音なのである。これは、空気や光、音を大気現象として定義するものである。この章で空気を扱い、そして次の章で光と音を扱うことで示したいのは、大気とは宇宙的なものでも、情動的なものでもなく、それら二つが融合したものであるということだ。

どこから始めようか？　一つの方向として、気球の飛行について考えることが挙げられるだろう。ここでは、地理学者のデレック・マコーマックの研究を参照する。その研究の中では、スウェーデンの探検家サロモン・アウグスト・アンドレーとその仲間たちの探検の失敗が取り上げられている。アンドレーたちは、水素を充填した気球を北極まで飛ばそうと試みたのだった。マコーマックは、研究の最終章で大気＝雰囲気が持つ、相反する二つの意味に言及している。この二つの意味は、それぞれ気象学と美学に属するものだが、マコーマックはそれらをまとめる方法を提示しようとしている。つまり、情動的でもあり、かつ気象学的でもあるものとして、大気＝雰囲気を考え直す仕方を探求しているのである。マコーマックによれば気球の飛行がその方法を与えてくれる。というのも気球は、大気が、決して静止することなく、常に自らを追い越していく世界の中にある「一連の活き活きとした動的な情動」であることを直接的に明らかにするからだ［★2］。科学的な気象学のいう「大気」の中では、気球を飛ばすことはできないだろう。確かに科学は、温かい空気は上昇するし、水素は他の気体よりも軽いので、熱した水素で充填された気球は浮きあがろうとする傾向を強く持つことを教えてくれる。ところが科学は、飛ぶとはどのような気分であるのかについては教えてくれない。反対に美学は、変わりやすい「雰囲気のある空間」を特徴づけるために、気球を地面から飛ばそうとしない。舞台セットの美しい大気の中で飛行を再現するためには、気球を足場から吊るさなければならないだろう。

住む者がいる現実の世界では、気球は飛行の経験を可能としてくれる。その経験の中で知覚できる意識は、地表面では起こりえない空気という媒体の乱流に溶け込むだろう。ただし、わたしたちの情動的な生が空気の中で営まれるということを理解するためには、そこまでする必要はない。地面に沿って織り上げた道の中で、情動的な生がもつれあうのと同様に、情動的な生は空気の中で互いに混ぜこぜになる。室内においてでさえ、わたしたちは魚が水中で泳ぐように空気の中を泳ぎ、自分や他人の行動を通じて絶えず入ってくる隙間風に反応するのだ。このことを知るためには、会話で盛り上がっている部屋の天井からよくあるパーティー用の風船を吊るせばよい。会話の音を生み出すために、空気は声帯をうまく流れる必要がある。パーティーの参加者たちの会話によって生み出されたその流れは、室内の空気をかき混ぜ、風船を踊らせるのだ。確かに、室内の大気＝雰囲気は、愉快な空間に集まった人々によって作られるが、それは、そこにいる皆が媒体の循環する流れを口に含み、その流れに次々と勢いを与えているからなのである。同様のことを理解するための他の方法に、シャボン玉を吹くというものがある。シャボン玉を吹くことは息を止めることに似ているが、その息は、肺の襞の中に包み込まれる代わりに、つかの間ではあるが身体を超えて宙を浮遊する［**図16.1**］。シャボン玉――留められた息の中の熱望と不安のすべてが半透明のシャボン玉の内部に込められている――を見ることができるのは、シャボン玉が破裂

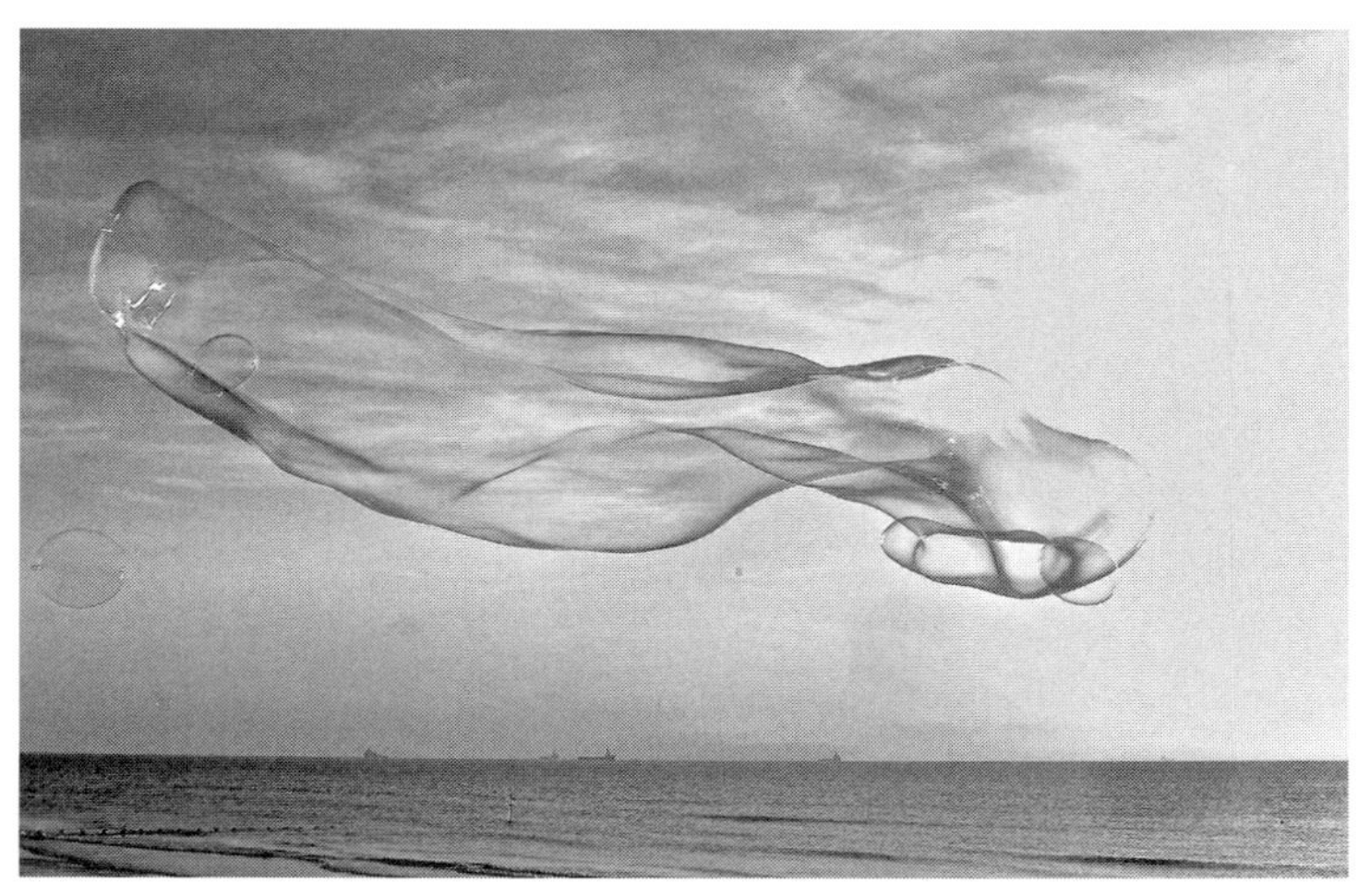

図16.1　空気で再び満たされた大気
北海の上に浮遊するシャボン玉。2012年9月、ブリティッシュ・サイエンス・フェスティバル開催期間中にアバディーンのビーチから撮影された。写真はテレンス・ファーカーソンの厚意による。

して、周囲に感情的な積荷を放出するまでのことである。「シャボン玉の命が持続している間は、吹いた人は自分自身の外に存在している。その小さな球の命は、その球とともに漂う注意に包まれ続けていなければ、消えてしまうかのようである」とピーター・スローターダイクは記している[★3]。シャボン玉が破裂すれば、希望も消えてなくなる。次の息で埋め合わされるまでは。

要するに、気象学的なものと情動的なものの対立を超えるためには——つまり情動的な気象学と気象学的な情動を作るためには——空気という要素で大気＝雰囲気を再び満たす必要がある。そしてそれは同時に、わたしたちが居住する世界は、固定され決められた形に結晶化されてきたものではまったくなく、生成し、変動し、流れる世界、つまり、天候－世界であるということを認めるということだ。まさにそのような世界は、ドゥルーズ＝ガタリが、区分された(striated)というよりも、滑らかな(smooth)という言葉で形容される空間について論じた際に心の中に留めていたものである[★4]。彼らの言う区分された空間とは、均質で、容積の測定することができる空間である。そこでは、多様な事物がそれぞれに割り当てられた場所に配列されている。反対に、滑らかな空間は配置されていない。むしろ、それは連続変化のパッチワークであり、あらゆる方向に限りなく広がる。滑らかな空間において、眼は諸事物に向かうのではなく、それらのあいだを漂う。つまり、固定された標的を狙うのではなく、通り道を探すのである。換言すれば、それは、環境への視覚的ではなく触覚的な知覚をもたらすのだ。視覚的な形式においては、すでに劇場の反転の中に見出したように、あたかも世界は、精神の表面上に完全に投じられているかのようである。それは世界が、瞳孔を通って網膜の奥に映し出されていると考えられているのとまったく同じなのである。この種の逆投影は、見る側を見られる側から分離し、引き離すことを必要とする。反対に、触覚的な形式は、近距離であり、直に手で触れることである。それは、精神的な身体と物質や土地との触れ合いなので、感覚的な関わり合いの道に沿って、土地の肌理に「自らを縫い込む」ということになる。写本筆写者の書（ライン）は触覚的である。だが、舞台美術家の台詞（ライン）は視覚的である。

ところで、ドゥルーズ＝ガタリがいみじくも指摘しているように、視覚的なものと触覚的なものの対立は眼と手の対立を横断する。つまり、視覚的な視力と触覚的な接触に加えて、わたしたちは視覚的な接触と触覚的な視力を持ちうるのだ［★5］。たとえば、医者の手袋をはめた手は機能的で清潔さを保つが、その一方で、写本筆写者の眼はその筆記のインク痕に絡まっている。それは、刺繍をする人が布に刺繍糸を縫い付けるときも同じである。しかし、滑らかな空間の経験は、ドゥルーズ＝ガタリが示唆しているように、触れ合いの触覚的な形式の中に完全に包み込まれているのだろうか？　あるいは、これは事態の一側面を示しているのだろうか？　というのも、滑らかな空間には二つの側面、あるいは観点があるように思われるからだ。一方で滑らかな空間は、わたしがメッシュワークと呼んでいるような、濃く絡み合った痕跡のように現れる。それは、どちらかというと植物が土壌に根を下ろすように、生物が世界を通る道を縫うように進む際につけられる。それらは運動と成長のライン――ドゥルーズ＝ガタリが「生成の線」と呼ぶもの――

であり、一貫した方向に従うことなく、絶えず環境変化に応答するものである。そのような調子で、ドゥルーズ＝ガタリはフェルトという滑らかな空間の模範となる素材を取り上げるのだ。リネンになぞらえられることで、縦糸と横糸の通常の筋跡とともに、フェルトはあらゆる方向に曲がりくねった繊維が渦巻く泥沼のようにもつれている[★6]。触覚的な知覚は、こうした曲がりくねりに、つまりフェルトに接着されているのと同じように土地の肌理にも織り込まれているものに従うのである。

しかし他方で、ドゥルーズ＝ガタリは滑らかな空間のトポロジーをラインや運動の軌道からなるものとして描き出すことはまったくなく、風と天候の「触覚的音響的質」からなるものとして描き出す。たとえば、小作農は鋤を用いて大地に筋をつけ、規則正しい畝間を作るとともに、空の下で働き――「風に満ちた空間に十全に参加している」――、滑らかな空間の住民であり続けるというように。ドゥルーズ＝ガタリによれば、空間とは風がうなり、氷が割れ、砂が鳴る場所である[★7]。このような光景は、太平洋岸北西部海岸の世界で最も活発な氷河を携える大山岳地帯に住むトリンギト族の人々の共感を呼ぶに違いないだろう。彼らを調査した民族誌学者ジュリー・クラックシャンクによれば、トリンギト族は、氷河は聞くことができると信じている。それゆえ氷河の近くでは、人々は攻撃したり激昂したりしないように、用心深くならなければならない――そうしないと悲惨な結果を招くかもしれないからだ[★8]。もちろん、トリンギト族は氷河が耳を持っている、あるいは耳がなくとも聞くことができると考えるほど愚かでない。むしろ、氷河が聞くことができるのは、氷河がトリンギト族の現象界に知覚の対象として現れるのではなく（たとえば、西洋の地質学者にとってはそうであるだろう）、音、光、感情のすべてを覆う経験として、つまり、大気＝雰囲気として現れるのだ。氷が裂ける耳をつんざくような音に、目がくらむような白色光に（トリンギト族の人々は熱のようなものとして表現する）、湿った冷たい空気に圧倒されることなく、氷河に近づいたり、あるいは住んだりすることのできる者などいない。この音、光、そして触感といったいくつかの質の複合が氷河とは何であるのかを作り上げているのだ。

このような大気のあらわれの中に知覚者たちの意識は浸されているため、知覚者たちが聞いているとき、氷河も彼らを通じて、その音の中で聞いている。同じように、知覚者たちが見たり触れたりするとき、氷河も彼らを通じて、その光の中で、また感触の中で、見たり触れたりしているのだ。それは小作農民についても同様である。小作農民は、その畑の上で、容赦のない空の下で労働する。風は踏ん張る身体を通して大地を平らにし、太陽は彼の皺がよった眼を通じて、大地に照りつけ、そしてゴロゴロと鳴る雷は彼の不安な耳を通じて聞くのだ。トリンギト族の猟師にとって、ヨーロッパの小作農民にとって、実際にはわたしたち皆にとって、こうした大気に関する滑らかな空間の経験は、感覚、光、音なのであり、それらの方法によって獲得できる何かのことではない。もし触覚のライン状の道が、フェルトの布のように、滑らかな空間の生地を編むならば、そのとき、大気＝雰囲気はそのような知覚を可能にする媒体を作り上げるのだ。それゆえ、触覚的なものと大気に関するもののあいだにある滑らかな空間の中心には、親密な関係があるのだと思われる。では、この関係はいかに理解されうるのだろうか？　メルロ＝ポンティの現象学に助けを求める時が来たようだ。

★1　Mauss（1954：78, and 1923-4：182〔マルセル・モース『贈与論』吉田禎吾、江川純一訳、筑摩書房、二〇〇九年、二八六頁〕、第二章の注をみよ。

★2　McCormack（2008：414, 418）。

★3　Sloterdijk（2011：17）。

★4　Deleuze and Guattari（2004：523-51）。

★5　Deleuze and Guattari（2004：543-4）。

★6　Deleuze and Guattari（2004：525）。

★7　Deleuze and Guattari（2004：528, 531 and 421）〔引用箇所は、ジル・ドゥルーズ＋フェリックス・ガタリ『千のプラトー――資本主義と分裂症〈中〉』宇野邦一、小沢秋広、田中敏彦、豊崎光一、宮林寛、守中高明訳、河出文庫、二〇一〇年、二五七頁、二六一頁〕。

★8　Cruikshank（2005）。

17　巻きつくこと

思い起こそう。メルロ＝ポンティにとって、知覚の本質は吸気と呼気、つまり能動と受動の交替であった。知覚できるということは、彼の考えによれば、世界に開かれているということであり、包むものを生み出すことであり、そして、照明や反響音に対して内面で反響することである。なぜなら、わたしたちは自身の光の経験を見ることも、音の経験を聞くことも、そして感触の経験に触れることもできるからだ。光を浴び、音に浸り、感触に没頭し、感情を持つ存在は、世界の生成、常なる現前、そして世界がありのままの姿をさらそうとしているまさにその瞬間の目撃者の絶頂にある[★1]。したがって、知覚することのできる世界には、知覚の主体も対象も存在しない。むしろ、知覚は発生の創造的な瞬間に内在する。そこで「物が物となり、世界が世界となる」[★2]のだ、とメルロ＝ポンティは述べている。その際、何かを知覚するということは、同時にその何かによって知覚されているということである。つまり、見るということは見られるということであり、聞くということは聞かれるということである。これは他についても同様である。この可逆性（reversibility）――最も理解しやすい例は、両手を合わせたときの状態である――は、メルロ＝ポンティの現象学においてすべての知覚の基礎をなすものである。

ところが、世界それ自体も含めて、世界中のすべての物が知覚することができるというわけではない。氷河はそれ自体で知覚しないし、そのことは樹木や石についても同じである。では、知覚の可逆性は、自己を感知する人がそうでない氷河や樹木や石などの事物と出会う場合、いかに維持されるのであろうか？　たとえば、樹木についてはどうか？　画家のアンドレ・マルシャンはジョルジュ・シャルボニエとの対話の中で、森の中にいるときにしばしば感じたのは、樹々を見ているのは自分でないということである、と述べている。そして「樹々がわたしを見ていると感じる日もあった」［★3］と語る。このような経験は、間違いなく、森の中を、とりわけ夜明けや夕暮れの薄明かりの森の中を、歩いたことのある者であれば誰にとっても馴染み深いものだ。メルロ＝ポンティは自身の主張を証明するために、マルシャンの言葉を引用している。彼は画家について「画家と見えるものとのあいだで、不可避的に役割が転倒する」［★4］と言う。画家は樹々を見て、樹々は画家を見る。樹々が画家を見るというのは、樹々が眼を持っているからではない。それについては、考古学者のクリストファー・ティリーが、風景の現象学に関する著作の中でメルロ＝ポンティの主張に言及して、説明している通りである。むしろ、「樹々は画家に影響し、感動させ、それらの現前無しでは成立し得ない絵画の一部となる」［★5］。

考古学者であると同時に、その他の多くの専門家でもあるティリーが特に関心を寄せているのは石碑である。ティリーよれば、石を感じるということは手でその触感を感じるということである。曰く、「わたしは石に触れ、石はわたしに触れる」。石は彼に身体的に影響し、彼の認識を構築するからこそ、それ自身のエージェンシーを備えていると言われるのだろう、とティリーは考えている［★6］。ここに必然的に伴う可逆性は、明らかに合わせた両手のそれとはまったく異なるものである。それは、たとえ他人との握手――そこでは確かに、握っている指や手のひらで互いに他人の手を感じる――であっても同じである。しかし、決して石は手のように感覚に気づくようにはできていない。それは樹々も同じである。確かに、触れることという名の下に、神経によって可能な知覚と表面と表面の接触による物理的な圧力を混同してしまうことはよくある。ラインを欠くブロブの物体の世界の中で、諸事物は互いに体重を掛け合い、反発し合う。そしてそうであるとき、哲学者のジャン゠リュック・ナンシーも言うように、諸事物の重みや塊は、接触の圧力が最も強く感じられる面に湧き上がる。ナンシーは、諸身体の重みは「それらの塊の表層への浮揚である［…］塊は〔表面において〕持ち上げられる」［★7］と書いている。しかし、それらは触れてはいても、実際に融合することはないので、それらの塊が互いの領域を侵すことは決してない。それらのあいだには一定の空間と、それらが出会う境界面があるに違いないのだ。ナンシーに次いで、グレアム・ハーマンは「触れることは他の事物の表面を撫でるということである」と書いている。他の事物の塊は、触る側と触られる側のあいだにある不透境界の向こう側にいつまでも留まり続けなければならない［★8］。

突き詰めれば、重さにおいては、物体はそれらの表面を横断して出会い、交互に影響し合う。また、塊においては、遠く近づくことのできない深淵の中に消えていく［★9］。その結果ＯＯＯ（オブジェクト指向存在論）では、考古学者が実際に石に向かう場合を除いて、手で碑（モニュメント）を撫でるときの考古学者の接触は、石の分離と孤立を確かなものにするだけであろう。まるで考古学者から意識が向けられると、石はそれ自体の中へと引き込もってしまうかのようである。しかし実際には、石はもはや単なる物体でもないし、精彩を欠いた（ラインレス）ものでもない。その表面は、長いあいだにわたって大気の作用に耐えることで、つまり天候にさらされることで、ベールのような質感になる。そして、この線が引かれた表面こそが、考古学者の手の指を受け入れ、彼を感覚の運動に導くのだ。すでに、屋根の木材（第五章）や壁の石（第七章）がいかに内側から生じるのか、あるいは、分節化よりも共感においてそれらがいかに連結するというよりも連接するのか、については論じた。そうすることで、考古学者の手と彼が触れる石とのあいだに起こる何らかの応答を確かに認めることができるようになる。厳密には、石が考古学者の手をそれとして知覚することができなくてもである。この制限された感覚においてこそ、ティリーは実際に石によって触れられると主張することができるのだ。

ティリーによれば、樹木や石のような事物とは「知覚することができることなくして、知覚することができるものである」［★10］。ここで彼が言わんとしているのは、それら事物は現象世界の一部であると同時に人の身体でもある、ということだ。そして、それ自体は、まさに知覚の過程において身体がちょうどそうであるように、すでに知覚者と「ともに（with）」あるということである。わたしたちとしては、画家は樹木を観察しているだけではなく、おぼろげだが知覚可能な樹木を見る手段の一つである眼を用いて、樹木とともに見ている、と言うことができるだろう［図17.1］。そして考古学者は、石に触れているだけでなく、すでに石の硬さや柔らかさ、粗さや滑らかさを知っている手を用いて、石とともに触れているのである。換言すれば、樹木と石のそれぞれが、視覚と触覚において、こちら側にあると同時にあちら側にあるということになる。樹木を見るわたしの身体は、わたしを通じて樹木が見る手段であり、石に触れるわたしの身体は、わたしを通じ

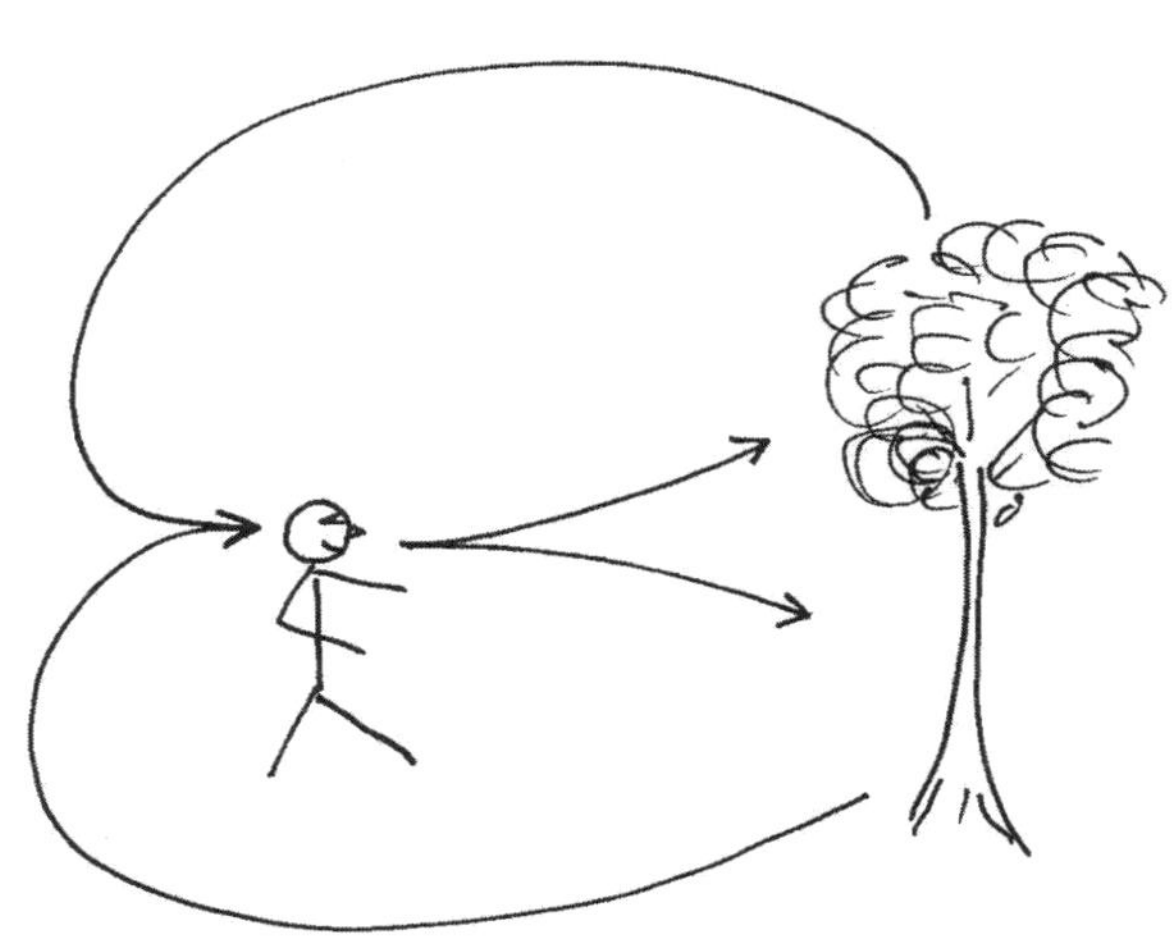

図17.1　わたしは樹とともにあると同時に樹はわたしとともにある
このスケッチで示したいことは、すでに樹木の存在を見ることの手段の中に取り込んでいる眼と樹木がともにあるということだ。わたしの眼を経由することで、樹は巻きつき、それ自体を見る。

て石が触れる手段である。同様に、後の章でも確認するように、わたしがトリンギト族の者であれば、氷河の音を聞くことは氷河がわたしを通じて聞く手段である、ということになるだろう。樹であれ、石であれ、氷河であれ、これらはそれ自身で知覚することができるものではない。しかし、それらは感覚することができるものの中に浸されているので、言ってみれば、それら自体を見たり、触れたり、聞いたりするために逆戻りすることができるのだ。この「巻きつくこと(coilling over)」——メルロ＝ポンティから示唆に富む言葉を借りれば——において、知覚する側は知覚される側と一体となる[★11]。

この身体、樹木、石、そして、それ以外のすべての物の統一を示すことは、こちらとあちらの両方にあるということであり、それゆえ、メルロ＝ポンティが晩年に肉(flesh)という概念を用いて示そうとした、知覚の領域に参入するということになる[★12]。知覚するという行為において、すでに知覚する者とともにあるものはすべて、メルロ＝ポンティが主張しているように、その者の身体である肉と同一のものである。しかし、この鍵概念には決定的な曖昧さが残されている。メルロ＝ポンティは明らかに以下のような考えに頭を抱えていた。すなわち、知覚する者の意識が世界を貫く方法は、実際には、知覚する者が世界を知覚する方法をそのまま逆転させたものではないということである。人間のように自己を感知する存在にとっては、他者に触れることはまさしく、触れられる者が触れる者に触れることをも意味する。しかしメルロ＝ポンティも認めているように、世界の肉は自己を感知することはできない。メルロ＝ポンティは死後に刊行されたノートの中に、「世界の肉は感覚されうるものであって、感覚するものではない。それにもかかわらず、わたしはこれを肉と呼ぶ」[★13]と書き留めていた。問題なのは、この肉という概念がまったく異なる種の二つの「とともにある（being with）」を含意しているということである。一方には、石、樹木あるいは氷河とともにあるわたしの存在があり、他方には、わたしとともに石、樹木あるいは氷河の存在がある。二つ目の「とともにある」は受動的なものであると言える。それは存在の吸入、つまり意識の侵入である。しかし、一つ目の方は能動的で、知覚の標的にされた運動として表される。つまり、呼気の流れに乗って発射される——話し言葉でいう——ということだ。一方は、わたしが浸たされている媒体の中で集めたり引き寄せたりすることで、息を止めたり、爆発する前のシャボン玉のような緊張を保持している。他方は、成長や生成のラインに沿った力を放出し、緊張を解き放つのである[図17.1]。これらの交替については、前もって第一三章で、泳者の平泳ぎと比較しておいた。すなわち、腕を後ろにかくことは、前方への推進力のために集めるということである。これらの交互に行なわれる身振りは、決して互いを逆転することのできるものではなかった。コイルのようにそれらは戻ることができず、グルグルと進んでいく。しかし、それは円環を閉じることはない。というのも、最初の状態に戻った身体は、それにもかかわらず、時間的にも空間的にもさらに先にいるからだ。

以上より、生物は大気という媒体の中を泳いでおり、推進力の進路（ラインズ）に沿って前へ進み、そしてそれと交互に媒体の吸収によって引き上げて背後に置き去る。呼吸するために空気を吸い、外に息を吐くことで、話、歌、物語の筋（ラインズ）を、そして筆跡の跡（ラインズ）を世界という織物に縫い付ける。前に出るのは、手探りで前方へと進む意識であり、最後尾に付くのは、物質の媒体を吸収した身体の重さというよりも、どちらかというと、たとえば、ペンを走らせた後に染みを作るインクを吸い上げる紙である。その際、動物の運動は押し出すことと引き上げることの、換言すれば、予想と回想の交替を維持する。ここにきてようやく前の章で提起した問題に対する答えを見つけた。すなわち、滑らかな空間の中心で、触覚に関するものと大気に関するものの関係、あるいはより単純に、ラインと天候の関係をいかに理解すればよいのだろうか？　すべての生物は、わたしたちが主張したように、メッシュワークの編み込まれたラインに沿って、それ自体を世界に縫い付けていく。しかし、それとともに、すべての生物は必然的に大気の中に浸たされている。それでは、肉はメッシュワークなのだろうか、はたまた大気＝雰囲気であろうか？　それは、テントのフェルトに、あるいは風や天候の世界の触覚性や聴覚性になぞらえることはできるのだろうか？

　わたしが提示する答えは、それは交互に、両方である、というものだ。メッシュワークと大気は、言うなれば、肉の二つの側面——滑らかな場所の地政学という二重の側面——である。それらはわたしが区別した「ともにある」の二つの意味に対応する。大気＝雰囲気は吸い込むことに関係し、メッシュワークは吐き出すことに関係する。マジックや架空の世界を除いて、コイルのトルクは不可逆である。そのトルクは、すでに第一四章で見たように、時間である。世界の肉が、吸い込むことに関係する触覚的なものであり、吐き出すことに関係する大気的なものであるなら、触覚に関するものの推進力は修復し始め、大気に関するものの再収集は解放し始める。これは本質的に『アラジンと魔法のランプ』の話である。そこで必要とされているのは、魔人を大気に解放するための、古いランプを修復する摩擦——特に優れた触覚的な身振りである——である。物語の中では時間は逆行する。現実の世界では、時間は前に進むので、生物、つまり呼吸する存在は、大気＝雰囲気への浸漬が急増していくラインに沿ったメッシュワークの触覚的な拡大に変形させられる場所なのである。天候が農家の作った畝間に変わり、風が帆船の航跡に変わり、太陽の光は植物の茎や根に変わる。変身こそが、間違いなく、すべての生命の根本をなすものなのである。

★1　Ingold（2011：69）。
★2　Merleau-Ponty（1964：181）〔モーリス・メルロ＝ポンティ『眼と精神』滝浦静雄、木田元訳、みすず書房、一九六六年、二八八頁〕。
★3　Charbonnier（1959：143）。
★4　Merleau-Ponty（1964：167）〔前提書、二六六頁〕。
★5　Tilly（2004：18）。
★6　Tilly（2004：17）。
★7　Nancy（2008：93）。ただし、〔　〕内は訳者による。
★8　Harman（2012：98）。
★9　Bogost（2012：77）。
★10　Tilley（2004：19）。
★11　Merleau-Ponty（1968：140）〔モーリス・メルロ＝ポンティ『見えるものと見えざるもの』クロード・ルフォール編、中島盛夫、伊藤泰雄、

岩見徳夫、重野豊隆訳、法政大学出版局、二〇一四年〕。

★12 Merleau-Ponty（1968：248-51）。

★13 Merleau-Ponty（1968：250）〔同前、四一二頁〕。

18　空の下で

大気＝雰囲気に関するいくつかの側面とあらわれ方に立ち戻ることにしたい。わたしはそれらを第一一章で「気象学」の名の下に紹介しておいた（［図11.1］を参照せよ）。再度見ておけば、それらは呼吸、時間、気分、音、記憶、色、そして空であった。どれを論じて、どれをまだ論じていないのだろうか？　わたしはすでに長きにわたって呼吸をして、息を吸い込み吐き出して暮らしてきた。そして思い出さねばならないのは、スピーチや歌唱の一筋（ラインズ）が吐く息に乗って生じる一方で、話者や歌手は息を吸うために定期的に休止しなければならないことである。言葉に関する表記法と音楽に関する表記法のそれぞれにおいて、句読点と休符が息継ぎすべき場所を教えてくれる［★1］。しかし、少なくとも西欧の伝統に根ざした言葉に関する芸術や音楽に関する芸術においては、息継ぎを過小評価するきらいがある。演説者が話すことを、歌手が歌うことを、フルート奏者が吹くことを教わるとき、息継ぎとその結果として生じる休止を可能な限り短くするように言われるのだ。行為は情熱よりも、つまり経験することよりも優先されるのと同じように、休止することは躊躇いのある、力弱い、優柔不断な歌であると見られる。ここでこれ以上論じることはしないが、この問題は本書の第三部の主題となるだろう。すべての発話や筆跡が端から端までつなげられている諸要素から統語論的に連結されているかのように、習慣的に「スピーチ」や「執筆」よりも、「分節化（articulate）」という言葉を重んじることが、習慣的な優先度の存在を十分に証している。わたしたちは、句読点を執筆の稚拙さであると、そして休符を旋律の稚拙さであると考えがちである。それで、これらの両者をたんなる休憩や隙間を埋めるものでしかないと考えるのだ。ところが、実のところは、休止こそがスピーチと歌に雰囲気に富んだ情動を添えるのであり、それがないと精彩を欠いたものになる。機械だけが休止を必要とせずに、情動を欠いた明瞭な発音で話したり、歌ったりすることができる。

呼吸のおかげで、わたしたちは時へと向かった。というのは、息を吸うことと吐くことの交替が不可逆な時間を、そして、カイロス的に環境の調子に合わせたり、居住者たちの天気予想を成り立たせる時間を示す方法を明らかにするからだ。さらに、呼吸によって空気と身体組織が混ざり合うとき、周囲の環境についてよく知っている人間やその他の生物は、生まれつきはかないものであるだけでなく、温厚でもある。そして、気質は気分という他の言葉で言い換えられる。つまり、大気＝雰囲気が生物のすべての毛穴に広がり、その行動に影響を及ぼす。その際、音は、記憶は、色は、空はどうなのだろうか？　音については後で議論するつもりだが、それは大気という媒体の反響を経験する方法であり、ちょうど明かり取りの窓によってわたしたちがその照明を経験するかのようなものである。鳴り響くことに関しては、身体はちょうど反響室のように機能する。歌うとき、あるいは楽器を演奏するときは、旋律（メロディック・ライン）は部屋から引き出され、それを生み出す身体の身振りによって特有の抑揚が与えられる。同様に、語り手は物語の筋（ライン）を記憶の反響から引き出す。音は旋律となり、記憶は物語となる。一方は、集め思い出し、他方は、その先で感じるのだ。同様のことが、十分に色とラインの関係にちょうど当てはまる。後の章で、わたしはいかに色がラインに雰囲気を与えるのか明らかにする。それだけでなく、音もまた同様であることも示すつもりである。

『近代絵画論』の第一巻の中で、ヴィクトリア朝時代の目利きであり批評家であったジョン・ラスキンは「絵画の巨匠たち」を酷評した。彼らが雲が散りばめられた空を描いていたからだ。ラスキンによれば、彼ら巨匠たちはそのような空を、それを通してではなく、それを見ることができる何かとして描いている。空はその中のさまざまに姿を変える雲から引き離されており、そして、均質な青——巨大で遠く離れたドーム状——の中に引っ込み、その下にはそれとは別個の塊として雲が吊るされているかのようだ。それらの画家たちを取り上げた箇所で、ラスキンは「あなたは空に到達するまでには、長い道程を進むことになるが、遂には空に突き当たるだろう」と記している。絵画のこのような習慣にあまりに親しんでいるので、感覚的にみてまったく納得することができなくても、わたしたちは話題にすらしない。わたしたちの感覚が教えてくれるのは、空は表面を持たないということであり、一度空の中に向けられた視線は際限なくさらに遠くへと突き進んでいくことができるということである。そしてさらに、均質な青の存在とはまったく異なり、空は無限に変化する領域である。それを次のようにラスキンは説明している。曰く、「深く震える透明な透過する大気の一団であって、その中にあなたは斯く光が短く降り注ぐ地点と、暗い水蒸気のぼんやりした薄膜状の痕跡である薄暗い陰影を、追跡したり想像したりするのである」［★2］。おそらく、空は、しわくちゃな大地の大気的な類似物だと言えるかもしれない。しわくちゃな大地は地面から隆起しているとはいえ、紙の皺が紙の一部であり続けるのと同様に、大地の一部であり続けているのだ。同様に雲も、しわくちゃな空の湿気をたっぷり含んだ皺である。それらは、空の一部であり、空に浮いている対象とのつながりが切られているわけではない。空は雲を手放すことなく、均質な半球の中に消えていく。それと同様に、丘や山から離れることのない地面も、平面的な土台の中に埋もれていくだけである。

ところで地面についてだが、第八章においてわたしは、心理学者のジェームズ・ギブソンによって開拓された視覚に対する生態学的な研究方法を紹介した。思い起こせば、彼にとって地面は、部屋の床に置かれた家具のような、その他のすべてのものが備え付けられている土台のようなものである。では、空はどうか？　ギブソンによれば、地面の上に立っている人にとって、空は巨大な半球として現れる。その人は地平線の円に地面を見る。そして、半球の中に雲や天体のような事物が浮かんでいるように見える。わたしはギブソンに強く共感している。その主な理由は、ギブソンが、実験を行なう研究室の人工的な世界ではなく、わたしたちが生まれながらにして住んでいる世界をわたしたちがいかに知覚するのかを理解しようと心に決めていたからだ。彼が注目する世界には「大地と空からなり、大地の上にそして空の中には、山や雲、火、日没、小石や星といったさまざまな物がある」［★3］。ただし、彼のいう地面の持つ意味を理解するのは困難である。彼において地面は、その上にある物と無関係の等方性の表面であり、そこにある物はまるで固定され動くことがないかのようである。そして、空を半球の空虚な空間とする考えもまた理解に苦しいものである。というのも、その半球の中では、雲のような事物はぶら下がっているように見え、それはわたしたちが経験から知っていることからかけ離れたもののように思われるからだ。確かに、空に関するギブソンの考え方と「絵画の巨匠たち」が描く方法――少なくともラスキンの解説においては――のあいだには異常なほどの類似がある。

明らかに、ギブソンは空について問題を抱えている。そして、それは彼自身も認識していた。その問題は、彼の方法の根本的な信条の一つに帰せられる。要するに、見ることのできるすべての可能な事物の中に光は含まれないというものだ［★4］。ギブソンの主張だと、わたしたちが見ているものは光によって明らかにされたものであり、光それ自体ではない。たとえば、表面から光のパターンを反射する机のような一つの硬い家具の周りを歩くとする。その光はあなたの動く眼に届き、連続する変調を被る。ところが、それらの変調の根底にあるのは、パラメーターの定数である。ギブソンはそれを「不変項」と呼ぶ。彼の主張では、それらの不変項は見られる対象の形や質感を十分に明らかにすることができる。ここで彼は、長い間知覚心理学において優遇されてきた考えに躍起になって反論している。その考えは、光こそがわたしたちが見るすべてである——知覚する者は網膜の中に光受容体の刺激によって生じる感覚の他には何も受け取らない——とするもので、それゆえ、感覚入力の生の物質に観念的な形相を与えるかどうかは精神に委ねられている。たとえば、机を知覚することは記憶の中から「机性（tableness）」のイメージを引き出し、それ自体ではわたしたちの前に立っている物を特定することはできない視覚刺激にそのイメージを貼り付けるのだ。

この後者の立場の弁護を始めるつもりはない。わたしに言わせてみれば、それは非常に疑わしいものであるからだ。わたしの関心はむしろ、光とは何かという議論を行なっている二つの立場の間に明らかに共有される仮説を見つけることである。ギブソン自身の言葉では、それは「光量子や波長や放射エネルギー」［★5］となる。今わたしが（古典的な光学とともに）光こそがわたしたちが見ているすべてであると主張しようとも、あるいは、（生態学的な方法とともに）わたしたちは決して光をみることはないと主張しようとも、光に関するわたしたちの理解は同じである。物質的な原因があり、その結果が網膜刺激である。放射線としては、光は光源から放たれるし、照明としては、それはわたしたちの世界を照らす。主に太陽から放たれる放射線は、すべての方向に散乱されることによって、大気（アトモスフィア）（気象学的科学におけるsensu［ラテン語で「意味」］で）の中の照明と、大地のまだらでざらついた表面からの反射に変わる。照明が一点に集結する範囲で、光は環境の特徴を明らかにする情報を運んでくれる。反対に、構造化されていない光が明らかにするものは何もない。わたしたちが見ているものは、それゆえ、空虚ということになる。そしてギブソンによれば、このことはわたしたちが澄んだ青空を眺めるときに明確に起こる。風景から目を離して、地平線を横断し、空へと目線を向けるとき、構造化された光は土地のわかりにくい特徴と表面を明らかにする。そしてその光は、空に行きわたる構造化されていない光に取って代わられ、半透明の空虚な空間は知覚可能になる［★6］。

ここにきてわたしたちは、ギブソンに代わって、なぜ空が矛盾してあらわれるのかを理解し始めるだろう。光を見ることができないとすれば、何が光によって明らかにされるのか？　また、晴れた日の空の光が何にも明らかにしないのであれば、どうして空を見ることができるのか？実際のところ、やはり空に表面はない。それは、魔法のような光点でも、わたしたちの生活を包み込む青で塗られた巨大な球状のドームでもない。そこには何もないのだ。しかし、ではどうして見ることのできるものがないのに、空を見ることができるのであろうか？　確かに、ギブソンは「空のような光を発散する領域」はどのようにして知覚されるのかという疑問に答えている。解答の中で最も不可解なのは、「自分は空を見ているのであり、光度そのものを見ているのではないと私には思われる」［★7］というものだ。空は光を発散するが、空を知覚するということはその光度を知覚していることではない、というのだ！　では、その光度を奪われた後に、空には何が残されているのであろうか？　わたしたちは闇夜に外に出た方がよいだろう。そうすれば、確実にギブソンは考えを変えて奇妙な結論に至る。彼は空の周囲の光が周囲の暗闇と違いがないことをしぶしぶ認める。というのも、それは何も明らかにしないので、知覚されるものも存在しないからだ。昼の明るい空は、夜の暗闇と同じように、空虚そのものである［★8］。

さて、ギブソンがこの問題と格闘して、昼と夜を区別することが不可能ではないまでも困難であることに気がついたのと時を同じくして、メルロ＝ポンティもまた空の謎について思索を巡らせていた。ギブソンとメルロ＝ポンティが出会うことはなかったと思うが、もし出会って、彼らが空にいて会話を行なっていれば、間違いなく、天空の光はそれ自体では知覚の対象になりえないと同意しただろう。空の青みについて熟考することは、メルロ＝ポンティが述べている通り、宇宙的主体と宇宙的対象のように、対立を作ることではない。また、生の物質の感覚的経験を青さという幾分抽象的な観念になぞらえることによって、それを認知に関するものとみなすことでもない［★9］。空は、物理的な宇宙の対象でもないし、観察者の心の中にある概念でもない。ここで二人の主人公は意見を違えることになるだろう。ギブソンは相変わらず空と光度を引き離するように主張するだろうし、対してメルロ＝ポンティは、それらは一つで、同じものであると応えるだろう。空を見ることは、メルロ＝ポンティはそう言うだろうが、まさに内側から光度を経験することである。彼は「私の意識は、このはてしない青さに充たされている」［★10］と断言している。したがってこの空の光度は、放射エネルギーの明るくする散乱というよりもむしろ、存在の感情ということになる。そして、まさにこの宇宙的なものと情動的なものとの融合においてこそ、空は大気＝雰囲気のあらわれとしてみなすことができるのだ。

　ところが、空の光度を掴むためには、光に対するまた違う理解が必要となるだろう。そして、このことこそがわたしが次章で詳しく説明しようとしていることだ。しかし、天界から下り去る前に、心理学者ギブソンと哲学者メルロ＝ポンティに加えてもう一人話し合いの場にお招きしておきたい。加わっていただくのは音楽学者のヴィクトル・ツッカーカンドルだ。ツッカーカンドルにとってもまた、空を見上げるという経験は魅力的な行為であった。そして、そのことについて書かれたものは、使用されている言葉を見れば、メルロ＝ポンティから大きな影響を受けたであろうことがわかる。空をじっと見て、ツッカーカンドルは「あちらのもの」を見ていなかった。彼が見て、書いたものに、「境界線のない空間であった。そこでわたしはわたしを失ったのだ」とある。そこに目新しいものはない！　メルロ＝ポンティは、空について深く考えることは、見ることの意味について知る必要のあることをすべて教えてくれる、と説明している。そして、ツッカーカンドルは、彼の経験——空を見上げるというもの——はまさに聞くことを意味している、と言い放った［★11］。もちろんわたしたちが見ているものは純粋な光度である、聞いているものは聞こえ度（sonority）である。そして光度とともに空について明らかにすることは、古典的な光学とはまったく異なる光の理解が要求されるのだ。それと同じように、聞こえとともに空について明らかにしようとすれば、今までの音響科学の見識とは異なる音の理解が要求されるだろう。科学にとっては、光も音もエネルギーのインパルスなので、源泉から放出されるのであり、受け取るものによって拾い上げられるのだ。習慣的には、それらの道は、二つをつなぐまっすぐなラインとして図解される。続く章では、大気＝雰囲気の現象としての光と音について考え、源泉から受者へと放出されるのは、いずれの場合もまっすぐなラインではないことを示すよう試みたい。それはむしろ、まさに風のようにそれらのあいだの領域で渦巻くのだ。

★1 Parkes（1992）およびIngold（2007a：23-4、95-6）を参照のこと。

★2 Ruskin（2004：11-12）。ここに引用した数行は、一八四三年に刊行されたラスキンの『近代絵画論』第一巻「空の真実について」と題された章から引用した〔訳はジョン・ラスキン『芸術の真実と教育〈近代画家論・原理編Ⅰ〉』内藤史朗訳、法藏館、二〇〇三年、二一三頁を参照した〕。

★3 Gibson（1979：55）〔J・J・ギブソン『生態学的視覚論――ヒトの知覚世界を探る』古崎敬、古崎愛子、辻敬一郎、村瀬旻訳、サイエンス社、一九八六年、七一頁〕。強調は原文のママ。

★4 Gibson（1979：54）。

★5 Gibson（1979：55）〔同前、五九頁〕。

★6 Gibson（1979：48-52）。

★7 Gibson（1979：54）〔同前、五九頁〕。強調は原文のママ。

★8 Gibson（1979：52）。

★9 Merleau-Pnty（1962：214）を参照のこと。

★10 Merleau-Pnty（1962:214）〔モーリス・メルロ＝ポンティ『知覚の現象学』中島盛夫訳、法政大学出版局、一九八二年、三五二頁〕。

★11 Zuckerkandl（1956：344）。わたしはメルロ＝ポンティとツッカーカンドルを比較したことがある。他のどの論文よりも長いものとなった（Ingold 2000：266-9）。

19 太陽の光の筋とともに見ること

暗い夜に、ギブソンと一緒に野外にいるところを想像してみよう。頭上の雲のない空には星々が瞬き、地上では近くの家々の窓から電気ランプの光が輝いている。あなたには星の光とランプの光が見える。あるいはそう明言する。ギブソンはしかしながら、あなたは光を見ているのではないと返す。彼が言うには、「暗黒の中のただ一つの光点は、「光」ではない。それは、非常に遠方にある光源か、あるいは大変小さい光源、さもなければ発光物のいずれかを明細に述べたものである」[★1]。あなたはこう尋ねる。しかし、どうやって光が「光」ではないことがありえるのか？　確かに、星は非常に遠方にあり、ランプは大変小さい。わたしたちはそれを、天文学者が星について語ってきたことや、日常生活がランプについて教えてきたことから知っている。わたしたちはまた、星が地上には降り立たないことを、そして家々が空に向かって飛び立たないことを知っている。それにもかかわらず、わたしたちがランプと星の両方を光と混同するのは無理もない。ギブソンの世界では、あなたが天空に目撃する星が斑点であり、あなたの見ていない光によって「明細に述べられたもの」であることが判明する。そしてあなたが家々に見るランプも同様に、人々が家にいてランプをつけたことを示す——とりわけ——単なる電球にすぎない。この世界では、星は空に掛けられているが輝きはせず、ランプは天井から掛けられているが光を放ちはしない。光は星やランプをあなたの知覚の扉まで運ぶ使者のようなものであるが、あなたがそれらを迎え入れた瞬間、たちまち消えてしまうのである。

一八八九年の六月に、画家のフィンセント・ファン・ゴッホは、わたしが今まさに記述したのとよく似た状況にあることに気がつき、そして自らが見たものを描いた[図19.1]。その絵画がわたしたちに訴えかけるのは、まさにそれが、星空の下にあるような感じがするというわたしたちの経験と一致するからであり、そしてそれについて考えるための——おそらくは、さもなければわたしたちが気づかないままのこうした経験に深さを発見するための——手段をわたしたちにアフォードするからである。二つのことが即座に明らかになる。一つ目は、夜空は同質的ではなく、また、星以外に何もないということはない、ということだ。それは渦巻き、流れをなして三日月の光の中に薄っすらと確認できる風景と共鳴している。そして二つ目は、星それ自体は、天空にある活力のない斑点ではないということだ。その反対に、星は脈動している。すなわち、その光は、星をわたしたちの意識の対象として与える使者——射影ベクトル——として単に受け取られるのではない。むしろ、わたしたちはその光を内側から情動として感じるのである。渦を巻く天空の中に侵されているので、一つの場所にしっかりと根を張っているにもかかわらず、わたしたちの精神と身体は流れにさらわれ続けているかのようである。したがって、ファン・ゴッホは単に星を描いているのではない。彼は星に心を打たれた画家である。つまり、星の光とともに見て描くのである。それゆえに、星は無限に遠方にありながら、同時に魂に触れることができるのだ。

それは、視覚が星を手の届く範囲に置くことで、リンゴが木から落ちてくるように、星を地平線から連れ去ってくるというのではない。また、星をロープで囲い込むために綱（ライン）を投げかけるというのでもない。むしろ、

図19.1　1889年6月にヴィンセント・ファン・ゴッホによって描かれた《星月夜（*De sterrennacht*）》。
ニューヨーク近代美術館（MoMA）。カンヴァスに油彩、29×36インチ（73.7×92.1cm）。リリー・P・ブリス遺贈。登録番号：472.1941 © 2014. Digital image, The Museum of Modern Art, New York/Scala, Florence

メルロ＝ポンティが表現するように、視覚とは「わたしがわたし自身から不在となるために与えられた手段である」。しかるべき場所に立ち、ある人の眼を夜空へと開いてやることは、その人がそれに沿っている連続体をすぐ近くから遠く離れたところまで拡張させるということではなく、その連続体が二つの極のあいだで引き裂かれているのを見出すということである。それらの極は、一方が身体に据え置かれ、他方はその全体が天空――これは星と混ざり合い、すばしこい霊魂のように、あちらからこちらへと、注意の焦点が動いていくようにして飛び回っている――へと据え置かれているのだ。とはいえ、これらの二極は実際には一つのものである。というのも、メルロ＝ポンティが続けて書いているように、それらの分裂の最後には、「わたしはわたし自身へと戻ってくる」［★2］。わたしたちは、おそらく驚きとともに、瞬く星々がわたしたち自身の眼であることを発見する。つまり、わたしたちは星々をただ見ているのではなく、星々とともに見ているのだ。というのも、ファン・ゴッホが描いたものは、プラネタリウムで展示されるような、空をその全体性において示すパノラマではない。彼の絵画は、画家が見ているものを表象しているのだとは主張していない。むしろ、ラインと色において、画家の視覚の誕生を上演しているのである。この視覚は、宇宙へと開かれており、花火の雨のように爆発しているように見える。

メルロ＝ポンティが書いているように、感覚するものが感覚されうるものと出会う場合には、あるいはわたしたちの注意が世界の中で散漫なままである場合にはいつも一種の火花が生じている［★3］。夜空は幾千ものそうした火花によってきらきらと輝いているのであり、それらの火花は、わたしたちの眼の中で白熱しているあいだ輝くことだろう。火花のうちのいくつかは明るく輝き、いくつかは暗くなってゆくのであり、〔ファン・ゴッホの〕絵画の中で、画家の注意が星から星へと放浪するようにして展開していくのを辿ることができる。画家の注意は、一瞬前にはカンヴァスの上部付近の星とともにあったが、今は地平線により近い所へと下がってきている。このとき、地平線は白く輝いて見える。この光は、つまり絵画の中で白熱する白色は、物理的な宇宙の放射エネルギー――波動あるいは光子として理解されるような――ではなく、また、眼球の背後にあるあの窪んだ頭蓋内膜的な空間に閉じ込められ意識に生じた何らかの不調や動揺でもない。この光は、発生源と受取人を接続するまっすぐなラインを伝わっていくのではない。むしろ、火花のように、視覚の二つの極――身体の極と天空の極――の融合から、それらが接続するラインに対して直行する方向で爆発するのである。

それゆえ、あらゆる星は、そこから光線が全方向へと広がっていくような中心であるというよりもむしろ、それの（そして他の星の）周りやあいだで、向きを変えていく眼と協働して光が渦を巻くような回転軸である。注意が特定の星に向けられているあいだ、光はその星の周りをぴったりと旋回するが、注意がさまよっているあいだは光もさまよっている。あちこちで、星の火花はすでに暗くなりつつあり、ただ緩まり衰えた渦巻きだけをあとに残している。そしてそれは、まさしくファン・ゴッホが渦巻きを描いた仕方なのだ！　その絵画についての思考は、長いあいだ画家の心中にあった。というのも、《星月夜》をカンヴァスに描き出す一年以上前の一八八八年四月に、ファン・ゴッホは友人のエミール・ベルナールに宛てて次のように書いていたのである。わたしの目的は自身の想像力において、そして自らの技巧を通じて、「現実——わたしたちの視野のうちで絶えず変化し、稲妻のように過ぎ去る——へのたった一度の短い一瞥がわたしたちに知覚させることのできるもの以上に自然を賛美し元気づけること」の実現であったのだ、と［★4］。ファン・ゴッホは次のことを確信することができていたわけではなかった。すなわち、自らの野心が、擬似写真的なスナップショットを——あたかも固定したパースペクティヴから宇宙を見つめているかのように——生み出すことにあったのではなく、むしろ、わたしたちを宇宙と——わたしたちをわたしたち自身から分離するそのあらゆる運動において——統合する視覚的意識の時間的な展開を捉えることにあったのだ、ということを。光は、ファン・ゴッホにとって、こうした分裂／融合反応から出てくる結果であった。そして、それはわたしたちにとっても同様である。

もちろん、放射エネルギーの入射なくして、あるいは網膜の光受容体の刺激なくして、光の経験は不可能だろう。だが、存在しているふりをすること——明るく照らされた世界に住んでいるという経験——としての光はそのどちらにも還元することができない。にもかかわらず、この経験はまったく現実的なものなのである。わたしたちはそれを幻覚として否定することができる（アフォード）状態にあるのではなく、ましてや絵画史を、過度に敏感な精神があまりに刺激されたことで生じた逸脱とみなすこともできない［★5］。また、その一方で、視覚障害者の目が見えないという現実を否認することもできない。光は目の見える者には現実的であるが、それはまさしく光が視覚の火花――宇宙へと開かれる際の視覚的意識の誕生――以上のなにものでもないからである。したがって画家は、あの滑り落ちていく――あるいはむしろ波頭に乗っているような――瞬間に立ち続けている。その瞬間に、世界はあらわになっていく点そのものの上にあり、それは、画家の意識の終わることのない誕生が、同時に、世界の終わることのない誕生であるようなものである。それはあたかも、あらゆる瞬間に、画家の眼が初めて世界に開かれているようなものである。そしてこのように開かれる際、視野――すなわち夜空全体――は、画家の注意の領野と一体になっている。それゆえに星は、わたしたちの知覚において、わたしたちの存在の核心からと同時に宇宙の最も遠いところから、その光を投げかけてくるのである。星は光を放つ(ビーム)と同時に合図している。まさにこうした光を放つ(ビーム)のと合図するのと両方の意味で、つまりは情動的なものを宇宙的なものと結びつけるという意味でこそ、光は大気＝雰囲気的な現象とみなされるだろう。この特殊な意味で、光は物理的でも心理的でもない。それは大気＝雰囲気的なのである。そしてファン・ゴッホはその絵画において、わたしたちに夜空の大気＝雰囲気を与えたのである。わたしはファン・ゴッホの絵画に勝る描写を知らない。

ギブソンと一緒に夜の瞑想を続け、そしてそのあとに休憩を取るなら、あなたは立ち上がり、太陽がすでに昇って紺碧の空に明るく輝いているのを発見する。太陽を、あるいは太陽を反射する光沢のある表面を見つめようとするなら、あなたはその明るさに目が眩み、あるいは失明さえしてしまうかもしれない。ギブソンは、光がわたしたちに見えないものであることを示そうと決心しているので、こうしたことが自身の思考にとっての課題となることを認める。太陽のまぶしさや輝き――「これらは光そのものの感覚ではないのか」と尋ね、そして自分自身の問いかけに否定でしか答えない。いいや、わたしたちが知覚するものは苦痛にも似た状態であり、それは眼に対する過度の刺激から生じるのである。これは身体についての事実であって、世界についての事実ではない［★6］。世界についての事実とは、太陽は空にある丸い物体であるということだ。それ自体としては、太陽はその光によってわたしたちへと運ばれてくるが、しかし実際には輝いてはいない。わたしたちが見るのは形態であって光ではない、というのである。だが、ギブソンの結論はあなたの経験と一致しない。あなたにとっては、太陽は単に空にぶら下がっているものではない。しかも、光を放つ（ビーム）と同時に合図しているのである。

　太陽を目の当たりにすることは、太陽そのものの光によって見るということである。あるいは、ヨハン・ヴォルフガング・フォン・ゲーテの詩的な言い方では、「もしも目が太陽のようでなければ、目は太陽を見ることができなかっただろう」［★7］。「太陽のような（sun-like）」ということで、ゲーテは形式的な類似関係を――あたかも太陽と眼球の両方に共通する球形の形態を強調するために――示そうとしていたのではない。その要点はむしろ、空に輝く（合図）同じ太陽が、わたしたちの眼からも輝いていること（光を放つ筋（ビーム））にあった。太陽とは、わたしたちが**ともに**見るものなのである。太陽光の筋（サンビーム）とともに見ることは、風を感じることに似ている。それは、わたしたちが巻き込まれている媒体の乱流や脈動についてのわたしたち自身の意識と混ざり合っている情動的なものなのである。風にとっても同様に、渦巻きや渦を形づくる捻れや変転がある。風はこちらやあちらの方向から来るかもしれないが、しかしそうした方向は起点ではなく、また、わたしはその到着を、頬をつつくものとは言わない。むしろ風は、そのどこへ行くでもない道のりにおいてわたしの肌に軽く触れていくのであり、わたしはそれを、わたしが自分自身の身体をその姿勢や運動において感じるように、感じるのである。わたしはそれを飲み込み、そして再び息として吐き出すことで、その流れのうちに渦を作り出す。それと同じことを光の筋とともに行なっているのである［図19.2］。

こうした理由で、筋は光線（rays）からカテゴリー的に区別されねばならない。光線は一つの源から放射され、慣例的にまっすぐなラインと

図19.2　光の筋
《マリー・ド・ブルゴーニュの時禱書》の部分を拡大（Folio 132, verso）。この作品はNicolaes SpierincあるいはLieven van Lathemに帰属され、およそ1477年頃のものとみられる。光の筋が、いかなる起点も最終目的地もない渦を巻いたような道筋で、眼を通って進む仕方に注意されたい。ここでは筋は、女性の右手の身振りから明らかなように、一本の糸として描写されている。その右手は、まさに糸巻棒から雨粒状のつむを紡ぐときと同様に、親指と人差し指で糸をつまんでいるのである。

して描写される。だが、筋は物の周りや中を曲がりくねってゆく。決してまっすぐにはならないのである。自らが属する大気と同様に、筋はあいだのもの（in-between）の領域を住処としているのである。そして風のように、太陽光の筋はわたしたちの意識のうちに入り込んで飽和させ、そうして、まさに風がわたしたちの感じ取る能力を構成するのと同様に、わたしたちの見る能力を構成するほどである。こうした調子で、メルロ＝ポンティは、一種の共生としての視覚に対する太陽光の関係を記述している──「外界がわたしたちの中に侵入する」仕方を、つまりわたしたちが「外界を迎え入れる」仕方をである［★8］。しかしながら、メルロ＝ポンティが共生（symbiosis）について書いたのに対して、わたしは調和という語を選ぶ。太陽を見るためには、ゲーテが強調したように、眼はすでにその光に反応しているのでなければならない。しかし逆に言えば、太陽は、その光に対する反応があったときにのみ世界の中で輝くのである。眼と太陽はそれゆえ、互いに反応することで調和している（co-respond）のである。

エストニア生まれの生物学者にして生物記号論の創始者であるヤーコプ・フォン・ユクスキュルは、一九四〇年の「意味の理論」において、ゲーテの洞察が半ばではあるが形づくられていたとする根拠を論じている。その洞察を完全なものとするには、当然の帰結を付け加えるべきである。「もしも太陽が目のようではないのなら、いかなる空においても輝くことはできないだろう」［★9］。フォン・ユクスキュルの主張は、空、そして空を照らす天空の光としての太陽は、眼を持った生き物の現象界においてのみ存在しうる、というものである。もちろん、ここでいう太陽は、厳密に物理的な意味で、核反応によって分裂される天文学的な物体として理解されねばならず、したがってこの太陽は、たとえそれを――あるいはその光のうちで――見る生物がいなくとも存在するのだと言うことができるだろう。これは、実のところ、ギブソンの生態学的な見解であった。すなわち、光は存在するのに眼を必要としない、という見解である。光はその**関連性**を確立するのに眼しか必要としない、というのである［★10］。フォン・ユクスキュルにとっては、しかしながら、その輝きのうちにある太陽は、物理的な本体としてではなく、現象の世界における明白な現前として理解されねばならなかった。そしてこの意味で、まさしく眼が――ゲーテが述べたように――太陽との調和のおかげでのみ見ることができるのと同様に、わたしたちが空に知覚し、そしてわたしたちの経験の世界を照らす太陽は、眼との本質的な調和を通してのみ存在することができるのである。

　これによって、わたしが**分裂**／**融合**反応と呼んだ、あらゆる知覚を動かしているものへと立ち戻ることができる。デカルト主義的な立ち位置――それによれば、内的主観は、それ自己とともにあると同時に宇宙からは分離しており、その意味を感覚与件（センス・データ）へと投影している――とは反対に、メルロ＝ポンティに従うわたしたちの結論は、観者は自らの内で宇宙とともにあるが同時に自己からは分離している、というものである。この結論は、簡単な実験によって難なく検証することができる。両眼のあいだに指を一本置いて、額の硬い表面に触れてみてほしい。そう、あなたは間違いなく依然そこにいるのであり、エーテルへと溶け込んではない。だが、考えなおしてみると、それはそれほど確かなことではない。というのもあなたは、視野において指は額の表面に当たるのではなく、むしろ亡霊のようにぼうっと現れてくるのであり、その影を空虚へ投げかける現前の邪魔をしているのを見出して、当惑するからだ。あなたは不思議に思う。いったい自分はどうやってここに、つまりしかるべき場所に、そして自分の身体がある我が家に存在し、そして同時に、あなたに亡霊のような身体を返してくる大気＝雰囲気的な世界に住まうことができるのだろうか？　そのような実存に関わる懐疑のうちに知覚の原動力があるのだ。

わたしたちは次のことを見出した。分裂／融合反応の大気＝雰囲気的な産物と同様に、光は、光学という科学においてわたしたちが慣れ親しんでいるのとは非常に異なる法則に従うのである。一つには、光は光線とは違って、まっすぐなラインを伝わっていくのではなく、火から飛び出る火花のように、あるいはその煙の輪っかのように、曲がりくねっていく。もう一つには、光は天空の源から放射されるのでも、受取人によって眼のうちに登録されるのでもなく、まるで天空を放浪するかのように、見者が払う注意の時間的な調和に追従する。光は風のようなものである。風が歩行者の身体のうちにあるのと同様に歩行者が風のうちへと身を乗り出しステッキを突き刺すように、あるいは差し迫った嵐を告げ知らせる雷がその耳に鳴り響くように、あるいは――先に挙げた例に戻るなら――石が考古学者の手のうちにあるように、融合〔反応〕においては、星あるいは太陽は、わたしの眼のうちに、わたしとともにある。石が石のようになった手を通じて接触し、雷が雷に打たれた耳を通じて聴取するとすれば、同様に、太陽や星――巻きつくもの

〔coiling over〕――は、太陽のような、そして星に打たれた眼を通じて見るのである。だが、分裂〔反応〕においては、わたしは自己から逃れたのであり、そしてその外に、つまり宇宙のうちに、自然の諸力のうちにある。わたしはそれらとともに――太陽や星々によって、風や嵐によって、石によって――あり、その一方で、わたしの身体は幽霊となったのだ。わたしの議論の次なるステップは、このような分裂と融合のあいだの交替、あるいは息を吸って吐くことの交替を、色と線のあいだのそれになぞらえるということである。

★1 Gibson（1979：54）〔J・J・ギブソン『生態学的視覚論――ヒトの知覚世界を探る』古崎敬、古崎愛子、辻敬一郎、村瀬旻訳、サイエンス社、一九八六年、五九頁〕。

★2 Merleau-Ponty（1964:186）〔モーリス・メルロ＝ポンティ『眼と精神』滝浦静雄、木田元訳、みすず書房、一九六六年、二九五頁〕。また、Ingold（2000：263）も参照。

★3 Merleau-Ponty（1964：163–164）。

★4 Soth（1986：301）からの孫引き〔エミール・ベルナール編『ゴッホの手紙〈上〉――ベルナール宛』硲伊之助訳、岩波文庫、一九七八年〕。ファン・ゴッホの最初の試みが完全に成功を収めたというわけではない。一八八八年九月に描かれた《ローヌ川の星月夜》では、一つ一つの星を、濃紺の空へと黄色の短い筋（streak）を放射する点のように描いたことで、ファン・ゴッホは伝統に屈していた。科学史家オマール・ナシームが示唆するように、この芸術家がそののちに、ニコラ・カミーユ・フラマリオン――同時代にフランスで天文学を普及させた――による渦巻き状の星雲の挿絵について知るようになり、後期の絵画に見られる渦巻きへの霊感が与えられたというのは、ありうることである。ともあれ、ナシームはいみじくも次のように述べている。ファン・ゴッホによる星月夜の描写には、「日常的に近くにあるものと宇宙的に遠くにあるものとが一つの眺めのうちに描かれているような、人間の想像力や知覚の拡大」を伴うかぎりにおいて、フラマリオンの夢想と共通の何かがある、と（Nasim 2013：118–121）。

★5　Ingold（2000：265）。

★6　Gibson（1979：55）〔前掲書、五九頁〕。

★7　ゲーテの言葉。Luke（1964：282）からの孫引き。

★8　Merleau-Ponty（1962：317）〔モーリス・メルロ＝ポンティ『知覚の現象学』中島盛夫訳、法政大学出版局、一九八二年、五一八頁〕。

★9　Uexküll（1982：65）〔ヤーコプ・フォン・ユクスキュル「意味の理論」、『生物から見た世界』日高敏隆、野田保之訳、新思索社、一九七三年、二一二頁〕。「太陽、眼にふさわしからずば、大空に光り輝くことあらじ」

★10　Gibson（1966：222）。

20 ラインと色

空を描く（draw）ことはできないが、塗る（paint）ことはできる。少なくともギブソンはそのように考えていた。ドローイングはいくつかの描線によって構成される。そして、ギブソンによれば、それらは環境のさまざまな特徴の輪郭を描くものである。その環境は、製図者の意識にのぼるか、または、彼が望んで関わろうとする表面である。それらの特徴は、入れ子状になった一連の立体的なアングル〔立体角〕として眼に映る。すなわち、樹木のような事物の輪郭はより大きなアングルに対する。そのアングルの中に、見分けられる限りにおいてだが、枝葉の遮蔽縁によって区画されたより小さな多数のアングルが入れ子状になって入っている。この一連の立体的なアングルは、ギブソンが「包囲光配列（ambient optic array）」と呼ぶものを構成している。彼の主張によれば、配列の中に含まれないものは描くことができない。それゆえ、描線を引くということは、隅、縁、遮蔽縁（木の幹や鉄塔のような直立したシリンダー状の物体）、針金、割れ目、地平線、水平線、へりを規定するということになるのである〔図20.1〕。しかし、描くことによって、影にすることや、質感、つまりは、表面の色を明らかにすることはでき・な・い。ただ、それらの質の「急に変化する不連続状態（abrupt discontinuity）」を描くことができるだけだ［★1］。さらには、表面が欠落している場合は、半透明のものを描くこともできない。そのような訳で、雲や月のような空の中に浮かぶ物は、眼に対してそれら自体がアングルを限定するので、輪郭線を定めて描くことができるが、昼夜問わず、空それ自体を描くことはできないのである。

ギブソンはドローイングに関する伝統的な考え方を頑なに拒否する。その伝統的な考え方は古典的な光学に依拠するものだが、それによれば、製図者は心の中に形成したいイメージをページの上に精神的に投影し、その上で、身体を用いてそのイメージの輪郭をなぞるのである。それにもかかわらず、ページ上に導かれた光束の点（＝鉛

図20.1　線分のもつ意味の例

隅、縁、遮蔽縁、針金、割れ目、地平線、水平線、へり。ギブソンの『生態学的視覚論』より引用。

筆の先」は、眼に向けられた光線の線束の点を逆にしたものとして、製図者の役に立つ。したがって、動く手によってなぞられた描線（ライン）は、動く眼によって光学的配列から抜き取られた不変項の記録として現れる。その限りで、ギブソンは大いにデカルト主義者であり続ける。確かに、デカルトは絵画よりも銅版画を好んだ。この好みの根拠を跡付けて、メルロ＝ポンティは、外面ないし外被によって事物を表すことで、銅版画は「対象の形を保持している」[★2]からであるとしている。つまり、銅版画が不変項を記録するというのは、まさにギブソンの言うドローイングがすべきことなのである。

以上のように理解される、見ることと描くことは、いずれもドゥルーズ＝ガタリが「ホワイト・ウォール／ブラック・ホールのシステム」[★3]と呼ぶものに与する。ブラック・ホールは主観性の座である。その主観性の座——セールによる近代性の特徴付けが思い出されるが——の中に、風景の全貌が押し込まれている。「ブラック・ホールは世界を飲み込む」[★4]とセールは記している。ホールの背後か中に隠され、孤立し、自己充足しているデカルト的知性が潜んでいる。反対に、ホワイト・ウォールは意味の平面である。意味の平面上には、文章や描かれたデザイン、あるいは、映画のようなすでに捉えられたイメージといった知性の構造が投影されている。これがスクリーンとしてのホワイト・ウォールである。それは、テント状のもので作られた「スクリーン・ウォール」とは似ても似つかない。こちらは、ヴィレム・フルッサーによって特徴付けられたもので、第六章でも紹介したが、居住者の多様な経験をまさにその生地に織り込んだものだ。

反対に、ホワイト・ウォールは理論上では生地を持たず、それの上に放り投げられる形象や断片にも無関心である。たとえば、映画のスクリーンはその表面上に映し出される動画を絶対に影響されないままでいる。動画の動きは、ホワイト・スクリーンの上に投影されたものであり、その布の生地に織り込まれたものではない［★5］。

ホワイト・ウォール／ブラック・ホールのシステムとともに、世界の中の事物の表面から反射される白色光は、見るときに、黒い瞳に集まる。描くとき、隠された主体の心から出てくる黒の線（ライン）は、きまって手によって白紙の表面の上に刻み記される。このシステムの下では、色は表面的なもの、むしろ人の眼を欺くものである。刻まれたり描かれたりする線（ライン）の力強さとは対照的に、不変形式、あるいは色図形は、誘惑したり、魅惑したりするための単なる飾りや装飾、あるいは「化粧」であり、書いたり描いたりするときの思考の過程を伝えるものではない［★6］。人類学者のマイケル・タウシグによれば「真実は哲学者に白黒で現れる。姿と形。輪郭と印。それこそが真実である。色は別世界のもので、豪華さ、過剰、充填材、装飾である」。わたしたちはそれを線（ライン）と印を用いて囲まなければならない。タウシグはそこでそれを指して「思考の境界監視者」と呼ぶ［★7］。

ところが、ファン・ゴッホの《星月夜》に再び立ち帰れば、この描線（ライン）と色の区分は混同されるように思われる。その作品はすべて描線（ラインズ）によって構成されている一方で、すべての描線（ライン）に色が付いている。それはタウシグの言葉でいうところの、脈打つ「油絵の厚みある畝状の筆致からプラズマのように放射される［…］生のエネルギー」である。この点に関しては、メルロ゠ポンティが「奥行・色彩・形・線・動勢・輪郭・表情などは存在の支脈であり［…］どれもが他の残りすべてを揺り動かしうる」［★8］と述べている。彼らは、情報を記録することと気分を伝えることの間にある目立った問題や目的に対して答えたいわけではない。あるいは、理性と混乱した世界の区分、あるいは思考と感情の区分の彼岸に立とうとしているわけでもない。ここで要求されているのは、平生の考え方を大きく変えることである。ニュートン以後、放射エネルギーである光は波長の範囲から生じるという考えにわたしたちは慣れ親しんできた。波長が、プリズムによって差別的に屈折させられたとき、スペクトルの色すべてが明らかになる。再統合させられた波長は、「無色」の白に溶け込む。したがって、色はスペクトルの差と同等のものということになる。しかし、ここまで論じてきたように、放射エネルギーの波が一方にあり、他方にそれらに反応できる感光体の能力が眼の中にあるということが、光の経験の条件なのであろうか？　問い直そう。結局、色とは何なのか？　波長の違いではなく、情動の違いとして色を描くことは可能なのだろうか？

言うまでもなく、これは古くからある問題である。それは、よく知られたゲーテとニュートンの論争を巻き起こした。その様子は一八一〇年に刊行されたゲーテの『色彩論』で知ることができるが、彼にとって色とは、物理的な情報だけでなく、調和゠応答の現象でもあった。そして、すべての色は情動的なものと宇宙的なものの、知覚する側と知覚される側の特別な混合であった。その最も濃いものが黒である。最も強烈な光は、白である。黒から白へのこの連続するつながりを含めて色は基本項である。というのも、光が色を調節するのであって、その逆はないからだ。ゲーテは「白いものは暗くされ曇らされると黄色になり、黒は明るくなると青になるということである」[★9]と述べている。このことはファン・ゴッホの絵画で確認できる。画中の、地平線に最も近いところに位置している最も明るい星は、白い光を放っている。その一方で、天頂へと向かう星々も月も黄色がかっている。それと同時に、夜空のかすかな光は青い影を背に浮かび上がる。このシーンでは、色彩は暗がりを照らす灯りであって、虹色のスペクトルではない。その意味で、ギブソンは色盲であった。というのも、おわかりのように、彼の視覚理論は夜から昼、暗闇から光について語ることができないままであるからだ。古典的な光学では、放射光のすべてのスペクトルの色が、眼の瞳孔の役割の黒いピンホールを通って、射影用のホワイト・ウォールの上に均等に配列される。しかし、ゲーテの理論では、すべての色は黒と白の間にあるので、波長を測ることができる量的変動のスケールの上にではなく、感情的な明度を示す質的連続体の上に存する。すなわち、「程度の差異」ではなく「差異の程度」のスケール上にあるということになる[図20.2][★10]。ゲーテと同じく、ファン・ゴッホにとっても、ブラック・ホールは無の場ではなく、無限の密度の場であり、そこから色はわたしたちの視覚認識の点火装置へと発展する。

要するに、空や天体の色も含めて、すべての色は分裂／融合反応の賜物なのである。結局、描線(ラインズ)と色のあいだには、白か黒かのはっきりした区別はなかったのだ。まるで、内側から生じた黒い点の瞳孔運動が、白色光を構成する色相ですでに満たされている外面の上に残されているかのようである。むしろ、すべてのラインは色を持っている、あるいはよりよく言えば、すべてのラインは色で**ある**。また、色もすべてがラインに沿ってあらわれる。タールから色が出てくるように、塗られる場合でも、あるいは描かれるか、書かれる場合でも、ラインは情動的なものと宇宙的なものとの融合から生じる。タウシグは「色は歩く。そして、色が歩くと、色は変化する」［★11］と記している。それゆえ色は、外観に与える、あるいは外形を埋めるための単なる装飾ではなく、まさに着想の源となる媒体なのだ。

　中世の彩飾写本から今日の容赦ない白黒の構成に至るまでのスクリプトの歴史について考えると、驚くべきことがわかる。それは、過去の写本を装飾するだけでなく、むしろ現在の写本を**脱**-装飾化する努力だ。つまり、かつては人の想像力によって着想が与えられていた——息を吹

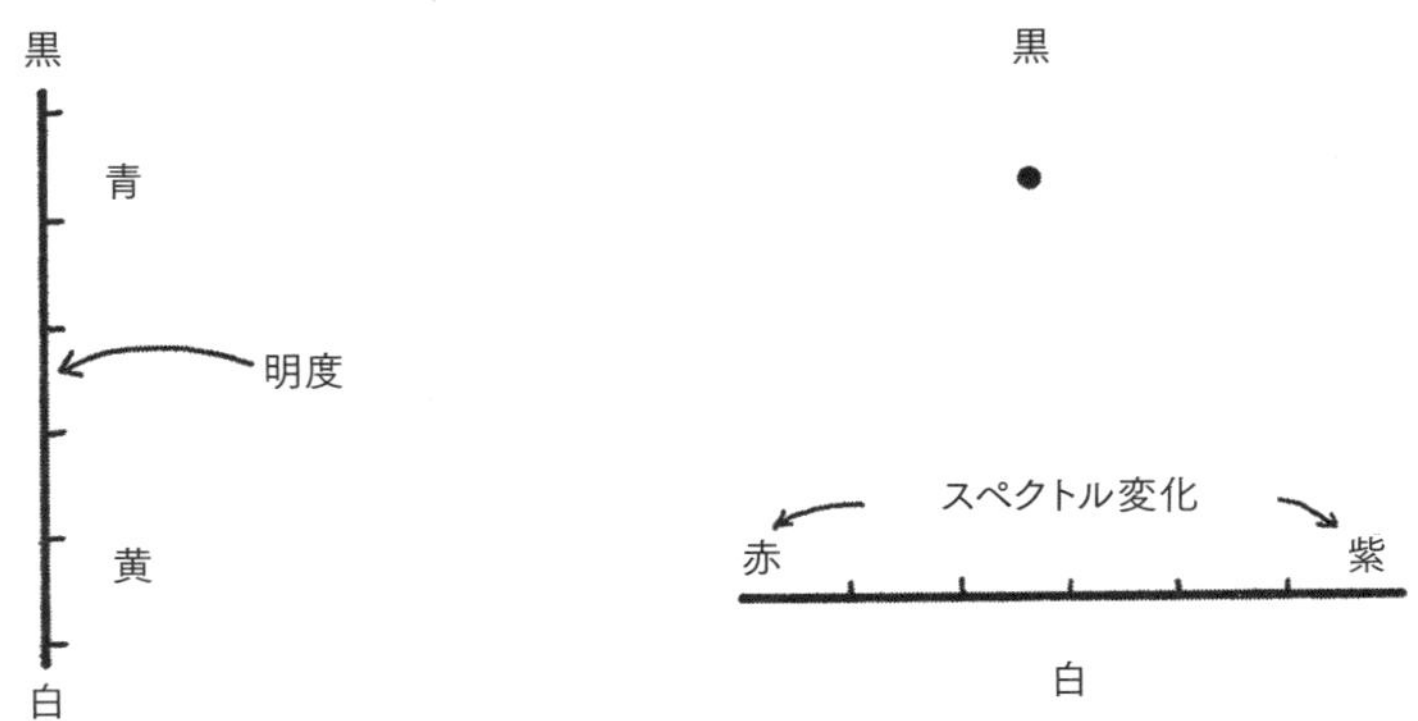

図20.2　色の変化
左の図は、ゲーテによれば、黒から白への明度の連続体である。青は黒に近く、黄は白に近い。右の図はニュートンに従えば、色彩は赤から紫のスペクトルとして配列される。すべての色を一つにすれば白となる。黒の点は目の瞳孔である。

きかけられた――ものの明確な残滓として黒を表すために、媒体から思想を剥奪するのだ〔★12〕。しかし、どれだけ多くの言葉が白地の上に黒で書かれても、色の喪失を埋め合わせすることはできない。ここまでに詳しく説明してきた包括的な意味での大気＝雰囲気のように、色はわたしたちの中に入り、わたしたちが話したり、描いたり、書いたりする際に伴う一定の感情と気持ちを作るのである。「描くことはすべての生物に形を与えることであるが、色はそれらに生命を与える」〔★13〕と百科全書派のドニ・ディドロが述べている。それゆえ、色は大気＝雰囲気にラインを与えるということになる。では、音についても同じことが言えるのだろうか？　それが次章の問題である。

★1　Gibson (1979 : 287)〔J・J・ギブソン『生態学的視覚論――ヒトの知覚世界を探る』古崎敬、古崎愛子、辻敬一郎、村瀬旻訳、サイエンス社、一九八六年、三〇六頁〕。

★2　Merleau-Ponty (1964 : 172)〔モーリス・メルロ＝ポンティ『眼と精神』滝浦静雄、木田元訳、みすず書房、一九六六年、二七二頁〕。

★3　Deleuze and Guattari (2004 : 186)〔ジル・ドゥルーズ＋フェリックス・ガタリ『千のプラトー――資本主義と分裂症〈中〉』宇野邦一、小沢秋広、田中敏彦、豊崎光一、宮林寛、守中高明訳、河出文庫、二〇一〇年、一三頁〕。

★4　Serres (1995b : 80)。第一五章の注を参照のこと。

★5　奇妙なことに、フルッサーはフィルムスクリーンはそこに投影された画像を保存するという考えを保持し続けている。そしてテレビのスクリーンは電子的に送信されたイメージを蓄えている。それと同じように、テント状の織られたスクリーン・ウォールは居住者の経験を蓄積する。わたしからすれば、これは完全なる過ちである。

★6 Roque（1994）。

★7 Taussig（2009：17-18）。

★8 Taussig（2009：54）及びMerleau-Ponty（1964：188〔前掲書、二九九頁〕）。

★9 Goethe（1849：206, §502）〔J・W・V・ゲーテ『色彩論』木村直司訳、ちくま学芸文庫、二〇〇一年、二九二頁〕。

★10 この質的変動と量的変動の区別の整った定式化についてはリカルド・ネミロフスキーのおかげである。

★11 Taussig（2009：36）。

★12 Taussig（2009：251）。

★13 Taussig（2009：22）より孫引きした。

21 ラインと音

音楽の心理学や、より広く聴覚の心理学においては、視覚に関する研究とほぼ同様の議論が展開されてきた。一方には、刺激の貧困という従来通りの考えに訴える者がいる。その者たちは、何を聞いているのかをわたしたちが同定するとき、わたしたちは、文化的な記憶の堆積から引き出された自分自身の観念的な形を、聴覚の感覚の生の物質の上に押しつけていると言う。その物質はそれ自体で、自らの対象を十分に明示することはできないのだ。他方には、ギブソン流の理論にあからさまに頼って、ギブソンが光について適切に議論したように、わたしたちが聞くあらゆる物の中に音はないと議論する者もいる。彼らは、わたしたちが聞くものは不変のものであると言う。もちろん、わたしたちはこうした不変のものを、好きな方法で解釈することができる。だが、そのような解釈は現実の直接的な知覚に基づいている。視覚的な知覚の不変のものは、光それ自体ではなく光の中のパターンであるということとまったく同じことを、こうした理論家たちは、聴覚においても言うのである。

この後者の見解によれば、音——光と同じく——は、使者としての役目を果たす。それは知覚のドアをノックするが、入った時点で消滅する。聞く人が拾い上げるのは音ではなく、聴覚環境における形やパターンなのである。そのようなわけで、聞いているものについての報告を求められたとき、わたしたちは大抵、音それ自体について報告するのではなく、それがわたしたちの注意を集める対象や動きについて報告すると考えられている。たとえば、こちらで犬が吠え、あちらで車のエンジンがかかっていて、チェロが弾かれている、というように。それぞれの場合、正確な同定は、音における関連する不変式を認識することに基づいているのであり、音それ自体を聞くことに基づいているわけではない。まさにギブソン的なアプローチを採用することで、音楽学者エリック・クラークは、「音楽は、移調や他の変化のもとで、知覚された素材の同一性における不変性についての特に明確な例を提供する」［★1］と議論する。それゆえ、特定のテーマやモチーフが、展開する作品における転調とは無関係に、ピッチの間隔や時間配分の決められたパターンとして拾い上げられるのだ。

要するに、古典的な音響学の観点からすれば、わたしたちは音楽ではなく音を聞いている（受け取った音響的な刺激に対する精神的な加工を経てのみ形になる音楽）一方で、ギブソン流の知覚の観点からすれば、わたしたちは音ではなく音楽を聞いている（変化する周囲の音の不変構造で構成される音楽）。しかし、両者のアプローチは、物理学者による音の定義から始まる。その定義は、音は媒体の中の自動的な振動であるというものだ。そうであるなら、音が存在するためには耳を持つ生き物がいる必要はない。有名ななぞなぞを引用すれば、森の中で倒れる木は、誰かがそこにいて聞いていようとなかろうと、それとは無関係に音を生じさせるのだ。耳と聴力は音の関連性を確立するが、その存在を確立することはない。しかし、もし音がとても混み入って拡散しているがために、どのような構造もまったく見分けることができなかったらどうなるのだろうか？　そのとき、わたしたちはギブソンと類似した状況にいることに気付いて、ギブソンが空を見上げたときに見たものを知りたいと思う。わたしたちの答えは、ギブソンの生態学的アプローチと矛盾することのないように、わたしたちが聞くものは雑音であり聞こえ（sonority）ではないということになる必要があるだろう。わたしたちは空の光輝の場合において疑問に思ったのと同様に、音の聞こえが差し引かれたら、雑音には何が残るのかと疑問に思うだろう。雑音とは拡散する音それ自体であるのか、あるいは、その音がわたしたちに伝えるもののことであるのだろうか？　わたしたちは雑音を聞いているのであり、音を聞いているわけではないと言えるのだろうか？

しかし、もし雑音が何も明示しないのであれば、無音もまたそうである。実際、このアプローチをその論理的な結論に従わせたならば、ギブソンが昼を夜から区別できないように、わたしたちは音を無音から区別することはできないだろう。この両極ゆえに、聞こえるものは本当に何もないのだろう。雑音は、渦巻く霧や吹雪のホワイトアウトのようであり、無音は闇夜の漆黒のようである。そのすべてがわたしたちを先の対話に連れ戻す。つまり、メルロ＝ポンティとツッカーカンドルとの架空の会話の中にギブソンを引き込んだときの対話である。その際、メルロ＝ポンティにとって、空の光は知覚の対象ではないということ、またツッカーカンドルにとって音は知覚の対象ではないということをわたしたちは理解した。しかし光と音のどちらも、世界についての情報——観察する人と聞く人が引き出すために残されている——を伝達する単なる媒介物ではない。その二つは、経験の質それ自体なのである。見ているときに、メルロ＝ポンティは「わたしは光だ」というだろう。聞いているときに、ツッカーカンドルは「わたしは音だ」というだろう。もちろん、光を放つエネルギーなしに光は存在しえないし、物質媒体の中の振動なしに音は存在しえない。また、見ることと聞くことのどちらも、受容体や神経接続を持つ眼や耳なしには存在しえない。しかし、経験の質としての音や光は、その物質的で生理学的で神経学的な必要条件に還元されることはできない。

メルロ＝ポンティが光や視力について言うべきことに戻ろう。そして、それに似たものが音や聴力にも働くかどうかを問うてみよう。メルロ＝ポンティにとって、光は視力の火花であることを思い出す。それは、光と視力が融合する中で、情動と宇宙の、つまり一方は身体の、地方は空のものである二つの極が、ある種の爆発を引き起こすときに点火される。その爆発の中で、絶えず砕け続けている波のように時とともに継続するもの、あるいは点火された導火線のように伝わるものは、わたしたちの視覚的な意識の絶え間ない発生に存在している。それが再びわたしたちをばらばらに吹き飛ばして、わたしたちの関心が視覚的なフィールドの最も遠い範囲を放浪するように、わたしたちを立ったままにして、わたしたちの身体がある場所を決め、そして天と大地を歩き回るようにする。そして、光は火花と同様に、放射元を受容体に接続することはないが、大気＝雰囲気的なあいだのもの（in-between）の中に、つまり放射元と受容体とを接続するラインに直交する方向に飛び出す。光がそうであるなら、音はどのようになるのだろうか？

原理上、まったく同様の議論が可能だとわたしは考える。実際、聴力には身体的な極と天体的な極――一方は感覚することであり、他方は感覚できるものである――があり、それらはぶつかり合うとき、音の経験を生み出す。その音は、情動的なものと宇宙的なものの融合から生まれたものであり、その融合の場では、聞こえるものがわたしたち自身の聴力であることがわかる。その音はまた、わたしたちを分割して、夢の中と同じように、自らの身体のうちにいると同時に、宇宙の中に広く存在するようにする。この意味での音は、拡声器から耳まで伝わるように、音源から受容体まで伝わることはない。それはむしろ、土手の間に流れる川のように、その二つの間で渦巻いており、その過程において障害や渦巻きの形成を包み込む。あらゆる渦巻きは、聴覚の意識の中心にある。音は、ツッカーカンドルが言うように「あちらから出てわたしの方に向かい、そしてわたしを通り抜けて」[★2]流れている。もしわたしが、台風の中の渦巻きであったなら、流水の中の渦巻きでもあると言えるだろう。要するに、音は――光と同様に――分裂／融合反応の結果なのである。この答えが、いかにクラシック音楽の音響から伝えられている見解とは異なっているかということは、もう一度強調するに値するだろう。これにしたがえば、耳――音を出すことに関係しているものではなく、音の受容体――は、物質的な刺激を、環境から有機体の入り口を越えて、つまり外側から内側へと伝達する。そこで物質的な刺激は、感覚の刺激として再び現れるのだ。ここで内部の主体は、自らとともにあると同時に宇宙に対して分裂している。反対に、分裂／融合のモデルにおいては、知覚者は宇宙とともにあるが、自分自身から分裂している。

そのとき音は光のように物質的でも精神的なものでもなく、大気＝雰囲気的なものである。わたしたちは光が大気＝雰囲気的であるのは、それが光線でもあり合図でもあるからだということを見てきた。光が光線を発するのは、それが魂の生気であるからだ。光が合図であるのは、それが遠くから道を照らすからである。音と同意義の言葉は何であろうか？　わたしたちは、響き(peals)――ベルの、雷の、笑い声の――について語る。それは、呼び出したり、警告を与えたり、注意を引きつけたりするものであり、そして何かを呼ぶという意味のappealという動詞に、語源的に直接のつながりがある。呼ぶとは、ジャン＝リュック・ナンシーが考察しているように、「息や呼息、吸気、呼気」［★3］である。したがって、わたしたちは、光は合図をし、音は鳴り響かせると言うことができるだろう。遠くのベルの響きは、合図の火に相当する。それでは、光の光線と同意義の言葉は何であろうか？　それはピッチ(pitch)であろう。ピッチとは投げることであり、世界に放つことである。こうして光は光線を発して合図をし、音は投げて鳴り響くと言うことができる。これが実際に何を意味するのかを知るためには、例を考えるとよいだろう。わたしが用いる例は、楽器を演奏することである。なぜならわたし自身の経験上、それが最も馴染み深いからだ。わたしの場合、楽器はチェロである。

この例を説明するのに、チェロは格好の対象である。わたしの見解では、チェロは美しく、かつ素晴らしく精巧な対象である。だがそれ以上に、単にチェロを見るだけで確かめられることはあまりない。楽器は弾いてほしいと請う。だが、わたしが弾き始めた瞬間に、楽器は爆発するかのように見える。認識可能で首尾一貫した実在であったものは、反響する空気を伴って、何か情動の束のようなものや、弓も、ロジン、金属製の弦、木と指といったものの集まりとなる。それらを一つに束ねて、音は裂け目を通り抜けるように噴き出すのだ。演奏を続ければ、噴出は止まらずに音は流れ続ける。この爆発において、楽器は宇宙的な規模を獲得する。楽器は無数の聴覚の大気＝雰囲気の中にほとばしるのだ。実際、わたしのチェロで起こることは、わたしが空を見上げるときに起きることと驚くべき類似を持つ。天を見つめながら、わたしは――ツッカーカンドルが、大空に没頭して、聞くことが意味するものを発見したときに、そうであったように――自分が空の広大さの中に溶けているように感じるだろう。しかし、指で額を軽くたたくことで、自分がまだ己の身体の中にいることを確かめるのだ。それと同じように、チェロを演奏するとき、わたしは自分の指を指板の上に置いて、その固さや表面の抵抗を感じることができる。そう、わたしはここにいて、ここにあるのはわたしのチェロなのだと確かめるのだ。だが爆発という観点において、指は幻の存在である。それは何にも触れずに、自らを聴覚の領域の只中に誘いこむ。

この遅れた反応は、融合と分裂の間の反応に存在していて、そこから経験された音がわき立つように思える。そしてそれは、チェロのような楽器を演奏する際に、座ってもいるし飛んでもいるという奇妙な組み合わせを説明しもする。わたしは、まさにここに椅子に座らせられていて、メルロ゠ポンティが言う「自らを不在にする」のための手段を持っている。そのようなわけで、指は、二つのかなり異なるあり方を同時に表すことができるのだ。一方は身体的で、演奏の触覚的空間の中にあるあり方であり、もう一方は、幻として爆発の大気゠雰囲気的な空間にあるあり方である。それゆえ、演奏することは、人がその中にのみ込まれると感じるほどの音の響きを生じさせながら、ピッチを楽器から引き出すことである。そのことを念頭に置くことで、わたしたちはラインの問題へと戻ることができる。音のラインとは何か？　光に関して、わたしたちはすでに一筋の光の線と光線の間の区別について主張する必要があった。音の場合には、伝道のラインとピッチのラインの間に作られる同種の区別はあるだろうか？　たとえば、ヨハン・ゼバスティアン・バッハによる無伴奏チェロ曲第三番の冒頭部について考えてみよう。わたしはそれを次の絵のように描くことができる［図21.1］。

このラインは、この特定のフレーズの演奏に属する聴覚と運動感覚の結合された

図21.1

経験を、カリグラフィックに再度示そうとするわたしの試みから生じている。しかし、このラインは、わたしがこのフレーズを自分の楽器で演奏するときの音のラインなのだろうか？　わたしたちはみな、そのラインが音楽的で、確かにメロディックであるということに同意することができる。しかし、もしわたしたちが聴覚の感覚への生態学的アプローチを提唱するなら、あなたは、このラインを音のラインと呼ぶことは大間違いであると結論づけなければならないだろう。このラインは、音の中の不変のパターンであるが、音そのものではない、とあなたは言うだろう。もしあなたが別の認知的なアプローチを支持したとしても、その結果は少しも変わらないだろう。というのも、そのときあなたは、ラインは音の精神的な過程から生じていて、音そのものではないとやはり言うからである。音のラインがどんなものであるのかを説明しようとして、あなたは音源（音楽家の手の中にある楽器のような）や受容体（耳を持つ聞く者のような）を含む図形を描き、空気の振動を介して一方から他方へと、ラインに沿って音が伝えられることを説明しながら、音源と受容体とを接続しようとするだろう。こうして音のラインは一方向へ向かい、音楽的なラインは別方向へと向かう。パターンが投射の媒介物――それによってパターンが変化させられたり見分けられたりする――とは異なるように、二つのラインは完全に異なる次元に存在するだろう。その結果、わたしたちが音楽を聞くとき、わたしたちが聞かない物は音であるということになる。あるいは、もしわたしたちが音に注意を向けるならば、そのときわたしたちは音楽を聞き逃していることになる。

先にモダニティの反転について語ったときわたしは、反転の操作の中で、絶えず構成している生き物のラインが、世界の中で自らの道を作るときに、見る者の眼にひとつの光景とみなされる全体の構成を伝える投射の媒介物にいかに屈するかということについて記述した。このことは明らかに、作曲や音楽的な音の演奏で起こっていることであり、見る者ではなく聞く者の、眼ではなく耳に届くという差異を伴っている。それはあたかも、音楽がドローイングとともに、ホワイト・ウォール／ブラック・ホールのシステムに加わっているかのようである。作曲者の内側の耳から生まれてくる完成した楽曲が真っ白なページの上に投影されることで、演奏の瞬間には逆に聞く者の耳の黒い穴に戻るというように。投射の媒介物と同様に、音は音楽それ自体の中に何も関与していない。音は単純に、楽器から耳の穴までの伝達の手段なのである。もちろんこのことは、いかに音楽が、西洋の記譜法の古典的な慣習の中に現れているかということを示している。この記譜法においては、黒い点とラインが白い紙の上の複雑なパターンの中に配列されている。音楽は白の上の黒に宿っているのである。音が音楽から外されると、音楽のラインは、色を抜かれている引かれたラインや塗られたラインと同じ運命をこうむることになる。そのラインは、不変性の殻になるのである。下の楽譜は、バッハの第三番の冒頭の楽節部分である［図21.2］。

図21.2

ここでは何がピッチになっているのだろう？　ピッチもまた、色彩の領域における光線と光の減少とまさに似たやり方で変形させられている。ピッチはもはや、強度――それとともに音が引っ張られたり投じられたりする――ではなく、振動数のスペクトルである。色彩と同様に、ピッチはスペクトル化され、五線の等間隔な面の上に配列されている。そのようなわけで、定量記譜法から溢れ出る音の順序的な質をとらえるために、ピッチと振幅と並ぶ第三項、すなわち音色を導入することが必要であることが証明されたのである[★4]。だが、わたしの中の音楽家は抗議する。というのも音色とは、わたしが座って演奏しているときに、音をどう感じるかということではないのだ。わたしが弓で弦を弾くとき、わたしには音を無音から引き離すために、ピッチを上げるように見える。あらゆる音は無音から流れ出るが、ちょうど前章で見たように、あらゆる色彩もタールの黒さから注ぎ出ている。ピッチとタール？　それらは同一のものである。したがって無音とは、音の不在ではない。むしろ、無音は最も濃縮された音である。世界の静けさはとても濃密で、ぎっしりと詰められていて、しっかりと固定されているので、何も動くことができない。それは台風の目の状態にあるのだ。聞き取ることのできる音は、テクトニックな板が変化し始めるときに、裂け目や割れ目から生じる。そこでは物はぴったりと収まることができないのだ。蝶番がきしむ音、サイズが合っていない枠から隙間風が入る音、時計の脱進機のカチカチ言う音、屋根の垂木の中でネズミが走る音、春の解氷。

あらゆる音は、無音という停滞から逃れるがゆえに、逃亡者である。そのラインはドゥルーズ

＝ガタリが言う「逃走線」［★5］である。そうしたラインと同様に、音は、音源から受容体までの真っ直ぐな線のようにはつながっておらず、そのあいだのものの中で渦巻くのである。音が変化するところとは、音を生み出す爆発の力によって、どの程度、そしてどこまで音が調節されるかということである。無音は黒く、雑音は白い。あらゆる音は——あらゆる色のように——これらの両極のあいだにある強度の連続体のどこかに位置している。音はピッチの変調であり（ピッチが音の変調であるというよりも）、言うなればあらゆる音は分裂／融合反応の産物なのである。歌おうと楽器で演奏しようとも、色彩がタールの黒さから溢れ出るように、音はピッチの無音から溢れ出る。そのとき、音楽的なライン、あるいはメロディックなラインと音のラインとの間の対立はない。わたしが演奏するとき、わたしのチェロから流れ出すラインは音のラインであり、それはあなたが聴いているときに、聞こえる、あるいは一緒に聞こえるものなのである。音は、色がそうするように、生命にラインを吹き込む。それは大気＝雰囲気現象なのである。

★1　Clarke（2005 : 35）。

★2　Zuckerkandl（1967 : 277）。

★3　Nancy（2007 : 20）。

★4　音色の語源や重要性の議論については、Nancy（2007 : 39–43）による。以下の記述を参照のこと。「音色について語る際に、人は分解から生じないものにまさに狙いをつける。たとえ、それが真実であり続けて、ピッチや持続、強度から音色を区別することができたとしても、音色なしにはピッチなどは存在しないのである（色のないラインや表面が存在しないのと同様に）」（2007：39–40）。

★5 Deleuze and Guattari（2004：323）。

第三部

人間になること

22 人間であるとは一つの動詞である

時は一八八五年七月、場所はマクレガー山、第一八代アメリカ合衆国大統領ユリシーズ・S・グラントは、退任後、そこで回顧録を執筆していた。死の床にあるグラントは、自らを蝕む咽喉がんのために話すことができず、主治医のジョン・H・ダグラスに次のようなメモを鉛筆で書き残した。「実は、わたしというのは人称代名詞ではなくて一つの動詞なのだと思う。動詞とは、あるということ、行なうこと、苦しむことを意味する何かだ。わたしというのは、これら三つすべてを意味する」[★1]。グラントはその数日後に亡くなったため、この短く難解な数行（ラインズ）を書いていたとき、その心に正確には何が去来していたかを知る者はいない。本書の第三部にして最終部であるここでのわたしの目的は、にもかかわらず、グラントが意味していたかもしれないことについていくつかの考えを提示することにある。というのもわたしには、間違いなく人類学の最古の、そして最も根本的な問題であるものに対する一つの深遠な解決がグラントの言葉には要約されているように思われるからだ。すなわち、わたしたち自身について、わたしたちは人間であると考えることは、正確には何を意味しているのか、ということに対して。

これより五〇〇年以上前、マヨルカ島では、著述家、哲学者、神秘家であるラモン・リュイ〔ライムンドゥス・ルルス〕〔★2〕が同様の問題で頭を悩ませていた。一二三二年に貴族の家に生まれたリュイは、当人の述べるところでは、トルバドゥール風の放蕩生活を送っていたが、ある日、最後の恋人にむけた恋愛詩を作っている最中に、十字架にかけられたキリストを幻視した。この幻視はその後数日にわたって繰り返され、これに恐れおののいたリュイは、ついに堕落の道を放棄し、残りの人生をキリスト教の教えを広め、学識を深めることに捧げる決心をしたのであった。当時、マヨルカは地中海世界における交易の要衝であり、イスラム教やユダヤ教、キリスト教からなる思想のるつぼであった。イスラム教徒やユダヤ教徒にキリスト教の真理を納得させることは世界教会的な精神で問題に取り組むことであると悟り、リュイは九年におよぶ集中的な勉学を開始した。この勉学には、自らが買い取ったイスラム教徒の奴隷にアラビア語を学ぶことが含まれていたが、この奴隷とはのちに不仲となった。このサラセン人は冒瀆行為によって投獄され、ついには獄中で首を吊ったが、これによってリュイは自身の運命を決するという恐ろしい責任から救われたのであった〔図22.1〕。こうした〔九年間の〕勉学は並外れて長く多産な生涯の礎となった。それの生涯で約二八〇冊の著書が、ラテン語、アラビア語、またそれと同様に母語カタルーニャ語で執筆された。最後の著書は『ロギカ・ノヴァ』であり、これは一三〇三年、リュイが七一歳のときにジェノヴァで執筆された。

イスラムの文化や科学との関わりから大いに着想を得たリュイは、この著作で動的な宇宙(コスモス)をわたしたちに提示している。この宇宙においては、存在するあらゆるもの――あらゆる本体(エンティティ)あるいは実体――は、それ固有の活動ゆえにそれとして存在する。事物とは、リュイにとって、それによって行なわれるものなのだ。たとえば、火の本質は燃やすことである。厳密に言えば、火を燃え立たせるもの、あるいは火によって熱されるものは、偶有的で付帯的なものなのだ。水を温めるために木を燃やすとしよう。だが、木も水も、火の存在に不可欠ではない。不可欠であるのは、燃焼が継続するはずだということなのである。同様に、白性はあれこれの物体や身体を白くするかもしれないが、白化が継続しているとき、白性のみが存在する[★3]。とはいえ、事物あるいは実体の存在がその活動から区別できないことをラテン語で表現するのは容易ではない。あるいは実のところ、通常は動

図22.1　ラモン・リュイとサラセン人の物語
この三連祭壇画の三枚のパネルは、リュイが自分の奴隷からアラビア語の授業を受けているところ(左)、奴隷にかけられた冒瀆行為の嫌疑についての論争に加わるところ(中央)、そして獄中で縄から吊り下がった奴隷を見つけたところ(右)を描いたものである。『*Breviculum ex artibus Raimundi Lulli*』(St Peter preg. 92, Fol. 3v)から、カールスルーエのバーデン州立図書館の許可を得て複製。

詞を述部に置き、そうして因果的な動作主としての人や物を、それらが引き起こす効果からカテゴリーにおいて分離するいかなる言語によっても、それを表現するのは容易ではない。これを達成するために、リュイは自身が親しんでいたアラビア語の動詞の形態を見本にして新語を考案しなければならなかった。そうした新語のうちの一つは、リュイが人間の定義という問題に取り掛かるときに現れる。もし他のすべてのものに当てはまるものが人間にも当てはまるなら、そのとき人間は、やはり同様に、自身に固有の活動によって定義されねばならない。人間の存在するところでは何かが継続しているはずである。しかし何が？

繰り返して言うが、リュイは新たな動詞を考案しなければならなかった。それは〔ラテン語で〕homificare、つまり「人間化する」である。リュイの謎めいた定義によれば、Homo est animal homificans、つまり人間とは人間化する動物である［★4］。ところで、厳密に言えば、人間存在は何を行なっているのか、あるいはどのようにそれに取り掛かるのか、という疑問があるだろう。とはいえ、人間がいつどこで存在しようと、人間化は継続される。人間は自分自身を、他人を、動物界や植物界を、そして実際には宇宙全体を人間化している［★5］。このように、その長い生涯の終わりに近づいていたラモン・リュイにとって、実は五世紀のちのユリシーズ・グラントにとってと同様、人間の文法的な形態は、名詞であろうと代名詞であろうと主語の形態ではなく、動詞の形態であるように思われたのだ。人間にとって、リュイが意図した意味で人間化するとは、世界に人間的性格を与えることではない。言い換えれば、予断に基づく自身の秩序――西洋的伝統にとって一層慣例的である存在論が有しているようなそれ――を、自然という所与の実体へと押し付けることではない。むしろ、自身の存在を、共通の生活世界のるつぼのうちで作り上げるということなのである。人間の人間性はア・プリオリな条件として最初から与えられているのではなく、実り多い達成として生じるのだ――さらに言えば、これは人生の続く限り人間が取り組み続けねばならないものであり、それなしには決して最終的な結末に到達しないものである。

こうした見方の反響は、二〇世紀スペインの哲学者ホセ・オルテガ・イ・ガセットの著作に認められる。一九三五年、つまりスペイン内戦が勃発する直前に書かれ、「体系としての歴史」と題された名高い試論において、アルゼンチンのブエノスアイレスで亡命生活を送っていたオルテガは、人間の生の文法的形態とは動名詞のそれであると論じている。人間の生は常に作られつつあるのであり、つまり「faciendum〔作られるべきもの〕であって、factum〔作られたもの〕ではない」[★6]。それゆえオルテガは、人間本性に訴えること、あるいは人間の心に訴えることは、見当違いなことだと考える。人間の身体や魂について語ること、あるいはプシュケーつまり精神について語ることは、そうしたものがすでに結晶化しており、固定された最終形態のうちにあり、それを引き起こす過程から離れていると前提とするということである。つまりそれは、実際には決して到達されない結末をその起源に置くことなのである。というのも、実のところ、人間の生が存在するところには、起こりつつあること以外のものは決して存在しないからである。「わたしたちに与えられており、そして人間の生が存在するときにある唯一のもの、それは、各自が自身でその生を作らねばならないということである。……生とは課せられた仕事なのだ」。したがって、生は存在するのではなく存在しつつある。実のところ、オルテガの述べるように、わたしたち自身を人間存在とする慣習的な呼び方にはいくぶんの滑稽さがある。というのも、どうすれば存在しつつあることが可能だというのだろうか？　それは、立ち止まらずに移動するのと同時に一つの場所に立っているようわたしたちに求めるようなものである［★7］。

そうであるなら、わたしたちは「存在」という語を「生成」という語に置き換えるべきなのかもしれない。作られつつある生の例証として、わたしたちは自分自身をむしろ人間生成と呼ぶべきではないだろうか？　オルテガはある興味深い余談で、その他の点では大いに共感を寄せる、上の世代の哲学的著者に対する批判的な言及とともに、そのような選択肢を除外していた。その著者とはアンリ・ベルクソンであった。ベルクソンにとってもまた、それは起こりつつあるものそのものであった。すべてのものは運動、成長、生成であった。それらは一見したところ事物の固定した形態のように見えるが、生命的な過程を包んでいるのである。存在は、ベルクソン曰く、自らを作ることのうちにある。すなわち〔フランス語で〕l'être en se faisantである。けれども、ベルクソンの言葉遣いでは、自らを作ること（se faisant）は生成（フランス語のdevenir、すなわち「〜になること」に由来する）とまさに同義であった。オルテガはそれとは反対に、自らを作ることという人間に課せられた仕事には、単なる生成以上のものがあると主張する。生を作ることには、単に生きること以上のものがあるというのだ。人間とは、まさしく文字通り、自分自身の製作者なのである。つまり自己製作者なのだ［★8］。他の動物が、たとえそれがその本性においていかなるものであるべきであろうとも、単に生成するのみであるのとは違って、人間は——オルテガの主張するところでは——自身がそうあり続けるということを自ら決定しなければならない。人間存在の実現は常に延期され、常に未だないのである。つまり「人間というのは」、オルテガ曰く、「未だない存在」であり、あるいは一言で言えば「切望対象」である。そして、まさに人間は事物を切望するがゆえに、その達成においてさまざまな困難に直面しもする［★9］。動物にとって生は難しいものではない。動物はすぐには手に入らないものへと手を伸ばさないからだ。さらに言えば、手に入るのが容易なものへも。容易さと困難さの違いは動物には関係ないのだ。だが人間は、切望対象に手を伸ばすことと把握能力の範囲とのあいだに捕らえられているために、いつまでもそれに没頭するのである。

別の言い方をすれば、動物の地平には過去や未来がなく、絶えず進化し続ける今だけがあるのに対して、人間の生の運動は時間的に引き伸ばされている。前方には切望の「未だない」があり、後方には把握の「すでにそこに」がある。未だないとすでにが同時にあることで、人間は——言うなれば——その成り立ちからして自身の前にいる。他の生物は、自らの行なうことを行なうためには、自らであらねばならないが、人間にとっては順番が逆なのだ。人間は、自らがそれであるものであるために、自らの行なうことを行なわねばならない。飛翔は鳥を作りはしないが、話すことはわたしたちを人間にする。人間は存在ではなく生成である、というのではない。むしろ、人間の生成とは、絶えず人間の存在を追い抜くことである。わたしの提案では、これが、人間を人間化する動物として語るときにリュイの念頭にあったことだ。さらには、わたしたちがわたしたち人間自身について話すとき、おそらくほとんどの人の心の奥にあるのは、わたしたちは単に自分の生を生きているのではなく、その生を導いているということだろうと思う。リュイの人間化することとオルテガの自己製作に共通するのは、それゆえ、それらがともに生を導くことに関係するということである。これはしかしながら、一つの回答としては、問題の先送りでしかない。問題は次のようなものであった。すなわち、わたしたちが自分自身を人間であると考えるのは何を意味するのか？　わたしたちがここまでどうにか行なってきたことはすべて、この問題を別の問題で置き換えることであった。その問題とはすなわち、生について、その生が導かれていると述べることは何を意味するのか？　わたしが以下で提案する答えは次のようなものだ。生を導くとは、ラインを広げて見せることである。

★1　記号論者トマス・A・シービオクは、その論文集『わたしとは一つの動詞である、とわたしは思う（*I Think I Am a Verb*）』の序論でこのエピソードを伝えている（Sebeok 1986 : 1–2）。

★2　リュイの生涯と仕事の詳細については、Anthony Bonner（1985）とCharles Lohr（1992）の信頼のおける研究に依拠している。今のところリュイは人類学でほとんど注目されていないが、最近の例外の一つとしては、Boss（2013）を参照。

★3　Lohr（1992 : 29–30）。

★4　ここではBonnerの翻訳（「man is a manifying animal」）に従う（*in* Llull 1985：609）。

★5　Lohr（1992：34）。Lohrは動詞homificareを、「人間化する（humanify）」ではなく、「ヒト化する（hominize）」と訳す。続く箇所で説明するように、わたしは前者の訳語を選ぶ。

★6　Ortega y Gasset（1961:200）〔『オルテガ・イ・ガセット「体系としての歴史」井上正訳、『オルテガ著作集4』白水社、一九七〇年、三二一頁〕。

★7　Ortega y Gasset（1961：200、213、強調は原文）〔同上、三二一頁、三三四頁〕。

★8　Ortega y Gasset（1961：115）〔英訳版はかなり自由な訳になっているため、邦訳に該当箇所を見つけることができなかった〕。

★9　Ortega y Gasset（1961：112–113、201）〔同上、三〇五－三〇六頁、三二二頁〕。

23 人間発生論

人間は自己製作者であるとオルテガは言った。人間は自身を作り、構築する。だが、人間はまた成長する。あらゆる生物と同様、人間は個体発生の過程を経るのだ。人間は自身を成長させるのであり、そして、その成長は他者の存在や行動によって条件づけられるのだから、互いを成長させるのである。確かに、「互いを成長させること」は、どんな社会的な生命にも劣らない定義だ。だが、人間を作ることと人間が成長することの関係はいかなるものであるのか？　どちらが先であるのか？　ここでわたしは次のことを論じたい。すなわち、人間的性格の付与という従来の概念においては成長することが作ることのうちに一括りにされるのに対して、人間化することという別の考え——わたしたちがリュイから引き出してきた考え——においてはこの優先順序が逆転されており、それゆえ成長することの過程は作ることのさまざまな契機によって区切られている、ということである［図23.1］。これは文化と育成の相対的な先行性という観点から別様に表現される。わたしたちは育成を、自然に由来する物質への先在する文化的形式の投影と考えるだろうか、あるいは文化を、育成過程で生じるさまざまな特性の総和と考えるだろうか？　ここでわたしは後者の見解に向かう。結局のところ、文化（culture）とは、その本来の意味で、作られたものというよりも成長した何か——つまり涵養された（cultivated）何か——ではないだろうか？

最初の選択肢は、連続性と変化についてのよくある言葉遣いのうちですでに前提とされている。その言葉遣いにおいては、連続しているとは、何らかの安定した状態で存続しているということであり、変化するとは、ある状態からある状態に移行するということである。これは、「大きくなったね」症候群と呼ぶことができるようなものにその典型が見出される。思い出してみてほしい、子どもの頃、遠い親戚は幸いなことにあなたの家を滅多に訪れず、そしてあなたを見かけては「わあ、大きくなったね！」と驚きの声をあげたことだろう。あなたを最後に見たときの姿しか覚えておらず、今見たその変化に強い衝撃を受けているのだ。成長は、この親戚にとって、昔と今の橋渡し

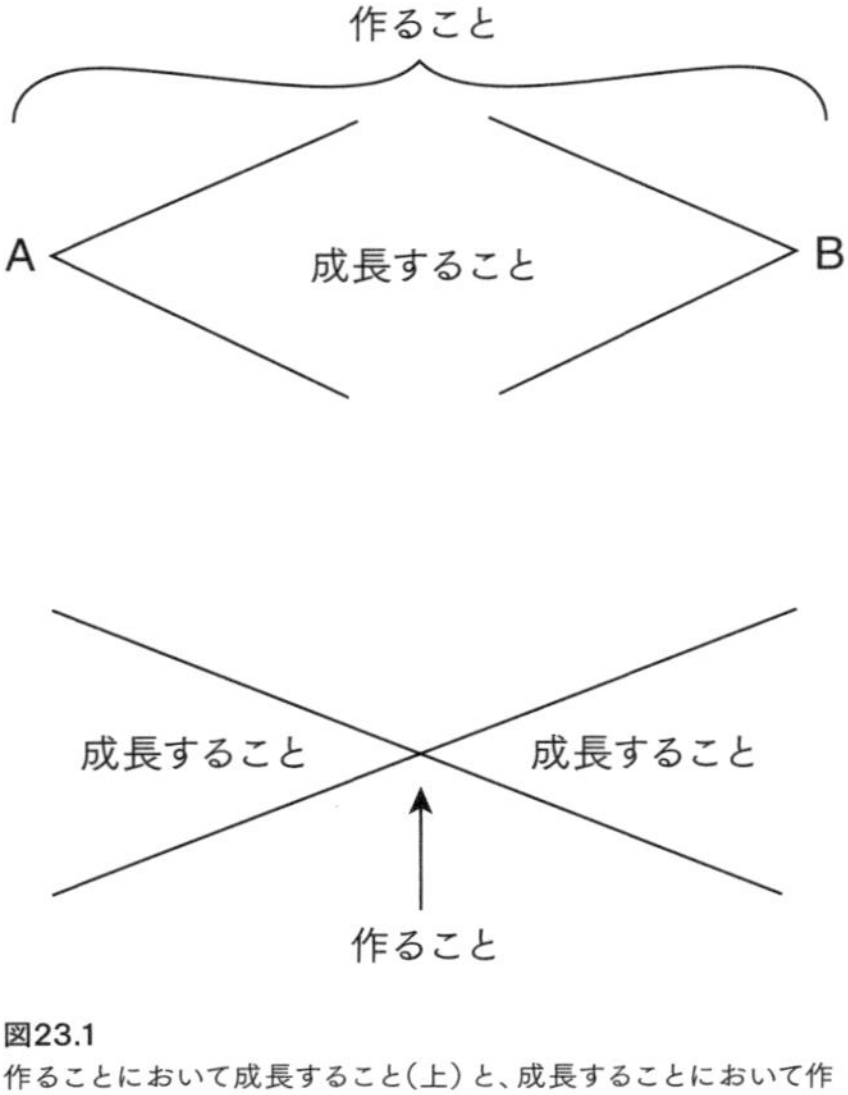

図23.1
作ることにおいて成長すること（上）と、成長することにおいて作ること（下）

をし、あなたの以前の外見と現在の外見の差異を説明するものである。だが、あなたやあなたの周りの人々にとっては、成長はずっと継続している。あなたは成長を変化、つまりAからBへの移り変わりとしてではなく、人生そのものとして認識する。とはいえ、あなたのものであるこの人生は、重大な出来事によって区切られている。過去を振り返るなら、あなたはそうした出来事を、自身の経歴における形成的な契機、今日のあなたという人物が作られる一因となった契機として思い出すだろう。この意味で作ることは通過儀礼に似ているのであり、製作者とは閾に立つ者であり、その監督下で、人生や成長の一つの局面から別の局面へとさまざまな人物や人材をゆっくりと動かしてゆくのである。かつて人類学者ヴィクター・ターナーは、東アフリカのンデンブ族の通過儀礼について執筆した際、次のような所見を示していた。「少女を女に「成長させる」ことは、存在論的な変化を引き起こすということだ。それは単に、不変の実体を、ある位置から別の位置へと準力学的な力によって運ぶことではない」[★1]。

あるいは、トロブリアンド諸島のカヌー建造者について——人類学者ブロニスワフ・マリノフスキによって、その定評ある研究『西太平洋の遠洋航海者』で記述された——について考えてみよう。このカヌー建造者は、森で成長している木だったものを、波間を進んでゆく船に転身させるのにその力を尽くす。カヌー建造者は形のはっきりしない未加工の物質（木材）からその仕事を始めて、形の整った人工物（カヌー）で終えるのではない。あるいは、一つのカヌーは、建造者のふるう手斧によって、最初の形のはっきりしていない状態からその最終的な形態へと具現化するようにして「成長する」のではない。建造者に課される仕事とは、むしろ、生命や成長の一つの仕方（森の中の木のそれ）を終えさせて、別の仕方（海上の船のそれ）を立ち上げる準備をすることである。島民自身は、木がカヌーに変態することを、芋虫が蝶に変態することになぞらえている。丸太をくりぬく仕事に取り掛かる前に、カヌー建造者は自身の意図を宣言する。「わたしは手斧を握り、打ち下ろそう！　わたしはわがカヌーへ入り込み、汝を飛翔させ、おおカヌーよ、汝を跳び立たせよう！　わたしたちは蝶のように、風のように飛ぶだろう。わたしたちは霧中に消え、消滅するだろう」［★2］。ひとたびくり抜かれれば、カヌーは最後の準備のために浜辺まで運ばれなければならない。一列（ライン）になった男たちを思い浮かべてみよう。出発準備のために村から浜辺へと列をなして進む男たちを。彼らは、たくさんの脚を持った芋虫の形をしている。浜辺で歩みを止め、そして一瞬――そこには陸、海、空が集っている――あらゆるものが静止する。その後、突如として高まる活動性とともに、カヌーはその道を歩み始め、乾燥させたタコノキの葉で編まれた三角形の帆が広がる。浜辺で蛹（さなぎ）の段階に入っていた芋虫は、完全に飛ぶことのできる蝶として羽化した。その翅は帆であり、その目は船首から舷側にかけて彫り込まれている［★3］。

さらに別の例を検討してみよう。壺と赤ん坊の違いとは何か？　答えはわかりきっているように思うかもしれない。というのも、確かに、壺は陶工によって作られるのに対して、赤ん坊は母親の胎内で、そして生後は家庭内で成長するからだ。前者は人工物であり、後者は有機体である。これはわたしたちにはわかりきったことのように思われるが、しかしながら、多くの社会では壺が人体に、それもしばしば新生児や幼児の体形になぞらえられていることが知られている。そうした明らかに擬人的な特徴が壺に帰属させられるのはなぜか？　アルゼンチン北西部では、相当数の壺が考古学者たちによって発掘されている。それらは通称「ラ・カンデラリア」文化圏の人々によって生産されたもので、その年代は紀元一千年紀まで遡る。それら壺の多くには、形成され始めたばかりの胎児の手足に似た出っ張りがつけられている。そのうちのいくつかには顔があり、いくつかにはない。ラ・カンデラリアの陶芸家たちがその作品によって何を達成しようとしていたのかは、確かにまったく知りようがない。とはいえ、同じ地域の現代の北米先住民の見解では、壺と赤ん坊は最終的にはさほど違わないと考えられていることが、その民俗学によって示唆されている。実のところ、壺は赤ん坊のように育つのであり、そして赤ん坊のように育てられるのである［★4］。人間の親が赤ん坊を胎内での生活から世界内での新たな生活へとゆっくりと移行させるように、陶芸家は粘土を土中の生活から壺としての新たな生活へとゆっくりと移行させる。人間の手が赤ん坊を優しく撫でてあやすのと同じ仕方で、陶工の手は粘土にそっと触れる。このような手を触れること全体、この養育全体によって、壺の形は、成長する赤ん坊のそれがまさにそうするように、現れ出てくることができるのである。

ここで形は、擬人観［anthropomorphismは人間を意味するanthroposと形を意味するmorpheから構成される］概念が暗示しているのとは違って、人間の文化における高次の根源から、粘土という「自然の」素材に押し付けられるのではない。形はむしろ、そっと触れたりあやしたりする陶工の手から生じる。このとき陶工は、文字通り、自身の作品を通して新たなライフサイクルを開きつつあるのだ。形がいかにして——素材に適用されているのではなく——人間関係の領域内に出現するのかを記述するには、実際のところ、わたしたちには新語が、「人間個体発生的」のような何かが必要である。しかし、この語はとても長く複雑なので、以下ではわたしはそれを人間発生的と略すことにしたい。この用語によってわたしが指示する特殊な意味で、人間発生論は、作ることでも成長することでもない。そうではなく、〈成長することにおいて作ること〉のようなものなのである。一着の衣服を編むことは、この意味で人間発生的とみなされうるだろう。衣服の形は着用者の身体の形と一致させられ、さらにはこの形は、ひとつながりの撚り糸を面に変える縫い（スレディング）や輪っか（ルーピング）といった無数のミクロな身振りから生じる。だが、それは身体とどんな違いがあるというのだろうか？『詩篇』にはこう書かれている。「あなたはわが内臓をつくり、わが母の胎内でわたしを組み立て(knit)られました」。わたしたちはすでに、同じ胎内で結び合わせられたラインが、その後、血縁性や親近性といった関係を形成するなかで、いかにして別々の道を歩むことがあるかを見た[★5]。同じ一節を参照しなおすなかで今やわたしたちに顕著なものとして現れるのは、『詩篇』の著者が胎内の胎児の成長と編み物の人間発生的過程とを明らかに比較しているということである。

〈成長することにおいて作ること〉というパースペクティヴは、こうした聖書の参照で示されているように、わたしたち自身がその受取人である伝統からあまり離れてはいない。近世ヨーロッパの職人にとって、さまざまな素材を一つに編み上げたり編み合わせたりするものとしての神の創造というイメージは、職人たち自身の活動に霊感や理想をもたらした。人間の身体を生かし成長させる糧——パンやバター、蜂蜜といったもの——であるような素材はまた、職人たちの仕事の糧ともなっており、そしてその逆も然りであった。つまり工芸の素材は身体に対する医療その他の処方箋へと注がれていたのである〔★6〕。身体においても工芸作品においても、さまざまな素材が、その気質に対応した特定の均衡や割合で一緒に混ぜ合わされていただろう。これは自然を模倣する技術であり、この模倣は自然の形の複製によってではなく、自然の過程を探索するなかでなされたのである。人工物と有機体に似ているところがあるとすれば、それは前者が後者のイメージをモデルとするからではなく、類似した過程が類似した結果を生み出すからであるだろう。壺と赤ん坊も同様である。擬人観による世界への人間的性格の付与——これは「大きくなったね」症候群の〈作ることにおいて成長すること〉に対応する——とは対照的に、わたしたちはこうして、人間発生的な人間化へと到達したのであった。これは、ンデンブ族の少女から女になる通過儀礼の〈成長することにおいて作ること〉のうちに、そしてトロブリアンド諸島の——さもなければ大地に這いつくばるよう運命づけられた人々が、それによって風と波からなる浮遊的な大気へと解き放たれる——カヌー建造の仕事のうちに、同様に明らかに見られるものである。

最近の人類学に関する文献では、擬人観概念はしかしながら別の意味で普及している。つまり「パースペクティヴィズム」という見出しのもとで。これは、主体の位置の交換——その主張によれば、これは北米先住民や北極圏の人々の存在論的な理解に共通のものとされる——に帰する。それはたとえば、人間であるハンターが動物を追跡中に自分の位置がわからなくなったときに起こりうるもので、最後には、かつての獲物が属するパラレルな共同体のゲストとして自らを見出す。そしてそのときその獲物は動物の仮面を脱いで、人間としてハンターの前に現れるのである。擬人化はここでは、図と地の逆転のような、男性と女性の社会から動物たちの社会への「ひっくり返り」におけるパースペクティヴの交換から生じる。後者のパースペクティヴでは、前者こそが人間ではないものと映るのである。人類学者であり、パースペクティヴィズムの思考を人類学理論に導入する草分けとなったエドゥアルド・ヴィヴェイロス・デ・カストロは、この種の擬人観を、いわゆる「質料形相論的な」生産モデルの人間中心主義と彼が呼ぶものと比較している。このモデルは、古代ギリシアからの遺産として現代のわたしたちに受け継がれたものであり、それによれば、人間の観念の領域にその起源があるさまざまな構想(デザイン)は、自然界に与えられた物質性へと押し付けられる[★7]。

わたしたちの言い方では、これは擬人観と人間中心主義の対照ではなく、二種類の擬人観のあいだの対照である。そのうちの一つ(交換における変身)は、パースペクティヴの反転を伴うのに対して、もう一つの擬人化(作ることにおいて成長すること)は形相から質料への一方通行の移転を伴うのである。しかしながら、どちらの選択肢も——人間が形を変えることも、人間がその形を押し付けることも——人間の形態それ自体の発展には重要性を認めない。存在論的な比較にのみ焦点が合わせられることで、個体発生——つまり人間の形態の成長——は無視されてきたのである。とはいえ個体発生なしには、比較されるべきさまざまな存在論も存在しえないだろう［★8］。問題となるのは、またしても文法的なカテゴリーである。ヴィヴェイロス・デ・カストロにとって存在とは人間の外見を呈することであるなら、そのとき存在は、さまざまな意図（インテンション）とエージェンシーの力を備えた主語でなければならない。そして非人称形が適用されるような目的語［対象］とは反対のものとして、適切な人称代名詞でもって呼びかけられることとなる［★9］。それゆえ、動物の共同体のうちに自らを見出したハンターは、自分のホストに「あなた」と呼びかけるのだ。しかしながら、その人間性がいわば共同的生のるつぼにおいて絶えず建設中であるような「未だない」存在や切望する存在が住まう世界には、行為者と行為のあいだに、あるいは思考者と思考とのあいだに隔たりはない。エージェンシーはまだ行動から抜け出ておらず、そして志向性は意識から抜け出てはいない。「主語」そのものは存在せず、またそれと対応して、「目的語」そのものも存在しない。では何が存在するのか？　さまざまなラインである。そして、前章でわかったように、線がとる文法的な形態は、名詞（目的語の場合）でも代名詞（主語の場合）でもなく、動詞なのだ。これは、擬人観ではなく人間発生論の世界である。

★1 Turner（1967：101–102）。

★2 マリノフスキによるトロブリアンド諸島のカヌー建造の記述は『西太平洋の遠洋航海者』の第五章で取り上げられている（Malinowski 1922：124–145）。これら数行（ラインズ）は「リゴグの呪文」から引用したが、その全文は一三二ページにある〔邦訳（増田義郎訳、講談社学術文庫、二〇一〇年）は抄訳であり、残念ながら当該呪文は訳出されていない〕。

★3 Scoditti（1983：268）。

★4 Alberti（2014）を参照。

★5 『詩篇』第一三九篇、第一三節。上記第四章を参照。

★6 Smith（2014）を参照。

★7 Viveiros de Castro（2012：58、101）。

★8 人類学者セシリア・マッカラムがアマゾンでの生物医学教育に関する最近の研究で考察しているように、さまざまな存在論が、特定の社会的、歴史的、伝記的な条件のもと、絶えず具現化している。「したがって、個体発生は存在論的プロセスに対する一貫したアプローチを提供する」（McCallum 2014：507）――ただし、付け加えるなら、その逆はこの限りでない。

★9 Viveiros de Castro（2012：97）。

24 行なうこと、経験すること

今や、このような人間発生論概念——つまり〈成長することにおいて作ること〉としての——をさらに展開させるために、別の一対の用語を導入することにしたい。それは、行なうと経験する（undergo）という動詞である。わたしはこの一対の用語を、『信仰の知的根拠（*Intellectual Foundations of Faith*）』と題された、アメリカの神学者ヘンリー・ネルソン・ワイマンの一九六一年の著作から取り出してきた。この著作においてワイマンの関心はとりわけ、人間の生はいかなる意味で創造的でありうるかの理解に向けられていた。その主張するところでは、創造性については二つの種類を、あるいは二つの意味を区別する必要がある［★1］。一方には、人々が行なうことにおいて表現される創造性がある。ある人物は、「その想像力の圏内にすでに入ってきている新たな構想（デザイン）に従って何かを構成する」とき、この意味において創造的である。これは、創造性が革新（イノヴェーション）と同一視される際に最もよく想起されるような意味である。この創造性は、最終的に産み出されたもの——ワイマンが「創造された善」と呼ぶもの——から、動作主の頭の中にある前例のないアイデアを、つまり頭の中では動作主の活動によって現実化されているアイデアを振り返ることで見出される。行なうことは作ること、つまりここでは、産み出されるもののための遂行（パフォーマンス）なのだ。それには前例のある最後がある。

その一方には、しかしながら、「共同体において次第に人格を創造してゆく」創造性がある。ワイマンの論点は次のことを主張するにある。すなわち、人々が行なうことの偶然性の背後には、そしてそのような行なうことによって引き起こされる生産物や創造された善の寄せ集めの背後には、人間関係において個人を創出するというその能力において「創造的な善」がある。ワイマン曰く、この種の創造性は「人格によって経験されるが、しかし行なうことはできないもの」である[★2]。それは、頭の中のアイデアによってここで始まり、完成された人工物によってあそこで終わるものではない。むしろ、始まりも終わりもなく、ずっと続いてゆくものなのだ。これが社会的な生命の創造性である。というのも、社会的な生命とは、個人が行なう何かではなく、個人によって経験されるものだからだ。それは、他者の存在やそのさまざまな活動を通じて確立された人間関係の領域内で、成長と成熟のさまざまな歴史——出生から幼年期や幼少期を経て、成人期そして老年期へと至る——を経験することで、人間存在が成長し成長させられる一つの過程である。そして決定的な局面では、このような成長は、強さや地位だけではなく、知識、つまりは想像力や観念形成の働きのうちにもある。

若かりし頃、ワイマンはアンリ・ベルクソンの哲学書の熱心な読者であった。ワイマンはのちに、ベルクソンの同時代の英国人、アルフレッド・ノース・ホワイトヘッドの著作の研究と刊行に向かうだろう。生物に見られる、絶えず自身を乗り越えてゆくという能力を言い表すために「合生」という語を新たに作り出したのはホワイトヘッドである〔★3〕。ホワイトヘッドの主張では、生命の世界には、創造された具体的事物だけでなく、次第に大きくなってゆく合生的事物も存在する。あるいはそれどころか、この同じ世界を二つの仕方で眺めることができるだろう。あるいは外側から、あらゆる有機体を、進化した構想（デザイン）の生き生きとした具現とみなすことで、あるいは内側から、有機体の成長と形成の――すなわち、有機体が存在するという状態になりつつあること、つまり個体発生の――生成的な運動に加わることで。行なうことの創造性と経験することの創造性の区別、あるいは創造された善と創造的な善の区別は、明らかに〔ホワイトヘッドと〕同じことを説明するものである。

さらに、創造性はその人物の特徴を示すような行なうことにではなく、共同体における人格の創造に見出されるべきであるとする考えには、ベルクソンの反響がある。「わたしたちが行なうことはわたしたちが何者であるかということに依ると述べることは正しい」――とベルクソンは一九一一年の『創造的進化』で述べていた――「だが、次のことも付け加えなければならない。すなわち、わたしたちとは、ある程度まで、わたしたちが行なっていることである。そして、わたしたちは自分自身を際限なく創造している、と」〔★4〕。このようなわたしたち自身の際限ない創造は、行なわれるというよりも経験される創造性というワイマンの考えに対応している。しかも、ベルクソンが大いに強調したように、過程は不可逆なのだ。したがって、この意味で創造性を理解することは、それを前進的なものにおいて読み取るということ、つまり、最終的に産み出されたものを初期構想（デザイン）へと回顧的に帰属させることにおいてではなく、この世のさまざまな存在を実際に生じさせる関係や過程が展開されてゆくことにおいて読み取ることというである。ベルクソンとともに、個体発生には時間がかかるということを認めねばならない。この時間は持続としての時間である。つまり、さまざまな瞬間の継起ではなく、現在への過去の延長である。ベルクソンの述べるところでは、「持続とは、未来を浸食し、そして発展していくにつれて膨張してゆく過去の連続的な進展である」[★5]。

今やわたしたちは、最初の近似として、作ることが成長することであるのとまったく同様に、行なうことは経験することであると考えるだろう。だが、そうであるなら同じ疑問が生じてくる。すなわち、経験することが行なうことに包含されるのだろうか、あるいは行なうことが経験することに包含されるのだろうか？　前者の選択肢から始めたい。「大きくなったね」症候群ですでに見出したように、この選択肢はわたしたちを変化のレトリックへと直接連れて行くものである。物がある状態から別の状態へ移り変わったとき、それは物質的な変化を被る（undergo）と言われる。あるいは、人間がある状態から別の状態へと移り変わったとき、その人たちは社会的な変化を経験すると言われる。惑星のさまざまな体制（システム）がある状態から別の状態へと移り変わったとき、それら体制は全世界的な変化を経験すると言われる。実のところ、金融企業（コーポレート・ファイナンス）や巨大科学（ビッグ・サイエンス）、国家権力により相互的に強化されてゆく課題（アジェンダ）によって駆動される世界では、変化のパラダイムは、おそらく思想史でそれに匹敵するものはないほどの覇権を握ってきた。したがって、パラダイムによって前提とされている経験することの意味を理解するのは決定的に重要となる。この意味で経験することは受動的である。つまり、行なうことおいて、事物や人間、地球に対して行なわれたことの結果である。それは、経験する者に患者や被害者、あるいは被験者の役を割り当てる――おそらくは、経験する者を、最初から決定されたプロジェクトやプロトコルの実行へと結びつけられているユーザーや消費者とみなすような――テストなのである。

これは抵抗する可能性の否定ではない。わたしたちはしかしながら、変化を頑なに拒むことで、あるいは永続性や安定性に訴えることで抵抗するのではない。というのも、そうすることで、経験することを被害者であることと、つまり行ないの対象となる存在との合成を承認することになるだろうからだ。人間の生の本質的な創造性について強調する際、ワイマンがまさに意図していたのは、経験することについて断定されてきた受動性に対して異議を唱えることであった。経験することが行なうことのうちに――想像力の圏内にすでに入ってきている構想（デザイン）のうちに――まったく限定されてしまうのだとしたら、そのときそこに創造はなく、ただ実行しかない。ワイマンの主要な洞察とは、経験することは、少なくとも人間の社会的な生命においては、常に行なうことから溢れている、ということにあった。経験することは、この意味で、受動的ではなく能動的である。それはつまり、マルクスとエンゲルスがそう述べるように、人間存在が自身の生の単なる実行者ではなく、生産者であるような仕方である[★6]。生においては、多くのことが行なわれる。多くの目的が達成され、多くの目標が実現される。しかしながら、目的や目標はどれも、その実現において、さらに先へと進む可能性を確立する。それゆえ、行なうことは、しかしそのいずれもが、導かれる生の一契機である。ワイマンに従うということは、行なうことを経験することのうちに位置づけ、そして創造された善の産出を、社会的な生命であるところの創造的な善のうちに位置づけるということである。しかしそれはまた、ハンナ・アレントの政治哲学に従うということでもある。アレントは、人間の条件についての理論を展開するなかで、ほとんど同じ結論に達しているのだ。

とりわけ人間的である生に顕著な特徴とは、アレントによれば、この生が、一つの物語として語られうるような、あるいは一つの伝記（バイオグラフィ）を確立しうるような、さまざまな出来事に満ちているということである。導かれた生――あるいはアリストテレスがビオスと呼び、いかなる目的に向かっても前進しない、自然のサイクルに結びつけられたゾーエーという動物的生から区別したもの――においては、あらゆる出来事は行なうことの一契機であり、あるいは一言で言えば、一つの活動である[★7]。そして、わたしたちがオルテガの著作を経由してすでに提示した、切望の対象の「未だない」と把握能力の「すでにそこに」の区別と非常によく類似した区別において、アレントは、古代ギリシア語とラテン語の両方には「行動すること」のための二つの異なる単語があることに言及している。すなわち、ギリシア語ではarcheinとprattein、ラテン語ではagere

とgerereである。それぞれのペアにおいて、前者（archeinとagere）は本来、着手や開始という意味を、つまり物事を実行に移すという意味を担っていたのに対して、後者（pratteinとgerere）は、物事を掴み、それらを耐え忍び、そしてそれらを仕上げることを意味していた。しかしながら、アレントが示すように、これら二言語の使用の歴史の中で、それら単語の意味は変わった。物事を実行に移すような者はもっぱら**リーダー**——その役割とは命令を発することである——となり、それに対して、物事を耐え忍ぶような者は**主体**——その唯一の義務はそうした命令を実践に移して実現することである——となったからである。こうして、リーダーは最上位にある行なう者であり、そして主体の宿命とは、主人によって下される命令をそれがどのようなものであれ耐え忍ぶ（undergo）ことであるとする考えが生じたのである［★8］。

しかしながら、リーダーによる支配の主張は根拠のない考えによるものである。というのも、必然的にリーダーもまた社会的な生命に参与する者であり、その強さや地位は、その人だけに由来するようなものではなく、他の者たちの協力に由来するものであるからだ。この協力なくして、リーダーは何も成し遂げることはできないだろう。ゆえに、経験することを行なうことに包含させることは見せかけ以上のものではなく、他の者たちをして、指図をするというその要求は仕方のないものと受け入れさせるのであるが、これによってその反対のことが、すなわち行なうことは経験することに常に包含されるということが隠されるのである。あるいはアレントの用語では、行なうのは幾人かの人間であり、苦しむのはその他の人間である、というのではない。むしろ、活動と受苦は常に同時に存在する――それらは同じ一枚のコインの両面なのだ[★9]。活動の先端――そこでは、ベルクソンがそう表現するように、活動は未来の「未だない」を侵食し、そしてその前進とともに膨張してゆく――はそれゆえ経験することであるが、支配はこの先端が通った跡を、つまり実行することの把握的段階を追従する。とはいえ、このことを認めるやいなや――つまり事物に見られる行なうことを、わたしたちが集団で経験している生命の流れに置きなおすやいなや――、わたしたちは行なうことそのものの微妙に変化した意味を見出す。それはある意味で、わたしたちがすでに作ることの意味に関して見出したものに類似している。それゆえ、行なうことと経験することの区別についてのワイマンの言い回しは、最初の近似としてのみ、作ることと成長することについてのわたしたちの区別に対応するのだ。というのも、作ることが成長することに包含されるのと同様に、作ることが経験することに包含されるなら、そのとき、作ることとまったく同様に、行なうことは、あらかじめ示された構想(デザイン)に従って構成するということではなく、むしろ、閾値を越えて物事を動かすこと、物事を準備すること、あるいは新しい生のために物事を用意することなのである。それはまさしく文字通りの意味で実行すること(carry out)であり、そこでは「運ぶこと(to carry)」とは、その本来の意味で、「ある場所から別の場所へ運ぶこと」なのである[★10]。

アレント自身はこの段階には進んでおらず、「自己と自身の行なうことの主人であるがゆえに自然全体の主人であるような」ホモ・ファベル観にコミットし続けている[★11]。わたしの考えでは、このように人間の労働や技量の領域における支配を重視することは、アレントがこれと同じくらい熱心に繰り返す主張と明らかにかみ合っていないように思われる。その主張とは、人間環境の領域においては、活動する者は、自らが行なうことを生み出す唯一の者では決してなく、そしてその意味で「単に「行なう者」であるだけでは決してなく、常に、そして同時に苦しむ者」――あるいは、ワイマンにならってそう述べることができるように、経験する者――でもある、というものだ。労働者もまた、人間でないものも含めた他者に囲まれた存在であり、その支配力はそれら他者からいわば「黙認された」ことで生じるのではないのだろうか？　わたしたちは、事物に対して何かをする前に、必ずしもそれらと共にあるとは限らないのではないか？　これは実際、前章の結論であった。わたしたちは前章で、人間発生的な〈成長することにおいて作ること〉について、そこにおいて形態は物質的な基盤に外から押し付けられることで生じてくるというよりも、調和の領域のうちで素材を入念に育成することから生じてくるものであることを論じた。今や、このような〈成長することにおいて作ること〉が、〈経験することにおいて行なうこと〉の特殊な例証であることがわかる。さらにこれに

作ることにおいて 成長すること 擬人観	成長することにおいて 作ること 人間発生論
行なうことにおいて 経験すること 人間的性格の付与	経験することにおいて 行なうこと 人間化

表24.1

よって、〈経験することにおいて行なうこと〉と、第二二章で導入した人間化のあいだに、さらなるつながりを打ち立てることができる。〈成長することにおいて作ること〉が、擬人的であるというよりも人間発生的であるのとまったく同様に、〈経験することにおいて行なうこと〉は、人間的性格の付与の運動ではなく、人間化の運動なのである。要するに、人間発生論が擬人観に対してあるように、人間化は人間的性格の付与に対してあるのだ（［表24.1］を参照）。

★1 Wieman（1961：63–66）。この区別の詳細については、Ingold（1986：202–205）とIngold & Hallam（2007：8）を参照。

★2 Wieman（1961：65–66）。

★3 Whitehead（1929：410）。

★4 Bergson（1911：7）〔アンリ・ベルクソン『創造的進化』合田正人、松井久訳、ちくま学芸文庫、二〇一〇年、二五頁〕。

★5 Bergson（1911：4–5）〔同上、二一–二二頁〕。

★6 人間がその生産物といかに一致しているかという考えをマルクスとエンゲルスが最初に発表したのは一八四六年に執筆された『ドイツ・イデオロギー』においてである（Marx & Engels 1977：42）。

★7 Arendt（1958：97）〔ハンナ・アレント『人間の条件』志水速雄訳、ちくま学芸文庫、一九九四年、一五三頁〕。

★8 Arendt（1958：189）〔同上、三〇五–三〇六頁〕。

★9 Arendt（1958：190）〔同上、三〇七頁〕。

★10 『*Shorter Oxford Dictionary*』第六版、項目「carry」内に。

★11 Arendt（1958：144）〔アレント、前掲書、二三三頁〕。

25　迷路と迷宮

われらが人間化する存在を、いわば二本の足の上に置いて、この存在が歩き始めたときに何が起こるかを想像してみることにしたい。かつてわたしは歩くことを描くことと比較した。人間化する存在、人間化する動物（animal homificans）は、そこではあらゆる一歩が生を、つまり人間になることを導く出来事であるような場所に向かってその歩みを開始するとき、いかなる種類の線（ライン）をなぞるのだろうか？　実のところ歩行者としての生が始まるとともに、子ども時代が始まるのではないだろうか。小学校低学年の日々へと戻って、「クロコダイル」の名で知られる隊列のことを思い出してみてほしい。わたしは確かに覚えている。それは、先生がある地点から別の地点へとクラスを無事に移動するのに用いるものである。子どもたちは、横二列で、きちんとした列（ライン）を作って歩くことが期待されている。子どもたちが少しでも周囲に注意を払えば、それは事故防止となり、車や通行人との衝突を避けることができる。クロコダイルの通り道は、しかしながら学習の道ではない。学習はその目的地でしか、つまり先生が再びそのクラスの前に立ち、子どもたちに呼びかけるところでしか起こらない。だが、その同じ子どもたちは——親や保護者が同行しているのであれ、友達と一緒であれ、あるいは一人であれ——家から学校へと向かうときやその帰りには、まったく異なった仕方で歩くだろう。急に走り出したかと思えば時間をかけてゆっくりと進み、代わる代わるスキップしたりとぼとぼと歩いたりしながら、子どもの注意は、光と影のきらめきから、鳥の群れや犬の鳴き声、花の匂い、水たまり、落ち葉に、そして無数の取るに足りないものへと向かい、カタツムリからトチの実へ、そして落ちた硬貨からそこらに散らかったゴミへと、ありとあらゆるものに惹かれる——あるいは一緒に歩いている大人からみれば、気を逸らされる。これらの取るに足りないものによってこそ、通りは、目が地面に釘づけになった小さな探偵にとって、それほどに夢中になるほど興味をかきたてる場所となるのだ［★1］。

登校中の子どもにとって、通りは迷宮（ラビリンス）である。指先に目のある写本筆写者や写字生、製図者のように、子どもはそのまったく不可解な曲がりくねりを辿ってゆくが、それを俯瞰的に見ることも、その終わりをちらりと見ることもしない。課題となるのは通った跡を見失うことではなく、それゆえ子どもは自らについての機知を手離さないでおく必要がある。ヴァルター・ベンヤミンは、二〇世紀への転換期の頃にベルリンで過ごした幼年時代をなつかしく思い出しながら、ティーアガルテン公園内やその周辺で彼が辿ったのだろうアリアドネの糸を、その公園にあるさまざまな橋や花壇、彫像の台座（これらは目を近づけると、そこに載せられた像よりも興味深いものであった）、茂みの合間に隠れたキオスクによって、鮮やかに記述している。ベンヤミン曰く、彼はここで初めて、そのための言葉が後になってからしか見出されなかったものを経験した。その言葉とは「愛」であった[★2]。だが、人は成長すると、そのような子どもっぽい愚挙を追放する仕方を身につける。規律によって好奇心が呑み込まれるとき、クロコダイルは探偵を丸呑みにする。失われたものを取り戻すには、都市を越えて、まだ訓練されていない力が管理する森や野原、山を散策しなければならない。大人にとっては、都市の通りを田園地帯の小道にいるときと同じくらいの鋭敏さでもう一度把握するには、いくらかの努力が要るとベンヤミンは述べている。これを達成するには――迷宮を取り戻し、そこで自らを解放するには――「通りの名が、枯れ枝がポキっと折れるあの音のように、迷い歩く者に語りかけてこなくてはならないし、旧都心の小路は彼に、山あいの谷筋のようにはっきりと、一日の時の移ろいを映し出してくれるものでなければならない」。この技術は子ども時代に失われたものの一つであり、人生において後になってからしか習得しなおされなかったものであるとベンヤミンは認めている[★3]。

都市で仕事をしているわたしたちのほとんどにとって、街の通りは迷宮ではない。わたしたちは通りを歩くが、それはその道すがら通りによって明らかにされるもののためではなく、ある訪問地点から別の訪問地点への移動が通りによって可能となるからだ。わたしたちは依然として通りで迷うこともあるだろうが、しかしこの喪失は、どこでもない場所への道すがらの発見としてではなく、前もって決められた目的達成の行程における後退として経験されるのである。わたしたちはここからそこへ行こうとしているのであり、曲がる道を間違えたり袋小路に突き当たったりすると苛立ちを覚える。都市の買い物客や通勤者にとって、通りはそれゆえ迷宮というより迷路（メイズ）である。厳密に言えば、迷路は、一本道ではなく複数の選択肢を、つまりそのそれぞれが自由に作られているが、そのほとんどが行き止まり（デッドエンド）に通じている選択肢を提示する点で、迷宮とは異なる［★4］。迷路はまた、その一方で、その道の境界が、目の前にある道以外のものを視界に入れないようにする障壁によって定められている点でも異なる。迷路はそれゆえ、迷宮とは違って、世界に対して開かれていない。それどころか、そこに囚われた人たちを、自由と必然の偽のアンチノミーのうちに捕らえ、閉じ込めるのである。地上であろうと地下であろうと、通りを進むのであれ地下鉄で進むのであれ、都市の歩行者たちは、壁や高層ビルが両側にそびえた通路からなる迷路をうまく乗り越えなければならない。

ひとたび特定の大通りに出ると、都市の歩行者には、その道を進み続ける以外の道はない。そのような大通りは両側を壁で囲まれているからだ。最近、パリ郊外にあるヴェルサイユ宮殿の庭園を訪れた際に同じことを経験した。正方形の庭のそれぞれでは、歩行者用の道が、木々が作る高い壁がその両側に並ぶことで一直線に引かれており、そしてこれは彫像や噴水のある閉じた小さな森へと続いていた。わたしはこれらの庭の中で、閉所恐怖症の圧倒的な感覚を味わった。とはいえ、ヴェルサイユ宮殿のそれのような整然とした庭園に見られる樹木の壁や、あるいはアリスが鏡の国で遭遇する、低木で四角形に区切られたチェス盤とは違って、都市の壁は通常むき出しにはなってはいない。むしろそこにはたくさんの広告やショーウィンドウの飾り付けなどがある。それらは歩行者に脇道へ逸れることが可能であると知らせ、そして歩行者はその機会が生じるときだけ、その欲望を満たすのである。道の途中の分岐点ごとに決定を下さねばならない。左に行くか、右に行くか、もしくは、ことによると直進すべきか。迷路を通り抜ける道のりはしたがって、決定を下す地点によって区切られる一連の確率的な行動として表されるかもしれない。すべての行動はそれに先立つ決定に根拠づけられるのだ。その道のりは、本質的にゲーム的な戦略的企てである。これは、歩行者——あるいは運転手さえ——が混雑した通りや地下道の人だかりを押しのけあって進む戦術的行動を否定するということではない。だが、人だかりをなんとか抜けることと、迷路を抜ける道を探すことは、まったく別のことなのである［★5］。

　迷宮を歩く際には、これと対照的に、選択することは問題にはならない。道は先導し、歩行者はその道によって運ばれるところへ行くべしという命令法のもとにある。だが、道を辿るのは常に容易なわけではない。動物を追跡するハンターや獣道にいるハイカーのように、進むべき道を指し示す微妙なしるし——足跡や積み重ねられた小石、木の幹につけられた小さな傷——に目を光らせるのが重要である。こうして、しるしはあなたを道の上に引き止める。つまり、広告とは違って、そこから離れるようあなたを誘惑しないのである。危険は、行き止まり（デッドエンド）に行き着くことにではなく、道筋から外れることにある。死とは脱線なのであって、ラインの終端（エンド）ではない。迷宮のいかなる地点においても、あなたは突然の終わりに行き着くことはない。先へと進むあなたの運動を妨げるような緩衝装置や壁は存在しない。あなたはむしろ、それでもやはり一本の道に沿って進み続ける運命にある。あなたが慎重さを欠くなら、この道はあなたを生者からかつてないほど離れたところへと連れて行くだろう。そしてあなたが生者の共同体に帰還することは決してない。迷宮であなたは実のところ曲がる道を間違えるかもしれないが、しかしそれは選択してそうなるのではない。というのも、そのときには、あなたは道が分かれていることに気づいていなかったからだ。あなたは夢遊病のようになっていたか、夢を見ていた。現地のハンターたちによってしばしば語られるところでは、すでに〔第二三章で〕パースペクティヴィズムの問題との関連で述べたように、自らが追う獲物に誘惑されたハンターたちは、その獲物の世界へと、動物たちが人間の姿で現れる世界へと迷い込む。そのハンターたちは、自身が属していた人々には、道を見失い、死んだものと考えられる一方で、そこで生き続ける。

迷路は旅行者の意図にそのすべての重点を置いている。旅行者の頭には目標が、計画された行き先あるいは見込まれるものの地平が、つまりは獲得すべきパースペクティヴがあり、かつそれに到達することを決心している。この包括的な目標は、当然、いくつもの副次的な達成目標へと分解されるかもしれない。そしてまたその他の達成目標によって、つまりその旅行者を四方八方から悩ませる相容れない目的によって、その達成は難航するかもしれない。迫られる選択は決して明確ではなく、またほとんどの場合には十分な情報が得られず、かなりの部分を不確実なままにしておかねばならない。にもかかわらず、迷路では、行動が示す外向きの傾向は、思考の示す内向きの傾向に追従する。行動が意図的であると言うとき、わたしたちが意味しているのは、心が作動中であり、動作主（エージェント）の内側から働き、運動の物理法則にのみ従うものを越えて目的や方針を差し出している、ということである。意図〔の有無〕によって、迷路における旅行者とバガテルというゲーム〔スマートボールの一種〕におけるボールは区別される。というのもバガテルのボールは——わたしたちはそう信じるのだが——自身がどこに向かっているのかを知らず、そしてそちらの道を行くか、あちらの道を行くかと熟考することもまったくできないのである。こうして、心が意図し、身体が拡張する。歩行者はどの道を行くか決めなければならないが、しかし進路を決めれば、自身が向かっている場所をそれ以上見ている必要はない。迷路においては、意図が原因であり、行動は結果なのである。

とはいえ迷路の歩行者は、自身が熟考する空間に包まれているかぎり、必然的に世界それ自体には不在である。迷宮では、実情はまったく逆だ。道を辿る者には、諦めずに続けること、進み続けること以外の達成目標はない。だが、それを行なうには、行動が知覚と密接にかつ絶え間なく連結しているのでなければならない。道に迷うことのないように、目前に通り道が広がるときには当然その道を油断なく見張るのでなければならない。自身の歩みに注意し、そのうえ耳をすませ感覚を研ぎ澄ませるのでなければならない。一言で言えば、物事に注意を払い、そしてそれに従って足取りを調整しなければならないのである。道を辿ることはそれゆえ意図に基づくというよりも**注意に基づく**。それによって、道を辿る者は現実の存在のうちに押し込まれる。意図（インテンション）が注意（アテンション）になるにつれて、それゆえ、不在は存在となる。ある人が散歩に出かけるつもりだとしよう。その人はその散歩について熟考し、辿る道筋を検討し、天候にあわせて準備し、食糧をかばんに詰めるだろう。このような意味で、歩くこととは、その人が行ない始める何かである。その人は主語であり、歩くことは述語である。だが、ひとたび道を歩き始めるなら、その人とその歩くことはまったく同一のものとなる。そして、歩くことの注意性には当然――まさに散歩に行くことの意図性にあるのと同様に――作動中の心が存在するが、とはいえこれは運動それ自体に内在するような心であって、そうした運動がその結果とみなされるような起源的な原因ではない。あるいは手短に言えば、歩行者の意図が一つの起源へと収束するのであれば、歩行者の注意はその起源から引き離されることに――つまり置き換えに――由来する。

迷路の歩行者は航海士であり、迷宮の道を辿る者は徒歩の旅人であると言うことができるだろう［★6］。徒歩で旅を続ける際、すべての目的地は道端にある。その旅人の道は常にあいだを走っているのだ。航海士の運動は、その反対に、点から点へと進むものであり、そしてその各点には、たとえそこへ向かって出発する前であっても、計算によって到達される。あるいは同じ区別は、ここまでの章ですでに練り上げてきた用語では次のように表現される。すなわち、航海士は、自らが経験すべき、つまり被るべき仕事を、行なうことの枠組みのうちに置き入れるのであるが、この行なうことは、迷路の提供する可能性の空間の中でAからBへと進む航海士の決断にある。だが、迷宮にいる徒歩の旅人にとって、通り道を辿ることは、生それ自体のように、経験せざるをえないものとして課せられた仕事なのである。その旅人が行なうこと――それらを通じてその運動が継続されるところの知覚や行動のさまざまな契機――は、それゆえ、こうした経験することという枠組みに入れられる。だが、これはまた、クロコダイルの行進と登校中の子ども探偵の気まぐれとの差異でもある。校門に到着すると、子ども――それは人間化する動物（animal homificans）の典型である――は、大人の規律の押し付けを通じてその主体に人間的性格を与えることを旨とする体制に服従する。クロコダイルの陣形で歩くことは、特定の結論を目指さない探求の実践ではもはやなく、あらかじめその答えが与えられているテストである。以下では、教育という概念に向かうことで、このような差異を、わたしが最初に提起した問題と結びつけることにしたい。その問題とは、導かれたものであるような生について話すことは何を意味するのかというものであった。

★1 Ingold & Lee Vergunst（2008：4）。

★2 Benjamin（2006：54）〔ヴァルター・ベンヤミン『ベンヤミンコレクション3――記憶への旅』浅井健二郎編訳、ちくま学芸文庫、一九九七年〕。

★3 Benjamin（2006：53–54）〔同上、四九二－四九三頁〕。

★4 Kern（1982：13）を参照。

★5 戦術的行動と戦略的運行の区別については第一一章の結論を想起されたい。Certeau（1984：xviii-xix）を参照。

★6 Ingold（2007a：15–16）を参照。

26 教育と注意

近著『青々とした山の圏谷の湖にて（*At the Loch of the Green Corrie*）』で、スコットランドの詩人アンドリュー・グレイグは、友人にして師である〔同郷の詩人〕ノーマン・マッケイグについて次のように語っている。マッケイグの目と心は動物たちに惹きつけられていたが、グレイグ曰く、動物たちに特別精通しているわけではなかった。「彼は最も一般的な鳥の名前を言うことはできたが、まあそんなところだった。それ以上のことを知ろうとしていなかったように思う。動物のラテン語名や、生息地、餌やりや交尾のパターン、脱皮の季節についての知識は、その現実の姿をよく見えなくしてしまうと信じていたのだ。知れば知るほど見えなくなることが、時にはある。あなたが出会うものはあなたの知識であり、物そのものではない」[★1]。ここで、グレイグは何かとても深遠なものに触れている。それは、教育と呼ばれるものの意味と目的の核心にあるものだ。知識は本当に智慧へと導くのか？　わたしたちの目と耳を、そこに存在するものの真理へと開くのだろうか？　それとも、知識はむしろ、わたしたちの目を眩ませ彼方へと向ける鏡の間のように、わたしたちを、わたしたち自身の作ることに関する大要に拘束するのだろうか？　わたしたちは、知っていることが少なければ少ないほど、より多くのことを見、経験し、理解するということがあるのだろうか？　そしてそれは、わたしたちはあまりにたくさんのことを知りすぎているので、自分たちの周りで起こり続けていることに注意を払い、配慮や判断、感受性によって応えることがあまりに不可能なように見えるからだろうか？　鳥類学者と詩人の――一方はあらゆる種類の鳥の名前を知っているが、それらをあらかじめ自分の頭の中で分類する者であり、もう一方は、名前は知らないが、眼に映るものすべてを驚嘆や仰天、当惑とともに見る者である――どちらがより賢いのだろうか？

これら選択肢は教育のまったく異なった二つの語義に対応しているのだと論じることにしたい[★2]。第一の語義は、生徒として学校の教室に座っていた、あるいは教えるために教室の前で立っていたわたしたち全員にとって十分に馴染みあるものだ。これはラテン語の動詞educareの語義であり、つまり育て躾けることで、良しとされる行動パターンやそれを支える知識を教え込むことを意味する。その語源の別の説明では、しかしながら、educereという語の起源は、ducere（導くこと）にex（外に）を加えたものに遡る。この意味で、教育とは、新参者の頭の中に知識を教え込む――今日に至るまで慣習的に行なわれているように――というよりも、むしろ新参者を世界の中へと導き出すことである。前章でわたしは、迷路を航海することと迷宮を徒歩で旅することとを対照的に説明した。わたしの考えでは、この対照のうちには、教育のこれら二つの語義にみられる差異のすべてがある。すなわち、一方には、ある文化における規則や表象へと、つまりは「意図に基づく世界」へと学習者を導き入れること（引っ張り込むこと）があり、もう一方には、経験に与えられたものとしての世界それ自体へと学習者を外に導くこと（引っ張り出すこと）があるのだ。

もちろん、知識がその文化的環境と関連するという提言には新しさやラディカルさはない。だが、世界に対する一つの視点を除いて、あらゆるものは世界であり、そうしたパースペクティヴや解釈は多様であって、場合によっては衝突し合うということは、実質的に、近代あるいは近代以後の教育哲学の標準的な態度となっている。学生は、知識が表象から成るという考えに馴染んでいるだけでなく、表象を「現実のもの」と混同すべきでないと理解するのに十分なほど知識を持っている。これは、教育哲学者ヤン・マッシェラインの述べるように、どこに問題があるかということではない。問題はむしろ、その表象においてでしか、つまりあまりにも多いイメージにおいてでしか認識されない世界が、わたしたちがそれを自らの視野のうちに捉えようとするまさにその動きによって、わたしたちから逃れてゆくその仕方にある。わたしたちが物事を把握する能力とは、いつもわたしたちに何の成果も残さず、わたしたちの反省に取り付くものなのである。もはやわたしたちが世界に開かれることはありえず、また世界がわたしたちに開かれることもありえない。そういうわけで、マッシェラインにとって、問題となるのは世界をいかに表象するかではない。そうではなく、「いかにして世界を何か「現実の」ものに変えるのか？ すなわち、いよいよわたしたちを自己反省や解釈のうちに、つまりさまざまな「観点」や「パースペクティヴ」、「意見」への終わりのない帰還のうちに閉じ込めているように見える盾や鏡を放棄して、現実を再び与えるために、いかにして世界を「そこに存在する」ものにするのか？」［★3］ 要するに、いかにしてわたしたちは迷路から抜け出すことができるか？

マッシェラインの答えとは、まったくの文字通りに「曝されることを通じて」である。そしてこれはまさに、外に誘導するという意味での教育によって――すなわち迷宮を歩くことによって――達成されるものである。この意味での教育は、物事に対して「批判的に距離を取ること」や「あるパースペクティヴを引き受けること」といったお定まりの達成課題とは何の関わりもない。つまり、ある観点に到達することに関わらないのだ。迷宮に到着地点や最終目的地はなく、あらゆる場所はすでにして別のどこかへ向かう途上なのである。ある観点やパースペクティヴをあれこれの立場から引き受けることはまったくせずに、継続的に歩くことは、わたしたちをいかなる立場からも――わたしたちがとるいかなる位置からも――引き離す。マッシェラインは次のように説明する。「歩くことは、この位置を掛け金にすることに関わる。つまり、曝すことに、場違いであることに関わる」［★4］。これが、マッシェラインが曝されることとして理解するものだ。曝されることによって、一つの、あるいは一揃いのパースペクティヴが、たとえば地表面からのそれのような、より上方あるいは上空から得られるようなものとは異なったパースペクティヴが与えられるというのではない。実のところ、曝されることは、いかなるパースペクティヴからもまったく世界を明らかにはしない。歩行者の注意はある位置に到達することに由来するのではなく、そこから引き離されることに、つまり置き換えに由来する。

一見したところ、この結論は、ジェイムズ・ギブソンがその視覚的知覚の生態学の研究で到達したそれ――わたしたちはこれを本書の第二部で詳細に検討したのだった――と非常に近しいもののように見える。というのもギブソンは、彼もまた、知覚は事物についてのパースペクティヴを得るのに関わるものではまったくないと提唱しているからだ。ギブソンの主張の要点を手短に繰り返せば、それは次のようなものであった。わたしたちは自分たちを取り囲む環境を一連の固定された点から知覚しているのではない。また、精神が果たすべき仕事とは各点から得られた部分的なパースペクティヴを記憶の中で全体の包括的な像へと組み立てることではない。むしろ、知覚はギブソンが観察経路と呼ぶものに沿って進む[★5]。観察者が自身の道を行くとき、環境において表面から反射して眼に届く光に見られるパターン（すなわち「光学的配列」）は連続的な変調（モデュレーション）に従属し、そしてこの変調の隠れた不変項から事物は自身が何であるかを自ら開示する。より正確に言えば、進み続けている観察者を、つまり活動の特定のラインに沿って進み続けている観察者を助けたり邪魔したりするかぎりで、事物は自身がアフォードするものを開示する。ギブソンによれば、わたしたちがこうした観察の道筋を歩くことを実践すればするほど、自分たちを取り囲む環境の際立った側面に気がついたり、それに淀みなく反応したりすることができるようになる。つまり、わたしたちは「注意の教育」を経験する[★6]。

表面的な類似にもかかわらず、マッシェラインが歩くことを曝されることの実践として記述するとき、歩行者がその身を曝すところの教育と歩行者に求められる注意は、しかしながらその両方が、知覚的調律理論でギブソンの念頭にあったものとはまったくの逆なのである。つまり、すでに広げて見せられている世界のアフォーダンスを拾い上げ、誰かの利点（アドヴァンテージ）にすればよいのではない。次のことを思い起こそう。フランス語の動詞attendreは「待つこと」を意味し、そして英語においてさえ、物や人に注意を払うことにはそれらの世話をし、それらの指示することを行ない、そしてそれらが行なうことに従うという含意がある。この点については、注意は既製品（レディメイド）の世界にではなく、絶え間ない創発の先端にあり、常に初期状態にある世界に留まり続ける。一言で言えば、ギブソンにとって世界は観察者を待ち構えているのに対して、マッシェラインにとっては歩行者が世界を待ち構えている。歩くこととは、マッシェライン曰く、まだ与えられてはいないが与えられている途中のものによって命令されるということである［★7］。それゆえ、歩行者の注意は教育されているのではない。むしろその逆で、歩行者の教育は注意に基づくものとなっており、来るべきものの「未だない」に対する準備に開かれている。

実際、迷宮の歩行者は目的を持たず、終わりも見えておらず、常に待ち続け、いつも居合わせており、自身が歩き回る世界に曝され、さらには驚かされているのであるが、学ぶことや教えることと何の関わりも持たないのである。歩行者の旅程とは生き方——むしろ先達の足跡を辿りなおすというその本来の意味での伝統［★8］——であるが、とはいえそれは伝えるべき内容のない一つの仕方なのである。辿るべき足跡はあるが、伝えられるべき独立した知識の集積はない。そして伝えられるべきものがないので、そうするための方法もない。知識を教え込むことという従来の教育の定義と、わたしたちがここで検討してきた、世界へと導き出すという教育の意味とのあいだには、豊かな方法論と、マッシェラインが「貧しい教育理論」と呼ぶもの［★9］との差異がある。その展開において、方法論という概念は、手段を目的に変え、知識内容を、知識を得るようになる仕方から切り離して考え、それによって一種の閉じ込めを強要する。そしてこれは、現在に対して開かれることという、貧しい教育理論によって提示されるもののまさに反対命題なのである。豊かな方法論がわたしたちに既製（レディメイド）の知識を提供するとすれば、貧しい教育理論は経験の智慧に対して心を開かせる。一方は迷路に属し、もう一方は迷宮に属す。

迷路の論理こそが、登校中の子どもが探査のためにさまよい歩くことを、クロコダイルの隊列で出発地点からあらかじめ選択された目的地まで進む規律ある行進に変えるのである。クロコダイルの終端では、先生が生徒と向かい合うために向きを変え、そして、振り返りつつ、その最終的な有利な位置からのパースペクティヴを明確化する。確かに、それは豊かな方法論である。しかしながら、運動を妨げる方法論である。互いに向き合うなら、前に進む方法はない。知識は頭を付き合わせることから飛び立っていくが、しかし頭自体は――およびその頭が属する身体は――その場に固定されているのである。進み続けることは、対面することや、正面に立っている人に話しかけられることではなく、あなたにその背中が見えている人たちの後を追いかけることなのである。迷宮を旅する人は、世界に留まりながらその招集に応え、他者が以前いたところへそのすぐ後から赴きつつ、始まりも終わりもなく、事物の流れへと押し入ってゆくことで進み続けることができる。この旅人は、マッシェラインならそう言うだろうが、真に現在に現前している。このような存在の代償は脆さであるが、しかしその報酬は直接的体験に基づく理解であり、これは知識以上のものである。つまり、真理への途上にある理解である。というのも、グレイグが詩人について述べたように、その人は世界についての知識が少ないので、物それら自体を見るのである。

★1　Greig（2010：88）。

★2　この区別についてはCraft（1984）を参照。

★3　Masschelein（2010a：276）。

★4　Masschelein（2010a：278）。

★5　Gibson（1979：197）〔J・J・ギブソン『生態学的視覚論――ヒトの知覚世界を探る』古崎敬、古崎愛子、辻敬一郎、村瀬旻訳、サイエンス社、一九八六年〕。Ingold（2000：226–228、238–240）。

★6　Gibson（1979：254）。Ingold（2001a）も参照。

★7　Masschelein（2010b：46）。

★8　「tradition」は「手渡す」という意味のラテン語tradereに由来する語で、本来は、今日理解されているのとは非常に異なるものを意味していた。それは、世代を越えて伝えられるまとまった知識というよりも、それによって、流儀が伝達され、継承が可能となる行為（パフォーマンス）であった。たとえば、中世ヨーロッパの修道院の学者による実践がそれである。彼らは、典礼書をペンとインクで書き写し、そして指で文字列（レターライン）を辿りなおしつつ、対応する音を口ずさみながら、それらを読んでいた。修道士たちは習慣的に、自分たちの実践を、ある風景を徒歩で旅してゆくそれと比較していた。聖書のどの物語も、風景の中のあらゆる小道のように、それらの運動がそれに沿って続行されうるような道を敷き、そしてそれぞれの小道――それぞれの物語――は、次世代へと手渡されるまで、書記者や読者を運んでいくことだろう（Ingold 2013c：741）。

★9 Masschelein（2010b：49）。

27 服従が先導し、熟練が追従する

初心者が徐々に自身の行なっていることの「熟練者（マスター）」へと変わっていく熟達の過程を記述するにあたって、わたしを含む多くの学者が、知覚的調律に対するギブソンの生態学的アプローチに注目してきた。歩行者は、大地の表面のでこぼこを見抜き、それに対応することに熟達し、歩くのが難しい地形でバランスを保つことができるようになる。ハンターは、動物の足跡からその行方や運動を読み取ることに熟達し、動物を追跡することができるようになる。水夫は、航海や航行技術のあらゆる側面に熟達し、いかなる状況でも自身の船を操縦することができるようになる。とはいえ、熟練（マスタリー）とともにその正反対のことが起きる。服従だ。冒険的企てに着手すること——散歩に出かけることであろうと、動物を狩ることであろうと、海へ出航することであろうと——は、何が起こるかも知らずに、生成し続ける世界へと身を投じるということである。危険に満ちた代物だ。どんな場合であれ実践家は待ち構え（アテンド）ねばならない。つまり、自身が目下ある状況についてしかるべき注意を払うという意味だけではなく、事態が幸先のよいものとして現れてくるのを待つという意味でも。それゆえ、大地の熟練者である歩行者は、どこへ導いてくれるのかは確かではないが、道の行く手を示してくれるようなしるしを待たねばならない。追跡の熟練者であるハンターは、動物を追う中で自らの身を危険に晒しながら、その動物が現れるのを待たねばならない。自身の船の熟練者である水夫は、ひたすら天候に服従し、航行に適した風を待たねばならない。歩行者は、そして実のところハンターや水夫も同様であるが、ひとたび道を進み始めたなら、降りかかってくる事態になされるがままとなる。これら事例において、そしてまた数えきれない他の事例においても、熟練と脆さは、つまり実践の熟達と生存の危機は同じコインの両面なのだ。このコインとは注意（アテンション）である。

それでは、これら両面の関係はいかなるものか？　つまり、わたしたちが世界を待つことと世界がわたしたちを待つことのあいだの、それぞれその本質が曝されることにある教育様式と調律にある教育様式のあいだの関係とはいかなるものか？　わたしは先に次のような考えを述べた。自らの生を生きてはいるが導いてはいない他の生物と違って、人間の生は「すでに」と「未だない」のあいだで引き伸ばされている、と。あらゆる冒険的企てや瞬間にあって、わたしたちは完全に準備が整っていると同時に、来るべき事態への準備がまったく整っていないのである。それでは、何が先導し、何が追従するのか？　普通の答えは、人間は意図を持つ存在——すなわち動作主（エージェント）——として、想像力の圏内にすでに入っているものを行なうことというワイマン的な意味で、活動するより前に熟慮しているのだと主張する。これはもちろん、経験することを行なうことの枠内に収めるということである。したがって精神が命令を下し、身体は多少とも機械的にその指令に服従する。熟練は、このように考えるなら、認知に関わる。人間が自らの生を導いているのだとしたら、それはその生を実行するに先立って構想(デザイン)を心に抱くことができるというその能力によってなのである。それは動物には不可能なものとみなされているもの——少なくともデカルト主義的な原理の上に構成された心の科学にとっては——に属するのだ。たとえば、チェスの熟練者は驚くほど複雑な情報処理によって頭の中でその動きを計画するが、一方でそののちに上演されるものは、一つの正方形から駒を掴み、持ち上げることを伴うとはいえ、これ以上ないほど単純なものでしかありえないだろう。それを行なうのに卓越した技量は必要ない。実際、どんな機械もそれを行なうことができるだろう。

しかしながら、行なうことの認知的ないし意図に基づく理論を支える、熟練と服従について前提とされている時間的な順序関係は逆転されるべきだと主張したい。これは、行なうことを経験することの枠内に収めることであって、その逆ではない。そしてまさにこのような逆転に対応するものがアレントの政治的行動の領域におけるリーダーシップ論にはある。次のことを思い出そう。「行動すること」にあたる古代ギリシア語およびラテン語の単語の歴史——つまり最初は、物事を順調に進むようにすること（それぞれarcheinとagere）を意味しており、その後それら物事に追従すること（それぞれpratteinとgerere）を意味するようになった——において、前者は次第に命令を下すという役割に限定され、後者は機械的に実行するという役割に限定されたのであった。

とはいえ、アレントが示すように、リーダーに前提とされる熟練——指図をするというその要求——は、提携者の共同体との関わり合いにのみ由来する権力を自らの目的のために横領することに依拠している[★1]。心はそれ単独で機能しうるという考えは同様の思い違いに依拠している。実際は、いかなる心も単独では機能しえない。心が機能しうるのは他者に囲まれてのみである。というのも、心の権能はまさに身体や世界から、つまり心がそこで生きながらえつつ、それに対して過剰供給であるように装うところのものから、黙認のかたちで、出てくるものだからだ[★2]。したがって、行動の先端、つまり行動が未知のものへと押しやられる先端とは、行なうことではなく経験することの、熟練ではなく服従の契機——継続するための可能性をアフォードしてくれるかもしれないし、してくれないかもしれない世界に対して、曝されるという契機——なのである。

「行動する前に考えろ！」とわたしたちは言う。確かに賢明な助言だ。だが、このとき、考えることの本質はどこにあるのか？　認知理論家が考えているように、命令を出すために心のうちで行なわれる情報処理にその本質があるのでないことは確かだ。考えるということは、むしろ深呼吸すること、あなたを取り囲む環境から力や発想を引き出すこと、驚くこと、思い出すこと、収集すること、整理することである。つまり待ち構えることである。それが考えるということなのだ。句読点のある文章や休符のある音楽で記されるような、息を吸うことや小休止なのである。第一八章で見たように、そのような契機を無いものとしたり隠したりすることは、つまり、着想はもっぱら行為者の内面に由来するのであって、行為者に息が吹きかけられていることに由来するのではないのだと――あたかも行為者は一度も息をせずに話したり小休止なしに活動することができるかのように――考えることは、長らく西洋的伝統において優勢であった。おそらく機械は、少なくとも燃料を使い切るまでは、それが可能なのだろう。だが、生きた人間には不可能である。迷宮の道を辿る生のさまざまな線は、先端で躊躇してしまう。過去の実践から生じる熟練が作動し始めるのは、ただ振り抜くことにおいてだけである。それゆえ、迷宮においても人生においても、服従が先導し、熟練が追従する。曝されることとしての教育は調律としての教育に先立つのだ。未だ発達途上であるような世界の中を進んでゆくことを上達させるのは、その意思が従属的な身体を目覚めさせようと、つまり最前列に引きずり出そうとしているのをすでに知っている心の制御ではなく、むしろ、自らの道の行く先を探る、切望によって動かされる想像力なのである。これに対して、最後部に位置することは、すでに世界のさまざまな道に慣れており、そのアフォーダンスを観察し反応することに熟達している把握的な知覚なのである。

哲学者ヘンリー・ボルトフトは、ゲーテ的な科学の原理を擁護するなかで、「it appears」という言い回しの見事な反転を通じて、ほぼ同一の主張を行なっている。従来の、そして文法的に正しい語順では「it」は「appears」の前にくる。物事はその開示に先立って存在しており、それがアフォードするものに対して注意が調律された動く観察者によって知覚される準備ができており、そしてそのように知覚されることを待っているのである。迷宮を旅する者にとっては、しかしながら、注意は流れを遡って「見えるものが見えてくること（appearing of what appears）」へ動かされる。人は「それ（it）」が出現するのに注意を払って——つまり待って——いるのである。ボルトフトの見解では、「「appears it」という言い方は、文法的には間違っているかもしれないが、哲学的にはよりよいものなのだ」［★3］。それはまた、想像するということが意味するもののよりよい表現方法をもたらす。わたしの考えでは、appear things〔という言い方〕は、それら事物を想像するに等しい。何かを想像するとは、appear itということ、つまりその懐胎に立会い、その誕生を待つということなのである。それゆえ想像力の力は、心的な表象にあるのでも、イメージをその物質的な上演に先立って構成する能力にあるのでもない。想像することは開くことの運動であって、閉じることの運動ではなく、そしてそれによって現れてくるのは、終わりではなく始まりなのである。人類学者マイケル・ジャクソンは次のように書いている。「想像力とは、最も日和見的で、乱雑で、放浪的な様態にある意識である」［★4］。日常会話で言うように、想像力の性向は放浪することや、道の行き先を探し回ること、即興で一節を作り出すことである。つまり、所定の目標に向かう一連の段階を辿ることではない。この意味で、想像力とは、自らの継続についての希望や見込みや期待によって引っ張られ続けている生の発生的な衝動である。

そのように言うことで、わたしたちは〔第二二章で取り上げた〕オルテガ・イ・ガセットへと立ち戻ることができる。思い出していただけるかと思うが、オルテガにとってこれはまさしく人間の生に特に際立って見られるものなのである。いかなる瞬間にあっても、人間は、自らがそれであるものではなく、自らがそれになりつつあるものたらんと決心していなければならないのだから、いかなる点でも、その過程が最終的な結末に到達することはありえない。達成は常に延期され、常に「未だない」。人間は、どこで生きているのであれ、そしてどのようにして生きているのであれ、常に人間になりつつあるのであり、つまりその進展とともに自らを創造しているのである。人間は、この意味で、自分自身の生の脚本家あるいは小説家なのだ。そしてあらゆる小説家が気づいているように、登場人物は自らについて書き記す作者の能力を凌ぐ手段を有している。登場人物を失わないでいるのが不可欠なのだ［★5］。それと同様に、わたしたちは、自分たちの生の創造において、常に消失点上にある希望や夢を追いかける運命にある。それは瞬間から瞬間へと移り変わってゆく即興なのだ。オルテガは次のように書いている。神はたった一度の行為で世界を創造し、その仕事を終えたが、しかし「人間は、その境遇を考慮しつつ自身を作るのであり、［…］人間は、機会が到来するときには一つの神、つまり「受け売りの神（secondhand God）」である」〔本来は「機会の神（Dios de ocasión）」だが、ここでは英訳に従う〕。そして、まさしくこの受け売りの創造という仕事においてこそ、想像力はその役割を果たすようになるだ。オルテガ曰く、神は想像力を必要とはしない。というのもその創造は、行為が始まる前から、すでにすべてが行なわれているからだ。だが、この世にあり、死すべき運命の人間は、断続的に、少しずつ再創造することしかできない［★6］。オルテガにならって次のように言うことができるだろう。想像力とは、自分自身の前方に向かって、別の言い方をすれば未だない存在の切望対象に向かって走り続ける生の発生的な衝動である、と。そのようなものであるかぎり、生は、背後から迫ってくるというよりも、前方から導く。だが、生がどこに導くのかは、行為が始まる前には未だその筋立てはない。そしてオルテガにとっては、想像力なくして――自分自身の前方を走るためのこの能力なくして――人間の生は不可能なのである。

ここには、したがって、本書第三部の最初で提起した問いに対するわたしたちの答えがある。すなわち、生について、その生が導かれていると述べることは何を意味するのか？　わたしたちの回答は次のようなものだ。導かれた生、つまり教育を経験する生とは、服従と熟練との、想像力と知覚との、切望対象と把握能力との、そして曝されることと調律とのあいだの緊張によって保たれる。これら対のいずれにおいても、前者が先導し、後者が追従する。だが、前者による先導は、命令を下すようなものではなく躊躇いがちなものである。つまりその追従には、受動的な服従ではなく能動的な引き渡しが要求されるのだ。船出に際して、わたしは自分の知覚能力に反応するよう求める。だが、まさにその反応のうちに、わたしは、わたしに気づかれることなく、大昔から先達がそこにいたかのように、自身が以前そこにいたことを見出す。それについて考えることすらせずとも、わたしはコツを知っているように思われる。小道へと、つまり「未だない」へと向かいながら、わたしはすでにそれがどのように進むのかを知っている。それゆえ、想像することはすべて、思い出すということである。現象学者ベルンハルト・ヴァルデンフェルスはそれを「わたしたちは自分自身よりも年を取っている」と表現した[★7]。自己の背後で、わたしたちは生成地点にあるが、しかし未だないのであり、つまり、わたしたちが自分自身を知ることなくすでにそれであるような自己なのである。このような進展中の反復的な過程には、つまり、わたしたちがそれであったかもしれないものへと生成し、そしてわたしたちがそれへと生成してきたその過程には、最低限の線（ボトムライン）は、つまりすべてが始まる前にそこにあった基本的な人間本性のいくらかをあらわにすることができるような点は、存在しないのである。オルテガの言うように、わたしたちは受け売りの神なのであって、自分自身を一度限りで創造したのではなく、必要に応じて、創造し再創造している。それゆえ、人間化する動物（animal homificans）として、リュイによる言い回しでは、わたしとはわたしの歩くことであり、そしてわたしの歩くことはわたしを歩くのである。そういうわけで、ここには謎かけがある。わたしは運び、そして今度はわたしが運ばれる。わたしは生き、そして生きられる。わたしは自分自身よりも若いと同時に年を取っている。わたしとは何か？　ユリシーズ・グラント大統領は正しかった。わたしとは一つの動詞だと、わたしは思う。

★1　Arendt（1958：189–190）〔ハンナ・アレント『人間の条件』志水速雄訳、ちくま学芸文庫、一九九四年、三〇五－三〇七頁〕。

★2　これは、アンディ・クラークの「拡張された心」理論の基礎をなす前提である。それによれば、心はその活動のために、身体機構だけでなく、自然的であれ人工的であれ、身体外的な物体や構造をも利用している。身体と脳を超えたところにある、こうした思考の支えには、クラークが心の「ワイドウェア」と呼ぶものが含まれる。第一〇章でわたしたちは、ワイドウェアには単なる機器だけでなく、わたしたちが歩いているその大地も含まれることを見た（Clark 1997、1998）。

★3 Bortorf（2012：95–96）。

★4 Jackson（2013：163）。これとの関連で、第一九章で引用した、エミール・ベルナールに宛てた手紙〔一八八四年四月〕の中でフィセント・ファン・ゴッホが想像力について述べた見解を思い出すのがよいだろう。それによれば、想像力は「現実へのたった一度の短い一瞥によってわたしたちが知覚できる」ものを超えた自然を生み出しうる（*in* Soth 1986：301）。ファン・ゴッホは、思うに、画家が、頭の中のイメージとしてであれ世界の中の物体としてであれ、自身の前に見えているものを表現するのではなく、むしろ自身が描くものが見えてくるということに、心から同意しただろう。これはまたパウル・クレーによる一九二〇年の「創造についての信条告白」の核心にあるものであった。「芸術の本質は、見えるものをそのまま再現するのではなく、見えるようにすることにある」（Klee 1961：269）〔パウル・クレー『造形思考〈上〉』土方定一、菊盛英夫、坂崎乙郎訳、ちくま学芸文庫、二〇一六年、一六二頁〕。

★5 この点については別の著作でより詳細に論じた（Ingold 2013a：70–73）〔ティム・インゴルド『メイキング――人類学・考古学・芸術・建築』金子遊、水野友美子、小林耕二訳、左右社、二〇一七年、一五四－一六〇頁〕。

★6 Ortega y Gasset（1961：206）〔オルテガ・イ・ガセット「体系としての歴史」井上正訳、『オルテガ著作集4』白水社、一九七〇年、三二六頁〕。

★7 Waldenfels（2004：242）。

28　一つの生

人間化する動物（animal homificans）の、つまり人間になりつつある人間の絶えず展開する生において、事物は決して一度限りで与えられるのではなく、常に与えられる途上にある。この生には、ジル・ドゥルーズが表現したように、現実的（アクチュアル）なものはなく、ただ潜在的（ヴァーチャル）なもののみがある。そのような一つの生は、業績表に見出されるべきものでも、履歴書のように、すでに旅した道沿いの里程標（マイルストーン）を列挙することで再構成されうるようなものでもない。それはむしろ、一本の川がその両岸のあいだを通るように、里程標のあいだを通っているのであり、そのそばを通り抜けるときにそれら里程標を振り切るのである。これは、ドゥルーズが一つの生（生なるものではなく）ということで意味したものであり、それは「内在平面」と彼が呼ぶものへと引き継がれた[★1]。生なるものはわたしたちの行なうことで満たされているが、一つの生はわたしたち一人一人が必ず経験しなければならないもので満たされている。ここまで述べてきたすべてのことから、内在的な生の——潜在性の、つまり見えるものが見えてくることの——平面が、迷宮の平面であるのは明らかだろう。内在的な生とは、要するに、迷宮のような生なのだ。

自らが意味するものを説明するために、ドゥルーズはチャールズ・ディケンズの小説『我らが共通の友』の一話から例を引いている。ライダーフッド氏という人物は、不愉快で評判の悪い男であったが、テムズ川での事故のあと、見物人たちによって救助された。乗っていたボートが汽船と衝突したのだ。ほとんど溺死状態であったところ、近くの宿に担ぎ込まれ、医者が呼ばれた。ライダーフッド氏の生命が崖っぷちの状態にあるあいだ、逞しい救助者たちは女主人と一緒に、医者の要領を得ない調査に、ないまぜになった畏れと静かな敬意とともに反応する。しかしながら、ついには患者は意識を取り戻し、そしてその意識が回復するとともに魔法が解かれる。いつもの不機嫌そうで気難しい自己を取り戻すと、ライダーフッド氏は集まっていた人々を、そのときにはそこに娘もいたというのに、がみがみと口うるさく怒鳴りつけ、そうしてかつて彼を救った人たちは後ずさりする――生に対する彼らの尊敬は、それが属するこの特徴的な人物によって曇らされてしまったのだ。この世のライダーフッドも、あの世のライダーフッドも、ディケンズが顔をしかめつつ述べているように、誰からもいかなる同情を引き出すことはないだろうが、「だが幽冥の境にあってももがき続ける人間の生命(いのち)は容易にそれをやってのけるのだ」［★2］。

ディケンズの物語が明らかにしているように、内在平面は生と死という伝記的な特殊性のあいだで、あるいは意識のある状態と昏睡状態のあいだで不安定なまま宙づりになっている。すなわち、これら特殊性――為された決心、取られた進路、達成された目標、犯された罪――がそこで解消され、あるいは中断されたりする宙づりである。それは、すでに見てきたように、現地人ハンターによって語られる物語におけるのとまったく同様である。そのハンターたちもまた、獲物を追うなかで、実存が不確かになるゾーンにいることに気がつく。そこでは生と死の均衡は、ハンターと獲物のあいだの〔均衡の〕ように、そのどちらへも傾きうるのだ〔★3〕。それゆえ、迷宮を歩くことは、蜘蛛の巣を縫うように進むことに似ている。しかしそこでは地面それ自体が一つの覆いであるのだ。蜘蛛のように、わたしたちはそこにしがみつく。この意味で、あの生が危機的状況に閉じ込められるのではない。ドゥルーズが大いに強調したように、「一つの生はいたるところ、かくかくの生きる主体が横切っていくすべての瞬間〔、かくかくの生きられた客体によって測られるすべての瞬間に〕ある」〔★4〕。それでは、迷宮の道に沿って生きられる内在的な生の潜在的な瞬間と、迷路における決断地点によってしるしづけられる現実的な瞬間との関係はいかなるものであるのか？　というのも、わたしたちは皆、そして常に、その両方を同時に足がかりとしているのではないのか？

意図に基づく行動理論は、わたしが示してきたように、行為者(アクター)を何よりまず迷路(メイズ)に置く。ここでは、わたしたちが行なう物事によって、わたしたちの経験するテストが確定される。わたしたちはここからそこへ行きたいのであり、そうして旅の苦難を経験する。迷宮(ラビリンス)を優先的に扱うことは、しかしながら、それを別の順序で表現するということである。つまり、わたしたちが行なう物事を、わたしたちが経験する生の流れのうちに置くということである。生は、そのとき、エージェンシーに従属的ではなく、エージェンシーが生に従属的なのだ。経験される一つの生のこうした意味を、「指示（The instructions）」と題されたジャン＝リュック・ナンシーの詩以上に表現したものはない。その詩は、二〇一三年の七月から九月にかけてマンチェスター市立美術館で開催された「Do it」展の一部として、大きなガラスのパネルに目立つように展示された。この展覧会は訪れた人々に、前向きなものから馬鹿げたものまで、たくさんの指示を示すもので、来訪者はこれを、美術館の中でであれ家に帰ってであれ、自分たち自身で試してみることができた。詩として評価を下すなら、おそらく「指示」は、詩作は哲学者よりも詩人に任せておいたほうがよいことの証左となるだろう。とはいえ、この詩は偶然にも、わたしが前章までで言おうとしてきたことのほとんどすべてを要約しているのである。この詩でナンシーは、行なうことについて、わたしたちをまったく不慣れな道へと誘っている。そしてこの道は、〈経験することにおいて行なうこと〉とわたしが呼ぶもの、つまり〈行なうことにおいて経験すること〉と対立させてきたものに、ほとんど正確に対応しているのである。

それをしよう！

「それ」、つまりあなたが行なうべきもの、
行なうべきこととしてあなたに向かってくるもの、

あなたに降りかかってくるものを
「それ」、つまりまだ確定されておらず、確定しえないもの、
あなたがそれを行ない終えたときにのみ存在するものを

それをしよう、あれをしよう、
誰も予期していないあのことを、
あなたですら、
ありそうもないあのことを

あなたの行なうことから生じることをしよう、
そして未だあなたが行なっていないことを
生み出してもいないことを
けれど実にあなたが行なうこと以前から生じていることを
実にあなたの以前から生じていることを
あなたを逃れてゆくことをしよう

あなたのものではないことを
そして負うているものを［★5］

まず最初に、ナンシーが言うのは、あなたが「行なう」ところの「それ」はすでに、あなたが始める前に、理念的に、そうでないとしても物質的に、手に届く範囲にないということである。行なうことは、別の言い方をすれば、頭の中のイメージから世界の中の物体に翻訳することではない。むしろ、物とその観念の両方が、行なうことそのものから同時に生じてくるのである。観念は、政治哲学者マイケル・オークショットの的確な表現を借りれば、「活動の生みの親ではなく、せいぜい継子というところである」［★6］。この行なうことは、そのうえ、あなたが服従する行為である。つまり、あなたはそれを命令するのではない。むしろそれがあなたに降りかかってくるのである。それは、あなたが起こるかもしれないと予期していた最後のものだったのであり、そして仕事に着手する際、あなたはおそらく、自分が有しているとは決して知らなかった知覚能力や行動能力を発見して驚いたことだろう。だが、あなたが行なったこのことはどこから来たのか？ナンシーにとっては、このことに起源となる地点はない。つまり、意図を突き止めることはできないのだ。わたしたちが行なうことは、立案者として頭の中に構想（デザイン）をもった動作主（エージェント）によって行なわれるのではない。むしろ、注意と反応の終わりのない過程の一部であり、ここまで見てきたように、あらゆる人間の生がそこに巻き込まれている。まさに「すでに」が常にわたしたちの背後にあるのと同様に、わたしたちが行きたいところまで可能な限り遡るなら、「未だない」は常にわたしたちの前方を、わたしたちの予期の地平を越えて逃れていくだろう。わたしたちがまさに自分自身の経験を、それ以前に行なわれていたことに負っているとき、かつ、それ以後にやってくるものがその経験を、少なくとも部分的には、わたしたちに負っているとき、わたしたちの行ないは何者にも属していない。つまり、わたしたち自身や、その他のものに属しているのではなく、歴史に――あるいはむしろ生に――属しているのである。

ナンシーの語る行なうこと――あなたによって行なわれるのではない行なうこと――は、一種の**エージェンシーを欠いた行動**、つまり経験することにおいて行なうこと、自己製作、人間発生論である。言葉で表現するのが難しいのは、かなりの程度、今日わたしたちが慣れ親しんでいる文法的なカテゴリーでは動詞の能動態と受動態の対立が強いものとなっていることによる。それによれば、言語学者エミール・バンヴェニストがその定評ある研究で述べているように、前者には「行なわれた行動」が、後者には「経験された行動」が相当する。わたしたちはしたがって、受動的というよりは能動的であるような経験することを表現する際、最も大きな困難を覚える。とはいえ、バンヴェニストが示しているように、能動／受動という対立は古くからあるものでも普遍的なものでもない。非インド＝ヨーロッパ語族の多くにはその対立はなく、そしてインド＝ヨーロッパ語族においてさえ、この対立は古代ギリシアの文法学者たちが「中動態」と呼んだものの分解から歴史的に生じてきたのだ。この分解こそが、エージェンシーをいわば前面に押し出し、行為者を行為から切り離したのである。中動態においては、対照的に、行為者は自らの行なうことの過程の内側に、つまり動詞の内側にいる。バンヴェニストの書くところでは、エージェンシーがそれゆえ従属する行なうことにおいては、行為者は「自らにおいて達成されつつある何かを達成する」[★7]。すなわち、一つの生の行なうことがそれである。見えるものが見えることにおいて、つまり川の流れにおいて生きられていることで、一つの生は、その見かけを川岸の水準点のようなものとしておく生なるものから永遠に逃れ続けている。

今や、二者のあいだの隔たり――一つの生と生なるもののあいだの、潜在的（ヴァーチャル）なものと現実的（アクチュアル）なもののあいだの隔たり、つまりそれゆえに想像力が常に知覚を凌ぐところのあの時間的な引き伸ばし――は、自由な時間という（ギリシア語のスコレーに由来する）その本来の意味でのスクール以上でも以下でもない。まさに中動態と同様に、古代ギリシアの辞書においてスコレーは、経験することが行なうことの確定から飛び立つことを意味していた。これによって、わたしは再び教育という先ほど取り上げたテーマに、マッシェラインの哲学へと立ち返ることにしたい。というのも、マッシェラインが主張するところでは、その語の本来の意味で、教育は「スコレーという意味での「スクール」を作ることに関わる」からだ。スコレーの棟梁（アーキテクト）としての教育者ないし教師とは「未完成のままにする者、時間の割当や最終目標を取り消す者である」[★8]。つまり、目的の守護者というよりは始まりを引き起こす者なのであり、その果たすべき仕事とは、想像力を解放して、目的や最終目標なしに歩き回る自由を想像力へと与えることにある。

当然、このような意味でのスクールを、同じ名前で一般に通用している、西洋社会に馴染みのある制度と混同すべきではない。というのも、その制度的な歴史において学校は、想像力を囲いに入れ、目的をその達成に先立って表象する能力に変えてしまうことにその大部分が捧げられてきたからである。制度の目的は圧倒的に時間を運命づけることにあるのであって、時間を運命づけから解き放つことにあるのではない。つまり、生徒の頭の中に知識を教え込むことを完全なものにすることにあるのであって、それを解きほぐすことにあるのではない［★9］。制度の目的は、迷宮に対する迷路の、探偵に対するクロコダイルの、服従に対する熟練の優位を主張することにあったのだ。それゆえ学校の制度とスコレーの自由な時間は、それぞれeducareとeducereの命令法に、つまり引っ張り込むことと外に導くこと、教え込むことと曝されること、意図(インテンション)と注意(アテンション)の命令法に関わっている。前者が私物化するものを、後者が中断させる。スコレーは、目的に向かう活動を遅延させる。内在平面においてはもはや、いかなるものも、それがかつてそれであったものでも、それがそうなろうというものでもないが、しかしそうした内在平面［つまりディケンズのいう「幽冥の境」］には——ことわざにあるように——全力を出すべき状況がある。未完成であり、目的や達成目標から解放された、あらゆるものにとって共通の世界は、現前へと再び連れ戻される。その世界はわたしたちに触れ、そうしてわたしたちは——ともにその接触へと曝されることで——その世界とともに、その同伴者の中で生きることができる［★10］。あるいは一言で言えば、わたしたちはそれと調和することができるのである。

★1 Deleuze（2001：28、31）〔ジル・ドゥルーズ「内在――ひとつの生……」小沢秋広訳、『狂人の二つの体制1983－1995』宇野邦一監訳、河出書房新社、二〇〇四年、二九七、二九九頁〕。

★2 Dickens（1963：444）。小説の初版は一八六五年〔チャールズ・ディケンズ『我らが共通の友〈中〉』間二郎訳、ちくま文庫、一九九七年、三二二頁（第三部「長い細道」第三章「生き返ったライダーフッド」）〕。

★3 たとえば、Willerslev（2007）を参照。

★4 Deleuze（2001：29、強調は原文）〔ドゥルーズ、前掲論文、二九八頁。なお〔 〕内は邦訳をもとに補足〕。

★5 トーマス・シュヴァルツ・ヴェンツァーのおかげでわたしはこの詩に関心を向けることができた。この詩は、作者の厚意と、インディペンデント・キュレーターズ・インターナショナル（ニューヨーク）の許可のもと、ここに転載された。

★6 Oakeshott（1991：52）〔マイケル・オークショット『政治における合理主義〈増補版〉』訳嶋津格、森村進、名和田是彦、玉木秀敏、田島正樹訳、勁草書房、二〇一三年、一三八頁〕。

★7 Benveniste（1971：149）〔エミール・バンヴェニスト『一般言語学の諸問題』岸本通夫監訳、みすず書房、一九八三年、一七〇頁〕。

★8 Masschelein（2011：530）。

★9 Masschelein（2011：531）。

★10 Masschelein（2011：533）。

29 あいだのもの

あいだ（between）とあいだのもの（in-between）のあいだには違いがある。これは最悪の学者的衒学趣味の類に響くかもしれない。その違いは言語表現では取るに足らないほとんど感知されないほどに微小であるように見えるかもしれないが、にもかかわらず、それは途方もない存在論的帰結に属しているのであり、そして本書の議論全体を引き受けているのである。「あいだ」は、すでに接ぎ目で切り分けられている分割された世界を関節接合する。つまり架け橋であり、蝶番であり、接続であり、相反するものを引きつける力であり、鎖の輪であり、一度にこれとあれを指す双方向矢印である。「あいだのもの」はそれと対照的に、生成世界という、事物が未だ与えられていないが——与えられている場合、それら事物は連結されていることだろう——与えられつつある世界における、生成と消滅の運動である。すなわち、細胞組織間の分化であり、分裂／融合反応であり、縺（もつ）れつつ解けること、息を吸いつつ吐くことであり、あいだの双方向矢印に直交して、いかなる最終目的地もなしに一方向へと流れてゆくことである。あいだには二つの終点があり、あいだのものに終点はない。あいだの運動はすべて、行なうことの枠にはめ込まれた経験することや、作ることの枠にはめ込まれた成長することと同様に、ここからそこへ、つまり初期状態から最終状態への運動にすぎない。しかしながら、あいだのものにおいては、運動は最も重要なものであり、進展しつつある条件である。あいだがぼんやりとしてほとんど知覚できないとき、あいだのものは動脈のようであり、あいだが媒介的であるとき、あいだのものは流れの中程である。そして、あいだのものとは線としての生（ライフ・オブ・ラインズ）の領域なのである［図29.1］。

ここまでの章からいくつかの例を引いてくることは、この区別を説明する一助となるだろう。わたしたちはマチスの絵画《ダンス》（［図1.3］参照）に描かれた人物たちから探求を開始したのであった。そして今やそこに立ち返ることができる。というのも、それら人物の運動やハーモニーにおいては、単なる観察——たとえば、後景中央の人物がそれぞれ右側と左側の人物を媒介するように立っているといった観察——から把握されうる以上のことが、それら人物のあいだで明らかに生じているからだ。回転運動

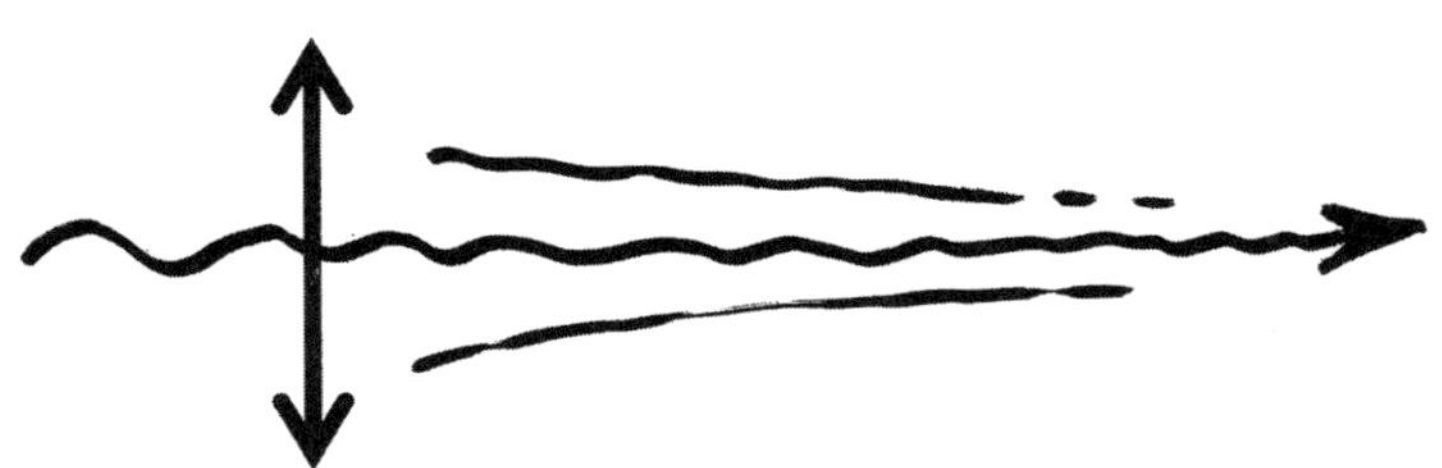

図29.1　媒介性と中程を流れること

の中で、強情な未来は再起する過去に絶えず追いつこうとする。ここでは、ダンサーたちは別のダンサーのあいだにただ立っているというのではない。ダンサーたちは互いに調和し、中程を流れているのだ。神学者たちはこれをペリコレーシス〔父と子と聖霊の相互内在〕と呼び、そしてこの語によって、三位一体の神的位格のそれぞれが他の位格を軸にして回転することで、その循環の中で、特定の位格からではなく位格相互の敬愛から生じるような一種の憧れを発生させるダンスを指し示すのである[★1]。また一方で、第五章では、結び目（ノット）と接ぎ目（ジョイント）を比較し、連結すること（joining *up*）と連接すること（joining *with*）はまったくの別物であることを示した。前者は静止した要素をつなぎ合わせること、あるいは接合することであり、後者は、木工品やカゴ細工、テキスタイルにおけるのと同様に、運動において材料を集めることであり、互いを感じること——すなわちシンパシー——をその内で発展させるのである。わたしの議論が含意しているように、シンパシーの関係に見られる動的なあいだのもの性は、分画化の静的なあいだ性から根本的に区別される。

そういうわけで、それ〔あいだのもの性〕はあまりに知識を伴っている。というのも知識は放浪者にとっては——第一〇章で見たように——大地と空からなる多様性の中で、自らが地面を縫うように進んでいくその道に沿って自己という人物が円熟していくとともに、成長していくのである。そのような知識は、哲学者マイケル・ポランニーがかつて述べたように、明白な命題形式——書き言葉でいう図形（ダイアグラム）や数学記号のようなもの——に連結ないし分画されてきたような類の知識とはまったく似通っていない。ポランニーは次のように書いている。「グラフ、方程式、計算で埋まった紙のスクリーンを破り去って、わたしは、それによって事物を純粋に個人的に知るところの知性の非分画的（inarticualte）な顕現をあらわにしようと努めたのであった」［★2］。しかしその違いというのは、分画された個人的知識が、意識の想像上の柱の上でそれぞれが「より上位」や「より下位」に区分された心の領域を占めていることではない。ましてや――幾人かの理論家が真剣に提案してきたように――個人的知識の固有の領域は、精神ではまったくなく身体である、ということでもない［★3］。むしろ、分画された知識はあいだであり、個人的知識はあいだのものなのである。後者は、前者によって連結された固定点の周りやそのあいだを流れるように動く意識のうちにある［図29.2］。

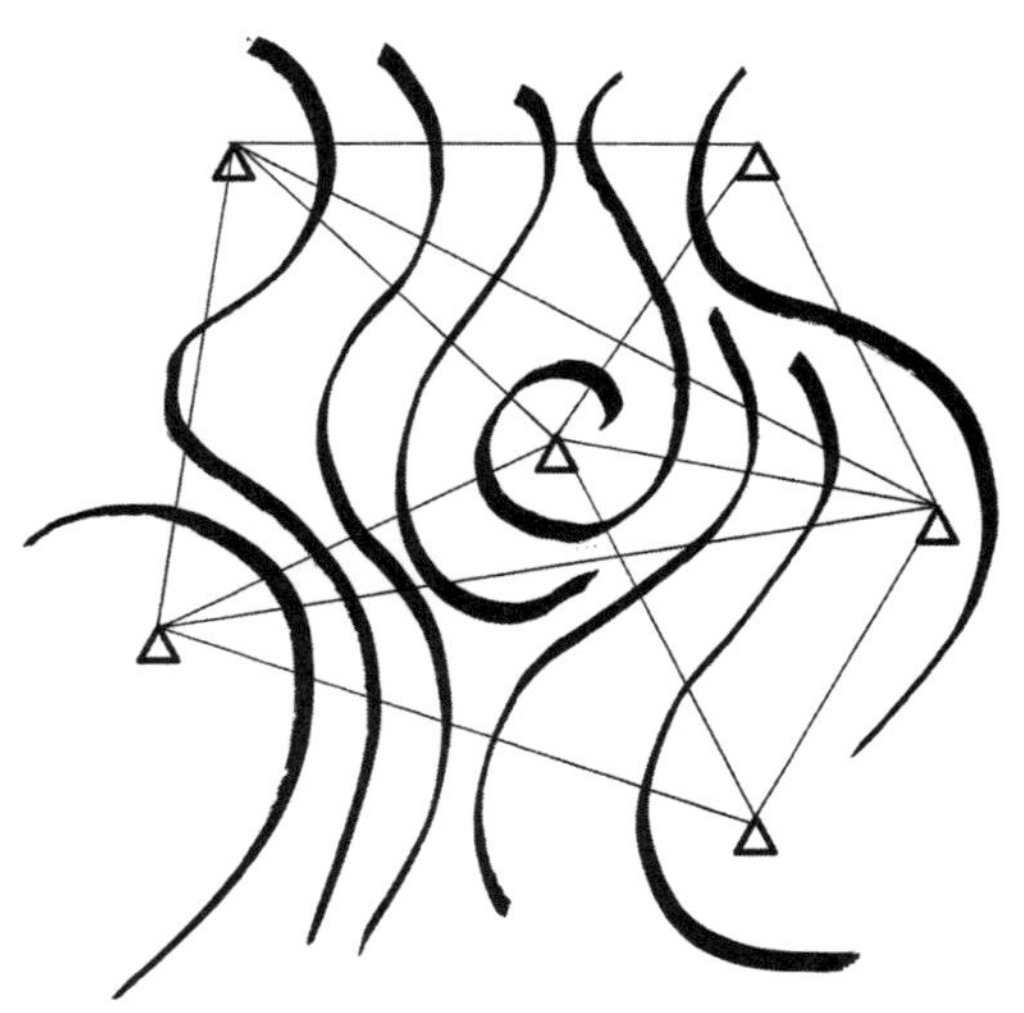

図29.2　分画された個人的知識
個人的知識は、分画された知識が連結する固定点の周りやそのあいだを旋回する。

そうすると、ポランニーの先例に従って、何世代かの学者たちが個人的知識を、その分画的な対応物とは反対に、「暗黙のもの」として特徴づけることを選んだのは、皮肉なことではないだろうか？　歴史家メアリー・カラザースが撹拌的な人間精神を特徴づけるのに選んだ「回転し続ける車輪の絶えず変化する力」という言葉を用いるのは、なんと奇妙なことだろう！〔★4〕個人的知識には静止も不動もない。個人的知識とは、その反対に、乱流のようなものであり、時には騒々しいものなのであって、行為と言葉の両方において流れ出ることのできるものである。撹拌の只中を、最も濃縮度の高い点を、沈黙が支配している。しかしながら、分画され、連結され、固定された基準座標に留められ、そしてそれを生み出す音声や身振りから独立した紙に委ねられるかたちで表現される知識は、まったく別の仕方で沈黙状態に至る。これは空虚であり、情動（アフェクト）のあらゆる痕跡が摘出された、互いに分離した物の世界の外骨格的な沈黙である。濃縮の黒い沈黙が固い結び目のような意識の粒を形づくる一方で、分画化の沈黙はスクリーンのホワイト・ウォールの上に媒介的な行程を記していくのである。

大気＝雰囲気に目を向けるなら、わたしたちは、自分たちの呼吸する空気がどのようにあいだのものに属しているのかを見た。それはわたしたちのあいだにあるのではなく、そこでわたしたちの生が混ぜ合わされ掻き回されるところの媒体（メディウム）である。だが、わたしたちはまた、近代性の歴史において、世界が裏返しにされ、劇場の内へと閉じ込められたとき、このあいだのものがどのようにあいだへ変換されたのかを見た。空間の劇場化において、空気はエーテルとなり、そして光と音は――かつては風とともに弧を描き、身をよじっていたのだが――射影ベクトルへと変換され、観者の目と精神を舞台装置に再構成されたパノラマへと結びつけたのであった。光の筋はあいだのものだが、光線——つまり光源と光を受け取る者との接続——はあいだなのだ。音楽においても同様に、ピッチのラインはあいだのものであり、伝導のラインはあいだなのだ。ゲルノート・ベーメは、その美学において、雰囲気に見られるあいだのもの性を重んじている。それは、ベーメの主張するところでは、「それによって環境の特性と〔人間の〕状態とが関係づけられるようなあいだのもの」である。さらにまた、「雰囲気とは典型的な媒介的現象であり、主体と客体のあいだの何かである」〔★5〕。媒介的？　なるほど、劇場の中ではそうかもしれない。だが、箱に閉じ込められた人々を大地と空の充溢へと解き放つ反転を経験するなら、そのとき雰囲気はもはや主体に向かう道と客体に向かう道の二つを指し示すあいだではない。それはむしろ風のようなものに、あいだのものの運動、小さな隙間の運動に、つまり、それによって大気が触覚的な接触に至るあらゆる表面を波立たせるような、中程を流れることに近づいていく。野外へ戻るなら、媒介的であったものは事物のさなかへと置きなおされる。そこでは人々は太陽の光の中で自分の影を投げかけるのである。

さらには、何にも増して重要であるのだが、人間関係においてあいだにあるものとは何か？　社会的な生命は人々のあいだで営まれるのではないのか？　それ以外の理由で相互作用が社会的な生命の最も根本的な原動力と呼ばれるというのだろうか？　ハンナ・アレントは次のように書いている。「行動と発話は人間（マン）のあいだで」——もちろん女性のあいだでも——「起こる」。〔これは〕多様性を包み隠している言うまでもない供述についての、また別の供述となっている。ここで言われるあいだとは何か？　人々がそれについて対処したり話したりする世界のさまざまな問題は、わたしたちが習慣的に人々の「関心（interest）」と呼ぶものである。この語はラテン語のinter（あいだに）とesse（あること）からなる。これは文字通り――アレントの定義では――「人々のあいだにあるものであり、それゆえに人々を一つに結びつけ束ねあげることのできるものである」［★6］。関心は、したがって媒介的である。だが、自分たちが持っているこの世の関心に向かって行動し、それについて発話するのとは無関係に、人々はまた、直接に他人に対して行動したり発話したりするのであって、そしてそうすることにおいて、人々の物質的な関心のあいだの物理的な、つまりこの世の触れることのできる有形物の上には、まったく異なる種類の「関心」に見られるあいだのものが重なっているのである。

この第二のもの、つまり主観的なあいだのものは、それがそこで凝固しうる触知可能な客体は存在しないのであるから、触知可能ではない。行動することおよび発話することの過程は、そのような結果や最終生産物をその後にまったく残さないことができる。だが、そのあらゆる非触知可能性ゆえに、このあいだのものは、わたしたちが共通のものとして目に見えて有している事物の世界に劣らず実在的なのである。わたしたちはこの実在性を人間関係の「網の目（ウェブ）」と呼ぶ。［★7］

だが、これら二つの〈あいだ〉のあいだにある違いとは正確には何なのか？　それらは、おそらくアレントが考えていたように、客観と主観、物と人、物質と非物質とのあいだの分割の両側へそれぞれ落ちるのだろうか？「あいだのもの性」は、その述語ゆえに、つまりそれが分割するとともに束ねあげるもののゆえに異なるのか？　わたしは、それとは反対に、違いは「あいだであること（betweening）」そのものにあるのだと提案したい。つまり、あるあいだは客観的であり、別のあいだは間主観的であるというのではなく、あるあいだは媒介性において与えられ、別のあいだは中程を流れることにおいて生み出されるということである。

わたしは川岸に立っている。そして反対側の岸には、ボートを持った渡しの男がいる。川はわたしたちを分断しており、わたしが通行するにあたって圧倒的な物質的障害としてそこにある。わたしはその川を渡らねばならないので、男に向かってここまで迎えに来てくれないかと大声で呼びかける。圧縮された波が空気の中を徐々に広がっていき、渡しの男の耳へと届く。そのときにのみ、つまりまさにわたしが隔たりを横切ってコミュニケーションのラインを投げかけるときにのみ、川はわたしと渡しの男のあいだにあるものとなる。というのも、このコミュニケーションの中で、川はわたしたちの両方に関わる共通の問題、つまりあいだにあるものとしての関心（inter-est）となるからだ。しかし今は、徐々に展開するものとして光景を想像しよう。渡しの男は、水流を勘案した角度でボートを川へと押し出す。こちらに近づくにつれて男とわたしは会話を始める。もっとも、まだ距離があり、そして風が吹き、水流が騒がしく、会話がかき消されがちであるため、わたしは声を張り上げて、自分の声が聞き取れるようにしなければならない。空気の流れに乗せられた、わたしたちそれぞれの声は、オール受けのキーキーという音やオールが水面を上下するときのリズミカルな飛沫とともに、川が流れつつあるときに出す声と混ざり合い、それに沿って運ばれているように思われる。これらの大気に関わるピッチの線(ライン)は、横断するのではなく沿って行くような運動の中で、一つの答えから別の答えへ進むというよりも、行きつ戻りつしている。川の水は、いわば、その両岸のあいだのものとして流れているのだ。ただし岸から岸へと流れているのではない。そうであるならわたしたちの声はもはや役に立たない。

　ここには、したがって、二種類のあいだ性のあいだの違いがある。渡しの男にとっては、川をボートで渡るとき、少なくとも一つの意味で——そしておそらくは、乗客になるかもしれないわたしが最も関心を寄せる意味で——「あいだ」とは途中(ハーフウェイ)である。それは通行における過渡的な瞬間なのであり、ぼんやりとしてほとんど知覚できない空間なのである。だが、もう一つの意味では、渡しの男は自身の生を川と接合しており、川を渡るそのたびに川の流れに服従している。それはたとえば、川の流れへとボートを押し出し、その動きに対してボートの角度を動かし、そしてオールによってそれに応える際に、である。それゆえ、川を渡ることは、行なわれていることが経験することの枠にはめ込まれているのとまさに同様に、渡しの男の川の上での生の枠にはめ込まれているのである。というのは、前方へと流れてゆく川そのものにとって、あいだ性とは、どこに向かうでもない途上にある終わることのない運動であるからだ。確かに川は、ゆくゆくは海へと注ぎ込むが、とはいえ一つの場所に水を運ぶのではない。川は動脈である。川にはいかなる起源も目的地もないのだ。あいだのものは、媒介的なものでも、目的地までの途中でもなく、谷のどちら側でもなく、半分満たされたカップでもない。また、一度に二方向へ引っ張られるべきものでもない。むしろ、さなかにあるもの、運命づけから解き放たれているもの、谷底に沿って進むこと、絶えず溢れ続けているカップである。そして、あいだのものは一つの道を進むのだ。

そういうわけで、社会的な人間関係について語る手段としての間主観性概念にわたしは困難を覚える。実存的人類学の宣言で、そしてアレントへのしかるべき謝辞とともに、マイケル・ジャクソンは次のように述べている。方法におけるわたしたちの第一規則は、物語る人にではなく、主観的なあいだのものに——「人間が持つ、あいだにあるものとしての関心（inter-est）や相互作用のこうした媒介的な空間において、存在するに至りつつあるものへと」——焦点が当てられるべきである、と[★8]。だが、延々と連なる用語に冠せられた接頭辞inter-が明らかにしているように、ジャクソンのいうあいだのものは、実際には、双方向矢印というあいだであるのだ。ジャクソンは、社会的な生命——ワイマンが考えていたように「人格が経験するが、しかし行なうことのできない」もの——というあいだのものを、主体のあいだを相互的に行ったり来たりすることに還元してしまった。そのあいだにおいては、各主体が経験するものは他者が行なうことの枠にはめ込まれてしまうのである。あるいは別の言い方をすれば、中程を流れることを媒介性に還元してしまったのである。ジャクソンとは違って、わたしは次のように考えている。わたしたちの焦点は、相互作用による媒介性というよりも、調和（コレスポンデンス）という中程（ミッドストリーム）の流れのうちで人や物が生成することへと当てられるべきである、と[★9]。選ばれるべき接頭辞は、それゆえ、inter-ではなくmid-であるべきだ。ここまでの章で見てきたように、ラインが示されるのは能動態でも受動態でもなく、中動態においてである。ドゥルーズとガタリがその要点をまとめている。生成のラインとは、彼らが書くところでは、「常に中間にあるものである。それは中間によってのみ得ることのできるものなのだ。生成とは、一でも二でもなく、また二という関係でもない。それはあいだのものなのだ」[★10]。これは、迷宮にあるようなあいだのものである。

第二三章で行なった擬人観と人間発生論についての先の議論の結論に立ち戻ることにしたい。超越的な人間的性格の付与という擬人観に基づく計画において、青年期の人は幼少期と成人期のあいだに立つものとして現れ、生徒は入学と卒業のあいだに、さらには社会全体ですら伝統と近代性のあいだに立つものとして現れる。青年期の人、生徒、発展しつつある社会はすべて、その成長の程度や達成度、繁栄の程度において「媒介的」とみなされる。人間化の人間発生論的な過程においては、対照的に、いかなる超越の程度も認められない。この過程には切望する存在だけがある。この存在にとっては、行なうことは経験することの枠にはめ込まれており、その存在のエージェンシーは未だ行動から抜け落ちてはおらず、そしてその他者との生活は、意図というよりも注意に基づいて、つまり迷路というよりも迷宮の中で生きられるのである。これは一つの内在的な生であり、中程で、つまりあいだのものにおいて生きられた生である。そこには主体はなく、客体もなく、主体－客体の混成体もない。ただ動詞のみがある。どこにあろうと、人間は人間になりつつある。要点を強調しておくなら、わたしたちはこうした人間発生論の観点を、エドゥアルド・ヴィヴェイロス・デ・カストロが擬人観的な「交換における変身」を導入する際に述べたことに並置できるだろう。彼は次のように書いている。「意識的な志向性（インテンショナリティ）やエージェンシーといった能力は主体の位置を明確にする」。それゆえ志向性や主観性、エージェンシーは、相互に含意し合う分解不可能な三つ組へと一包みにされる［★11］。だが、わたしの三つ組では意図（インテンション）は注意（アテンション）によって、主体は動詞によって、そして人間のエージェンシーは、人間になりつつあるという、経験することにおいて行なうことによって置き換えられる。これら三つの構成要素は一つになることで、わたしが*調和*と呼ぶものになるのだ。最終章となる次章ではこの概念のポテンシャルについて思弁をめぐらせることにする。

★1　この概念を紹介してくれたマルクス・メーリンクに感謝する。

★2　Polanyi (1958 : 64)［マイケル・ポランニー『個人的知識――脱批判哲学をめざして』長尾史郎訳、ハーベスト社、一九八五年、六一頁］。

★3　ここで、あるいい加減な習慣に触れておこう。それは「知識」という語が用いられるたびに「身体化された」という語を書き加えるというものだ。あたかも、こうすることで、どんな著者であれデカルト的二元論を逃れることができるかのようだ。この情けない現状に対する責任の大部分は、社会学者ピエール・ブルデューの影響に帰することができる。ブルデューは次のことを繰り返し強調していた。生きる術の原則は身体から身体へと、音もなく静かに、そして気づかないほど徐々に伝えられていくのであり、意識的に自覚するレヴェルまで決して登ってこない、と。たとえば、Bourdieu (1990 : 166) を参照〔ピエール・ブルデュー『構造と実践――ブルデュー自身によるブルデュー』石崎晴己訳、藤原書店、一九九一年、二八七–二八八頁〕。

★4　Carruthers (1998 : 258)。また、Polanyi (1966) を参照〔マイケル・ポランニー『暗黙知の次元』高橋勇夫訳、ちくま学芸文庫、二〇〇三年〕。

★5　引用された数行（ラインズ）は、Böhme (1993 : 114) および (2013 : 3) から。

★6　Arendt (1958 : 182)〔ハンナ・アレント『人間の条件』志水速雄訳、ちくま学芸文庫、一九九四年、二九六頁〕。

★7　Arendt (1958 : 183)〔同上、二九七頁〕。

★8　Jackson (2013 : 24)。

★9　科学研究学者カレン・バラッド (Barad 2003 : 814–818) は、その「エージェンシー的な内–作用」概念によってほぼ同じことを言おうとしている。しかしながら、「内–作用」も「エージェンシー」もわたしにとってはあまり成功していない。「内–作用」の問題点は、それがまさに「相互作用」を裏返しにすることで、それに見られるあいだを反転させてしまっていることにある。それに対して、[図29.1] で示したように、わたしは「中程を流れること」によって九〇度の回転を目指し、横方向を縦方向に、あいだを〈沿うこと〉に変えたのであった。調和は、事物の側にあることよりも事物に対する憧れに関わる。そのうえ、この憧れについてきわめて重要であるのは、準備の整った行動以外に動作主は存在しないということである。バラッドは実のところ、次のように書くとき、同じくらいこのことを認めている。「エージェンシー〔…〕とは上演であって、誰かあるいは何かが有するような何かではない」(Barad 2003 : 826–827)。だが、彼女の主張するようにエージェンシーが内–作用であるなら、エージェンシー概念がなぜ必要なのかわたしにはまったくわからない。

★10　Deleuze & Guattari (2004 : 323)〔ジル・ドゥルーズ＋フェリックス・ガタリ『千のプラトー――資本主義と分裂症〈中〉』宇野邦一、小沢秋広、田中敏彦、豊崎光一、宮林寛、守中高明訳、河出文庫、二〇一〇年、二七九頁。ただし英訳は意訳に近いものとなっており、邦訳と異なる部分もある。ここでは英訳から訳出する〕。

★11　Viveiros de Castro (2012 : 99)。

30　ラインの調和

相互作用とはあいだであり、調和（コレスポンデンス）とはあいだのものである。線としての生（ライフ・オブ・ラインズ）とは調和の過程である。それゆえわたしは、アレントの表現でいうところの主体のあいだ性をラインの調和で、そして人間関係の網の目（ウェブ）をメッシュワークで置き換える。この置き換えが人類学という分野（ディシプリン）と実践（プラクティス）におよぼす影響とは何か？　過度に誇張的に響くのを望んでいるわけではないが、わたしはこの置き換えには、人類学のあらゆる伝統的な下位区分における社会的な生命——血縁関係と婚姻関係、生態系と経済、儀式と宗教——の研究アプローチを一変させるだけのポテンシャルがあると考えている。この置き換えはまた、わたしたちが人間の生態と文化のあいだの、そして人間の進化と歴史のあいだの分断を越えていく助けとなる。こうした分断は今や、わたしたちの思考の歩みを妨げるものとなってしまっているのだ。そして最後に、この置き換えは、わたしたちが自分たちの仕事を評価し、企図する仕方を、そしてそれに付随するさまざまな責任を変えうる。これら各領域について順番に触れていくことで本書を締めくくることにしたい。

わたしたちは血縁関係という「家系（ラインズ）」について語り、それらを家系図に描き出すことに慣れている。また、そのような図表では、点から点へと人物をつなぐものとしてそれら家系を描くのが通例となっている。血縁関係は、あたかも家系同士がつながっているかのように見えるように作られるのだ。調和の思考はしかしながら、わたしたちがその中にまじって働く人々がすでに知っていることを、すなわち、家系（ラインズ）とは人間であるということを認める。血縁関係は、それでは、ラインのメッシュであって、つながりの網（ネット）の目ではないのか？　そして、血縁の人々は何を行なうのか？　この人々は、それぞれがそれぞれに我慢するという意味で、互いに注意を払っているのであり、他人の世話をし、他人の言いつけを行なっているのである。これについてすでにわたしたちは今までの章で詳しく述べたのであった。こうした相互的な注意——あるいはマイヤー・フォルテスがそう呼ぶように「友好関係」［★1］——は自明のものである。すなわち、〔ディケンズが描き出したような〕他者とともに経験される一つの生への無条件の献身のように、血縁関係によって、他者と自己のあいだにあるそれら個別的な関心が一時的に停止されるということだ。血縁関係の命令法とは、別の言い方をすれば、生それ自体の——とはいえそれは一つの物語として、人間化として、ゾーエーというよりはビオスとして生きられた生の——命令法である。実のところ、わたしたちはさらに進んで、血縁関係を人間発生論の——人間の成長することにおいて作ること——調和的な過程と定義することができるだろう。この過程の構成的なラインは、端から端へと分画するというようなことはまったくせず、中間へと、つまり事物のさなかへと合流する。まさにこの点で血縁関係は婚姻関係と異なる。血縁関係の道は、たとえそれがどこへ導くのであれ、無条件的に辿られるのであるが、婚姻関係は戦略と選択肢を提供する。血縁関係とは迷宮であり、婚姻関係とは迷路である。婚姻関係のラインは内在平面に書き込まれているのであり、婚姻関係によって連結される点あるいは交点のあいだを走っているのだ。婚姻関係とはあいだであり、血縁関係とはあいだのものである。

生態系と経済に移るなら、これらの用語はともにギリシア語の「家」(オイコス)という語に共通の起源がある。生態系——動物学者エルンスト・ヘッケルが一八六六年に作った用語——の定義では、自然そのものが、拡大していく一つの世帯に、つまり、あらゆる有機体が各々でその部分としての役割を果たしているような一つの世帯になる。だが、対象のない世界で一つの世帯はどのようなものでありうるだろうか? いわゆる「家庭内産業様態」[★2]によって組織される部族的で小作農的な社会の研究で非常によく引き合いに出されるような、袋の中のジャガイモでないのは間違いない。それはむしろ、どちらかといえば、地中のジャガイモに似ている。つまり、さらなる成長のために働く細長い巻きひげ状のものに沿って他のものと結ばれている貯蔵庫に。わたしたちが同様に世帯について考えるならどうなるだろうか? さまざまな材料やポテンシャル・エネルギーの濃縮としてだろうか? つまり、そこから生命線(ライフラインズ)が大地や空といった環境のうちに展開されるような濃縮、そこにおいてそれら生命線が、その他のあらゆる生き物——大地に占めるその住処において、自身の通った跡を地下茎やツルというかたちや、小道や轍(わだち)というかたちで残している生き物——のラインと絡まり合うような濃縮としてだろうか？　生計を立てるには、農夫や木こりは植物の道と連接しなければならない。ハンターや牧人は動物の道と連接しなければならない。職人は自らが用いる材料の道と連接しなければならない。生産は、そのような調和の生態系においては、こうした非人間的な生の足跡に注意を払うことに関わるのである。ここでわたしたちは、第八章で提起されたが回答の与えられていなかった先述の問いに立ち戻ることができる。その問いとは次のようなものである。人々は大地の上で生産するのか、それとも、大地が自ら生産したものの収穫を手助けするのか？　ラインの経済においては、生産は人間の側にあるのでも大地の側にあるのでもない。むしろ、大地の経験することと人間の行なうことの調和なのである。というのも、血縁関係が人間に注意を払うのに関わるのと同じくらい、経済は活力ある材料に注意を払うことに関わるからだ。ここにおいて人間は消費すべき対象の単なる生産者ではない。人間はまた、その過程において変身させられもするのである。人間が達成するものは、人間において達成されるのである。生産するとは要するに、積極的には、中動態で経験するということなのだ。

血縁関係や経済と同様に、宗教もまた、基本的にはラインに結び目を作ることである。この語の語源には議論があるとはいえ、少なくとも一つの解釈によれば、それは［ラテン語の］re（再び）とligare（束ねるあるいは留める）から構成される。宗教とはしたがって再び束ねるものであり、そしてその核心にはラインと結び目（ノッティング）を作ることがあるように思われる。とはいえ伝統的には、宗教についての議論には信念と超自然的なものの問題が待ち構えてきた。これは、宗教的な想像力を一つの表象能力として、つまり現れるものに形態を与える能力、あるいはすでにあるべき場所にある世界を神的なもののイメージによって飾り立てる能力とみなすということである。その反対に、わたしは次のように主張した。想像力とは事物を現れさせる能力であって、事物を表象する能力ではない。つまり、自らの前方を絶えず走り続けるために、服従によって先導する一つの生の衝動なのだ。そして、おそらくこれによってわたしたちは、信念ではなく信仰の問題として宗教的感覚を経験するよりよい方法を得る。神学者ピーター・キャンドラーが表現するように、宗教的信仰は、表象ではなく参与の文法に基づいている[★3]。宗教的信仰は、世界についての信念を抱くこととは何の関係もなく、世界と調和することにそのすべてが関係している。つまり、献身と、それに影響を及ぼす感情に関わるのであり、わたしたちが世界に対して自身の実存と行為能力を負っていること——これはまさに、あらゆる力が自身にあると主張する独裁者によって、そして心がその統制力に関しては世界に対して何も負っていないとする認知科学者によって拒否されるものである——の認識に関わるのである。注意に基づくこと、服従によって先導すること、そして、ここまで示してきたように調和の本質に属する〈経験することにおいて行なうこと〉、これらの組み合わせは、宗教的な「戒律」という概念によって申し分なく表現されている。戒律を破るとは何か？　怠慢である。ミシェル・セールがいみじくも述べているように、「宗教を持たない者は誰であれ、無神論者だとか不信仰者ではなく、怠慢者と呼ばれるべきである」[★4]。

調和に政治的な次元があることは、すでに詳細に考察してきたオルテガ・イ・ガセットとアレントの両方の著作から明らかである。アレントからは、行為する力は他者が貸し与えてくれるものに——すなわち共同体へと参与することに——のみ由来しうるという考えを得た。それゆえに、行なうことは経験することの枠に必ずはめ込まれているのであって、その逆ではない。オルテガからは、人間は自己製作者であるということを、つまり人間であることは自分自身を作ることであって、歴史が始まる以前からそこにあった何らかの自然ではないということを学んだ。わたしたちが人間であるにあたって、それゆえわたしたちは一つの歴史的な責任を負う。法とは、このような責任の、そしてそれから結果として出てくる権利と義務の成文化なのだ。とはいえ応答性を欠いた責任はありえない［★5］。説明責任があるためには、わたしたちは弁明することができるのでなければならない。弁明しつつ弁明されること。まさしく調和（コレスポンデンス）＝応答である。デュルケームが典型的に行なったように、法の領域は、触れることのできない、そして破られてもいない契約の交渉に関する暴動に依拠しているのだと、わたしたちは考えるかもしれない。その場合、契約者個人は各々、その交渉においては自分自身のためにあるにもかかわらず、全体としての社会に対する責任を有する。しかしこれは応答性によって中身を抜き取られた責任だろう。ただ単に、一方には相互作用という多数の「あいだ」があり、そして他方には社会という単一の全体性があるということだろう。だが、弁明しつつ弁明されることのできる、知覚力のある存在としてのわたしたちの実存そのものは、わたしたちがあいだのものへと没入することに依る。モースを覚えているだろうか？　わたしたちは海中のタコやイソギンチャクなのだ！　そこにしがみつくには、一本のラインを外に出し、他のものと調和させる必要がある。この調和による、互いを内的に感じること、つまりシンパシーは、それなしにはいかなる調整システムも機能しえないような情動（アフェクト）を生み出す。情動を失ったなら、いかなる判断も――いずれにせよ冷淡な論理の観点から正当化されるような判断は――実際的な力を、つまり動機づけを行なう力を生じさせることはできないだろう。したがって最終的には、責任が応答性に依拠するのと同様に、あらゆる法体系や倫理はあいだのものの調和に基礎づけられねばならない。

よく知られているように、オルテガは自身の言葉を強調しつつ次のように宣言した。「人間は自然を持たない。人間が持つものは……歴史である」［★6］。わたしたちは今やさらなる一歩を踏み出すことができる。歴史とは調和である。人間がそのうちで生きる過程は、人間が成長し自らを作るなかで、つまり人間の切望対象と把握能力、その想像力と知覚、曝されることと調律、服従と熟練において、絶えず別の過程に答える。二〇世紀半ばに著述を行なっていた世代の人類学者たちにとって、オルテガの宣言は、人間の経験は文化史によって形づくられているのであって、生物学的な決定によってではないとする自分たちの信念を支持するものであった。別の人類学者たちは、なぜこれらの選択肢は相互に排他的なのだろうかと考えた。人間は自然と歴史の両方によって形づくられうるのではないか？［★7］　だが、このようなことはオルテガが言おうとしたものではまったくない。歴史とは、オルテガにとって、人間の文化ではなく、人間の生であったのだ。生はパッケージの補完的部分ではない。人間の持つすべてである。だが、そうであるなら、それでは人間の進化はどうなるのか？　わたしたちは、わたしたちがそれであるところの存在の種として、何千年以上にわたり、つまりそれに比べれば——その始まりをどこに想定するかにかかわらず——〔個人の〕歴史の流れなど瞬きよりも短いような時間を経て、進化してきたのではないのか？　そしてこの進化は、長いあいだ歴史の不意の変化に多少とも免疫を保ち続けてきた、耐久性のある一揃いの能力や傾向性を、わたしたちに残してきたのではないのか？　人間が進化してきたことに疑念はない。しかしながら、この進化が歴史という劇場のために固定舞台を設置してきたというのは、本書のすべての行（ライン）で否認されている。進化とは、その中で生物たちが、自らが行なうことにおいて、他のものたちが順番に経験しなければならないものを設置する生の過程（ライフプロセス）であり、そして歴史——人間発生論としての、つまり人間化としての——はその一つの局所的ヴァージョンにすぎない。それは一つのヴァージョンであるが、とはいえそれは、想像力と記憶力が協力して働くことで、時間という織物そのものを引き伸ばしてきたのである。では、人間の歴史をこのように一つの特殊例として包含しうるような進化についての一般理論はいかなるものだろうか？　もちろん、調和の理論であるだろう。

　最後に、人類学という分野（ディシプリン）についてはどうだろうか？　わたしは、人間科学の他のどの分野にもまして、人類学には、知識がどのようにして——あいだのものにおいて——他者とともに生きられた生のるつぼから成長してくるのかを示す手段と決意があると考えている。この知識の本質は、世界についてのさまざまな主張にあるのではなく、わたしたちが自らの生を共にしている存在や事物との直接的で、実践的で、感覚的な関わりの中で発展する、さまざまな知覚技術や判断能力にある。人々がどんな場所や時間を好むにもかかわらず、わたしたちは観察者であると同時に参与者である。よくある誤った考えをきっぱりと拒むことが重要だ。その考えとは、観察とは、わたしたちの注意を集めるさまざまな存在や事物を客観化し、わたしたちが感覚能力でもって提携者たちと関わる圏域へとこれら存在や事物を移転させることにのみ専念する実践である、というものだ。先述したことからも明らかであるように、観察することは客観化することではない。人や物に注意を払うということ、それらから学ぶということ、そして指針や実践において追従することなのである。参与観察とは、要するに、調和の実践なのだ。わたしたちがその中にまじって働く人々とともに、注意を払いつつ、生きていく方法なのだ。ここに人類学の目的が、動的で可能性を秘めた目的があるのだと、わたしは主張したい。その目的とは、特定の場所や時間の人々にとって生はどのようなものであるかを回顧的に報告するに至るということではない。つまり、そのような意味で、民族誌的ではない。むしろ、教育に関するものなのだ[★8]。この教育を経験することは、生の可能性やポテンシャルであるかもしれないものについての進展中の探求において、他者と連接する（*join with*）ということなのである。わたしたちの責任は、それゆえに、未来へと向けられたものなのだ。来るかもしれないもののために、線としての生（ライフ・オブ・ラインズ）は続けられねばならない！

★1　Fortes（1969：219–249）。

★2　Sahlins（1972：95）。

★3　Candler（2006：30–40）。また、Ingold（2013c：746）も参照。

★4　Serres（1995a：48）〔ミシェル・セール『自然契約』及川馥、米山親能訳、法政大学出版局、一九九四年、七八頁〕。

★5　人間とは、哲学的人類学者トーマス・シュヴァルツ・ヴェンツァーの論じるように、応答的存在である（Wentzer 2014：30）。「一人称の観点（パースペクティヴ）から〔…〕応答性は責任に先立つ。それは、わたしである（I am）と答えるための実存的な条件なのだ」（2014：30）。

★6　Ortega y Gasset（1961：217）〔オルテガ・イ・ガセット「体系としての歴史」井上正訳、『オルテガ著作集4』白水社、一九七〇年、三三八頁〕。

★7　たとえば、Bindney（1953：154–155）を参照。別のところ（Ingold 2001b）でわたしはこれを「補完テーゼ」と呼んだ。

★8　Ingold（2014：388–389）。

訳者あとがき

本書はTim Ingold, *The Life of Lines*, Routledge, 2015の全訳である。著者のティム・インゴルドは、一九四八年生まれのイギリスの人類学者で、一九七六年にケンブリッジ大学で社会人類学の博士号を取得し、一九九五年よりアバディーン大学にて教鞭を執っている。近年、日本でも彼の著作や論文が続々と翻訳されており、その研究の一部を直に知ることができるようになった。その成果をここに紹介しておく。

〈著作〉

『ラインズ――線の文化史』工藤晋訳、左右社、二〇一四年。

『メイキング――人類学・考古学・芸術・建築』金子遊、水野友美子、小林耕二訳、左右社、二〇一七年。

〈論文〉

「つくることのテクスティリティ」野中哲士訳、『思想』、岩波書店、一〇四四号、二〇一一年、一八七－二〇六頁。

「大地、空、風、そして天候」古川不可知訳、『現代思想』〈総特集＝人類学の時代〉青土社、二〇一七年三月号、一七〇－一九一頁。

また、インゴルドについては、関西学院大学の柳澤田実准教授が、以下にあげるいくつかの文章の中で紹介されているので、そちらを参照されたい。

「〈暮らし〉の中で逃走線を紡ぐ　ティム・インゴルド『生きていること』」、『現代思想』〈総特集＝震災以後を生きるための50冊〉青土社、二〇一一年七月臨時増刊号、一三四－一三七頁。

「「生きていること」から始める」、大澤真幸編著『3・11後の思想家25』左右社、二〇一二年、三一三－三二四頁。

「どのように線を描けばよいのか　ティム・インゴルドの場合」、『現代思想』〈総特集＝人類学の時代〉青土社、二〇一七年三月号、二八〇－二九三頁。

以上の柳澤氏による文章の中でも指摘されている通り、さまざまな分野にまたがるインゴルドの思索に通底するテーマは「生きていること」である。その際、彼はあらゆる事物や現象を動的に捉えようとする姿勢を貫いている。また、哲学、社会学、生態心理学などに関するさまざまな知識に裏打ちされた思考を、自らのフィールドワークや大学の講義で得た経験に接続することで、より生きた思考へと組み替えていく。インゴルドが、ラインという問題系と出会ったのも、そのような中においてであった。彼によれば、あらゆる物の運動はラインに沿って＝従って（along）生起する。それゆえ、周囲を見渡せば、あらゆる事物にラインの痕跡を確認することができるのだ。この問題を初めて大きく扱ったのが『ラインズ』という著作であり、そこでは人が紡ぎ出す文化の中に見出されるライン（旋律や記譜法、刺繍や織物、血縁、書かれた文字など）が主に跡付けられていた。

さて本書『ライフ・オブ・ラインズ』は、序文でも説明されている通り、『ラインズ』の続編として書かれた（ただし、それぞれ独立した本なので、必ずしも連続して読む必要はない）。本書では、結び目、天候、人間を手がかりに、さらに広い視点からの考察が企図されている。ごく簡単にではあるが、その概要を以下に紹介しておこう。

第一部「結び目をつくること」は、わたしたち生命体を個別的なブロブのみから成る存在ではなく、ラインを持つ存在だと捉えるよう導くことから始まる。ラインを持つことで、わたしたちは互いに結び合い、社会的関係を築くことができるのだ。そして、わたしたちが結び合うとき、まさに第一部のタイトルでもある結び目が生じる。ここで重要なことは、結び目は解かれたとしても、過去に結ばれていたときの記憶をその形状に残しており、その状態でさらに新たに結び合うことができるということである。この点にこそ、『ラインズ』の中でアンリ・ベルクソンの思想を引き合いに出しながら語られていた「過去は私たちが未来に分け入るときに私たちとともにある」（本書、一八七頁、強調は原文による）という思考が引き続き根底にあることが確認されるだろう。この結び目の思考をもとに、六章以降、インゴルドの関心は山や、壁、地面、知識などへと遷移していく。そのいずれにおいても、さまざまな物質がそれ自体の固有性を保ちつつも、自らのラインを他と結び合わせることによって、自身にとって新たなものを創出していることが確認される。その際、大きな役割を果たしているのが天候であろう。

そこで、続く第二部「天候にさらされること」では、「天候 – 世界」に見出されるラインが考察の対象となる。注目すべきは、インゴルドが環境ではなく「天候 – 世界」という聞き慣れない術語を用いていることだ。インゴルドによれば環境とは「ベースボードの上に固形物が散在しているもの」（本書、一三六頁）である。ところが現実の世界は、空気や光、また音などのさまざまな物で満たされており、それらの絶えざる流動が天候として現れる。それゆえ、わたしたちを含めたすべての事物が常に「天候にさらされている」のであり（建物の内であっても関係ない）、何らかの影響を被っているのだ。そのことを理解するのによい例として大気＝雰囲気（アトモスフィア）があげられる。この語の持つ二つの意味がそのまま示しているように、大気の働きと雰囲気を切り離して考えることはできない（しかし、気象学では大気のみを、美学では雰囲気のみを意味するものとして用いられてきた）。すなわち、天候とは、気象学によって記録され予想される天気であるだけでなく、視覚、聴覚、触覚などの感覚、あるいは情動に関係するものでもあるのだ。そこにラインの存在があることを、インゴルドはジェイムズ・ギブソンやモーリス・メルロ＝ポンティを経由することで明らかにしていく。

そして、最後の第三部「人間になること」では、人間についての思索が前景化する。ここでインゴルドが、ジル・ドゥルーズ（あるいはドゥルーズ＝ガタリ）への共感を表明しつつ、オルテガ・イ・ガセットの人間論やハンナ・アレントのリーダーシップ論、そして教育哲学者ヤン・マッシェラインに依拠しながら試みているのは、ある意味できわめて西洋的な人間観と、自身の提唱する社会的生命論、そして、人類学の（特に参与観察に見出される）「ラインの調和」としての実践を調和させることである。その思索は、意図と注意、行なうことと経験すること、迷路と迷宮、あいだとあいだのもの等々といったさまざまな二項の指摘とその検討を通じて進められる。その中からあえて一つ重要なテーマを挙げておくなら、それは特に第二六章で検討される教育、つまり、知識を詰め込むのではなく、外へと（ex）導く（ducere）という意味での教育となるだろう（これは本書の二年後に出版された『人類学と教育／教育としての人類学（*Anthropology and/as Education*）』の主題となっている）。

以上の通り、多角的に進められてきたインゴルドのライン学であるが、本書の序文にもある通り、その成果はまだ途上のものである。それゆえ、『ラインズ』でもそうであったように、本書から何か明確な結論を得ようとしてはならないだろう。わたしたち読者は、インゴルドとの思索の旅に沿い、調和＝応答しつつ、彼とともに思考し、線（ライフ・オブ・ラインズ）としての生を紡いでいくのである。

翻訳の分担に関しては、第一部を筧菜奈子が、序文と第二部を島村幸忠が、第三部を宇佐美達朗が担当した。なお、訳語の統一は筧と島村が相談の上で行なった。本書の翻訳はフィルムアート社の薮崎今日子さんによって企画されたものである。薮崎さんには、難航する翻訳作業を最後まで辛抱強く見守っていただいた。ここに記して感謝申し上げる。

二〇一八年八月

訳者記す

ライフ・オブ・ラインズ
線の生態人類学

2018年9月25日　初版発行
2024年7月10日　第3刷

著者　ティム・インゴルド
訳者　筧菜奈子・島村幸忠・宇佐美達朗

ブックデザイン　加藤賢策（LABORATORIES）
DTP　和田真季（LABORATORIES）
編集　薮崎今日子（フィルムアート社）

発行者　上原哲郎
発行所　株式会社フィルムアート社
〒150-0022
東京都渋谷区恵比寿南1丁目20番6号 第21荒井ビル
TEL 03-5725-2001
FAX 03-5725-2626
http://www.filmart.co.jp
印刷・製本　シナノ印刷株式会社

Printed in Japan
ISBN978-4-8459-1626-9　C0039

[著者]

ティム・インゴルド（Tim Ingold）

1948年生まれのイギリスの人類学者。1976年、ケンブリッジ大学で社会人類学の博士号を取得、1995年よりアバディーン大学にて教鞭を執る。哲学、社会学、生態心理学、芸術学、考古学、建築学など多様な領域をクロスオーバーする人類学研究を精力的に展開している。著書に*The Perception of the Environment: Essays in Livelihood, Dwelling and Skill*, 2000、*Lines: Brief History*, 2007（邦訳『ラインズ ―― 線の文化史』）、*Being Alive: Essays on movement, knowledge and description*, 2011、*Making: Anthropology, Archaeology, Art and Architecture*, 2013（邦訳『メイキング――人類学・考古学・芸術・建築』）、*Anthropology and/as Education*, 2017、*Anthropology: Why It Matters*, 2018など多数。

[訳者]

筧菜奈子（かけい・ななこ）

東海大学教養学部芸術学科講師。京都大学大学院人間・環境学研究科博士後期課程修了。博士（人間・環境学）。専門は現代美術史・装飾史。著書に『めくるめく現代アート』（フィルムアート社、2016年）、『ジャクソン・ポロック研究』（月曜社、2019年）、『日本の文様解剖図鑑』（エクスナレッジ、2019年）、『いとをかしき20世紀美術』（亜紀書房、2023年）などがある。

島村幸忠（しまむら・ゆきただ）

煎茶家。美学、日本文化論。大阪経済大学国際共創学部講師。著書に『頼山陽と煎茶――近世後期の文人の趣味とその精神性に関する試論』（笠間書院、2022年）、『古地図で辿る都の今昔――江戸時代京都名所事典』（笠間書院、2023年）。

宇佐美達朗（うさみ・たつろう）

鹿児島大学法文学部人文学科（多元地域文化コース）助教。博士（人間・環境学）。著書に『シモンドン哲学研究――関係の実在論の射程』（法政大学出版局、2021年）、共訳書にエマヌエーレ・コッチャ『メタモルフォーゼの哲学』（松葉類との共訳、勁草書房、2022年）がある。

索引

ア行

カ行

サ行

タ行

ナ行

ハ行

マ行

ヤ行

ラ行

ワ行

参考文献

Adey, P., L. Brayer, D. Masson, P. Murphy, P. Simpson and N. Tixier 2013. '"Pour votre tranquilité": ambiance, atmosphere and surveillance'. *Geoforum* 49: 299–309.

Alberti, B. 2014. 'Designing body-pots in the formative La Candelaria culture, northwest Argentina'. In *Making and Growing: Anthropological Studies of Organisms and Artefacts*, eds E. Hallam and T. Ingold. Aldershot: Ashgate, pp. 107–25.

Anderson, B. 2009. 'Affective atmospheres'. *Emotion, Space and Society* 2(2): 77–81.

Anusas, M. and T. Ingold 2013. 'Designing environmental relations: from opacity to textility'. *Design Issues* 29(4): 58–69.

Arendt, H. 1958. *The Human Condition*. Chicago, IL: University of Chicago Press.〔ハンナ・アレント『人間の条件』志水速雄訳、ちくま学芸文庫、1994年〕

Ash, J. 2013. 'Rethinking affective atmospheres: technology, perturbation and space-times of the non-human'. *Geoforum* 49: 20–8.

Augoyard, J. F. 1995. 'L'environnement sensible et les ambiances architecturales'. *L'éspace géographique* 4: 302–18.

Bachelard, G. 1964. *The Poetics of Space*, trans. M. Jolas. Boston, MA: Beacon Press.〔ガストン・バシュラール『空間の詩学』岩村行雄訳、ちくま学芸文庫、2002年〕

——1983. *Water and Dreams: An Essay on the Imagination of Matter*, trans. E. R. Farrell. Dallas, TX: Pegasus Foundation.〔ガストン・バシュラール『水と夢——物質的想像力試論』及川馥訳、法政大学出版局、2016年〕

Barad, K. 2003. 'Posthumanist performativity: toward an understanding of how matter comes to matter'. *Signs: Journal of Women in Culture and Society* 28(3): 801–31.

Barber, K. 2007. 'Improvisation and the art of making things stick'. In *Creativity and Cultural Improvisation*, eds E. Hallam and T. Ingold. Oxford: Berg, pp. 25–41.

Baxandall, M. 1995. *Shadows and Enlightenment*. New Haven, CT: Yale University Press.

Benjamin, W. 2006. *Berlin Childhood around 1900*, trans. H. Eiland. Cambridge, MA: Belknap Press of Harvard University Press.〔ヴァルター・ベンヤミン「1900年頃のベルリンの幼年時代」、『ベンヤミンコレクション3——記憶への旅』浅井健二郎編訳、ちくま学芸文庫、1997年、465–633頁〕

——2008. *The Work of Art in the Age of Its Technological Reproducibility and Other Writing on Media*, eds M. W. Jennings, B. Doherty and T. Y. Levin, trans. E. F. N. Jephcott. Cambridge, MA: Harvard University Press.

Benveniste, É. 1971. 'Active and middle voice in the verb' (1950). In *Problems in General Linguistics*, trans. M. E. Meek. Coral Gables, FL: University of Miami Press, pp. 145–51.〔エミール・バンヴェニスト『一般言語学の諸問題』岸本通夫監訳、みすず書房、1983年〕

Bergson, H. 1911. *Creative Evolution*, trans. A. Mitchell. London: Macmillan.〔アンリ・ベルクソン『創造的進化』合田正人、松井久訳、ちくま学芸文庫、2010年〕

Bidney, D. 1953. *Theoretical Anthropology*. New York: Columbia University Press.

Bille, M. and T. F. Sørensen 2007. 'An anthropology of luminosity: the agency of light'. *Journal of Material Culture* 12(3): 263–84.

Binswanger, L. 1933. *Das Raumproblem in der Psychopathologie*. Berlin: Springer.

Bloch, M. 2012. *Anthropology and the Cognitive Challenge*. Cambridge, UK: Cambridge University Press.

Bogost, I. 2012. *Alien Phenomenology, or What It's Like to Be a Thing*. Minneapolis: University of Minnesota Press.

Böhme, G. 1993. 'Atmosphere as the fundamental concept of a new aesthetics'. *Thesis Eleven* 36: 113–26.

——1998. 'The atmosphere of a city'. *Issues in Contemporary Culture and Aesthetics* 7: 5–13.

——2013. 'The art of the stage set as a paradigm for an aesthetics of atmospheres'. *Ambiances: International Journal of Sensory Environment, Architecture and Urban Space*. http://ambiances.revues.org/315. Accessed 1 January 2015.

Bollnow, O. F. 2011. *Human Space*, ed. J. Kohlmaier, trans. C. Shuttleworth. London: Hyphen Press.〔オットー・フリードリッヒ・ボルノウ『人間と空間』大塚恵一、池川健司、中村浩平訳、せりか書房、1978年〕

Bonner, A. 1985. 'Historical background and life of Ramon Llull'. In *Selected Works of Ramon Llull (1232–1316)*, Volume I, ed. and trans. A. Bonner. Princeton, NJ: Princeton University Press, pp. 5–52.

Bortoft, H. 2012. *Taking Appearance Seriously*. Edinburgh: Floris Books.

Boss, S. J. 2013. 'The nature of nature in Ramon Llull'. In *Living Beings: Perspectives on Interspecies Engagements*, ed. P. Dransart. London: Bloomsbury Academic, pp. 33–52.

Bourdieu, P. 1990. *In Other Words: Essays Towards a Reflexive Sociology*, trans. M. Adamson. Stanford, CA: Stanford University Press.〔ピエール・ブルデュー『構造と実践——ブルデュー自身によるブルデュー』石崎晴己訳、藤原書店、1991年〕

Brown, T. 1978. *The Tracker: The Story of Tom Brown, Jr. as Told by William Jon Watkins*. New York: Prentice Hall.

Calvino, I. 2013. *Collection of Sand: Essays*, trans. M. McLaughlin. London: Penguin Books.

Candler, P. M., Jr 2006. *Theology, Rhetoric, Manuduction, or Reading Scripture Together on the Path to God*. Grand Rapids, MI: William B. Eerdmans.

Careri, F. 2002. *Walkscapes: Walking as an Aesthetic Practice*, trans. S. Piccolo and P. Hammond. Barcelona: Editorial Gustavo Gili.

Carruthers, M. 1998. *The Craft of Thought: Meditation, Rhetoric and the Making of Images, 400–1200*. Cambridge, UK: Cambridge University Press.

Cavell, S. 1969. *Must We Mean What We Say? A Book of Essays*. Cambridge, UK: Cambridge University Press.

Certeau, M. de 1984. *The Practice of Everyday Life*, trans. S. Rendall. Berkeley: University of California Press.〔ミシェル・ド・セルトー『日常的実践のポイエティーク』山田登世子訳、国文社、1978年〕

Charbonnier, G. 1959. *Le monologue du peintre*. Paris: René Julliard.

Clark, A. 1997. *Being There: Putting Brain, Body and World Together Again*. Cambridge, MA: MIT Press.〔アンディ・クラーク『現れる存在——脳と身体と世界の再統合』池上高志、森本元太郎監訳、NTT出版、2012年〕

——1998. 'Where brain, body and world collide'. *Daedalus: Journal of the American Academy of Arts and Sciences* (special issue on *The Brain*) 127(2): 257–80.

Clarke, E. F. 2005. *Ways of Listening: An Ecological Approach to the Perception of Musical Meaning*. Oxford: Oxford University Press.

Connor, S. 2010. *The Matter of Air: Science and the Art of the Ethereal*. London: Reaktion.

Craft, M. 1984. 'Education for diversity'. In *Education and Cultural Pluralism*, ed. M. Craft. Philadelphia, PA: Falmer Press, pp. 5–26.

Cruikshank, J. 2005. *Do Glaciers Listen? Local Knowledge, Colonial Encounters and Social Imagination*. Vancouver: UBC Press; Seattle: University of Washington Press.

DeLanda, M. 2006. *A New Philosophy of Society: Assemblage Theory and Social Complexity*. London: Continuum.〔マヌエル・デランダ『社会の新たな哲学——集合体、潜在性、創発』篠原雅武訳、人文書院、2015年〕

Deleuze, G. 1994. *Difference and Repetition*, trans. P. Paton. New York: Columbia University Press.〔ジル・ドゥルーズ『差異と反復〈上・下〉』財津理訳、河出文庫、2007年〕

——2001. *Pure Immanence: Essays on a Life*, trans. A. Boyman. New York: Urzone.〔ジル・ドゥルーズ「内在——ひとつの生……」小沢秋広訳、宇野邦一監訳『狂人の二つの体制1983 - 1995』河出書房新社、2004年、295–302頁〕

Deleuze, G. and F. Guattari 2004. *A Thousand Plateaus: Capitalism and Schizophrenia*, trans. B. Massumi. London: Continuum.〔ジル・ドゥルーズ+フェリックス・ガタリ『千のプラトー——資本主義と分裂症〈上・中・下〉』宇野邦一、小沢秋広、田中敏彦、豊崎光一、宮林寛、守中高明訳、河出文庫、2010年〕

Derrida, J. 1993. *Memoirs of the Blind: The Self-Portrait and Other Ruins*, trans. P.-A. Brault and M. Nass. Chicago, IL: University of Chicago Press.〔ジャック・デリダ『盲者の記憶——自画像およびその他の廃墟』鵜飼哲訳、みすず書房、1998年〕

Dickens, C. 1963. *Our Mutual Friend*. London: Oxford University Press.〔チャールズ・ディケンズ『我らが共通の友〈上・中・下〉』間二郎訳、ちくま文庫、1997年〕

Doyle, Sir A. C. 1959. *The Memoirs of Sherlock Holmes*. London: Penguin.〔アーサー・コナン・ドイル『回想のシャーロック・ホームズ』深町眞理子訳、創元推理文庫、2010年〕

Durkheim, É.1982. *The Rules of Sociological Method*, trans. W. D. Halls, ed. S. Lukes. London: Macmillan.〔エミール・デュルケーム『社会学的方法の基準』菊谷和宏訳、講談社、2018年〕

Eddington, A. S. 1935. *New Pathways in Science*. Cambridge, UK: Cambridge University Press.

Edensor, T. 2012. 'Illuminated atmospheres: anticipating and reproducing the flow of affective experience in Blackpool'. *Environment and Planning D: Society and Space* 30(6): 1103–22.

Elkins, J. 1996. *The Object Stares Back: On the Nature of Seeing*. New York: Simon and Schuster.

Engels, F. 1934. *Dialectics of Nature*, trans. C. Dutton. Moscow: Progress.〔フリードリヒ・エンゲルス『自然の弁証法』秋間実、渋谷一夫訳、新日本出版社、1999年〕

Flusser, V. 1999. *The Shape of Things: A Philosophy of Design*. London: Reaktion.

Fortes, M. 1969. *Kinship and the Social Order*. London: Routledge & Kegan Paul.

Frampton, K. 1995. *Studies in Tectonic Culture: The Poetics of Construction in Nineteenth and Twentieth Century Architecture*. Cambridge, MA: MIT Press.〔ケネス・フランプトン『テクトニック・カルチャー——19－20世紀建築の構法の詩学』松畑強、山本想太郎訳、TOTO出版、2002年〕

Gell, A. 1998. *Art and Agency: An Anthropological Theory*. Oxford: Clarendon.

Giannisi, P. 2012. 'Weather phenomena and immortality: the well-adjusted construction in ancient Greek poetics'. In *From the Things Themselves: Architecture and Phenomenology*, eds B. Jacquet and V. Giraud. Kyoto: Kyoto University Press, pp. 177–94.

Gibson, J. J. 1966. *The Senses Considered as Perceptual Systems*. Boston, MA: Houghton Mifflin.〔J. J.ギブソン『生態学的知覚システム——感性をとらえなおす』佐々木正人、古山宣洋、三嶋博之監訳、東京大学出版会、2011年〕

——1979. *The Ecological Approach to Visual Perception*. Boston, MA: Houghton Mifflin.〔J. J.ギブソン『生態学的視覚論——ヒトの知覚世界を探る』古崎敬、古崎愛子、辻敬一郎、村瀬旻訳、サイエンス社、1986年〕

Goethe, J. W. von 1840. *Theory of Colours*, trans. C. L. Eastlake. London: John Murray.
〔J.W.V.ゲーテ『色彩論』木村直司訳、ちくま学芸文庫、2001年〕

Gosden, C. 1999. *Anthropology and Archaeology: A Changing Relationship*. London: Routledge.

Greig, A. 2010. *At the Loch of the Green Corrie*. London: Quercus.

Gudeman, S. and A. Rivera 1990. *Conversations in Colombia: The Domestic Economy in Life and Text*. Cambridge, UK: Cambridge University Press.

Harman, G. 2011. 'The road to objects'. *Continent* 3(1): 171–9.〔グレアム・ハーマン「オブジェクトへの道」飯盛元章訳、『現代思想』〈特集＝現代思想の総展望2018〉 2018年1月号、青土社、2017年、112–132頁〕

——2012. 'On interface: Nancy's weights and masses'. In *Jean-Luc Nancy and Plural Thinking: Expositions of World, Politics, Art and Sense*, eds P. Gratton and M. Morin. New York: State University of New York Press, pp. 95–107.

Heidegger, M. 1971. *Poetry, Language, Thought*, trans. A. Hofstadter. New York: Harper and Row.

Herzfeld, C. and D. Lestel. 2005. 'Knot tying in great apes: etho-ethnology of an unusual tool behaviour'. *Socia1 Science Information* 44(4): 621–53.

Hill, J. 2012. *Weather Architecture*. Abingdon: Routledge.

Hirata, A. 2011. *Tangling*. Tokyo: INAX Publishing.〔平田晃久『Tangling——建築とは〈からまりしろ〉をつくることである』LIXIL出版社、2011年〕

Hopkins, G. M. 1972. *Look up at the Skies!* ed. R. Warner. London: Bodley Head.

Hull, J. 1997. *On Sight and Insight: A Journey into the World of Blindness*. Oxford: Oneworld Publications.

Ingold, T. 1986. *Evolution and Social Life*. Cambridge, UK: Cambridge University Press.

——2000. *The Perception of the Environment: Essays on Livelihood, Dwelling and Skill*. London: Routledge.

——2001a. 'From the transmission of representations to the education of attention'. In *The Debated Mind: Evolutionary Psychology versus Ethnography*, ed. H. Whitehouse. Oxford: Berg, pp. 113–53.

——2001 b. 'From complementarity to obviation: on dissolving the boundaries between social and biological anthropology, archaeology and psychology'. In *Cycles of Contingency: Developmental Systems and Evolution*, eds S. Oyama, P. E. Griffiths and R. D. Gray. Cambridge, MA: MIT Press, pp. 255–79.

——2007a. *Lines: A Brief History*. Abingdon: Routledge.〔ティム・インゴルド『ラインズ——線の文化史』工藤晋訳、左右社、2014年〕

——2007b. 'Earth, sky, wind and weather'. *Journal of the Royal Anthropological Institute* (N.S.) (special issue on *Wind, Life, Health: Anthropological and Historical Perspectives*, eds C. Low and E. Hsu): S19–38.〔ティム・インゴルド「大地、空、風、そして天候」古川不可知訳、『現代思想』〈特集=人類学の時代〉青土社、2017年3月号、170–191頁〕

——2011. *Being Alive: Essays on Movement, Knowledge and Description*. Abingdon: Routledge.

——2013a. *Making: Anthropology, Archaeology, Art and Architecture*. Abingdon: Routledge.〔ティム・インゴルド『メイキング——人類学・考古学・芸術・建築』金子遊、水野友美子、小林耕二訳、左右社、2017年〕

——2013b. 'The conical lodge at the centre of an earth-sky world'. In *About the Hearth: Perspectives on the Home, Hearth and Household in the Circumpolar North*, eds D. G. Anderson, R. P. Wishart and V. Vaté. New York: Berghahn, pp. 11–28.

——2013c. 'Dreaming of dragons: on the imagination of real life'. *Journal of the Royal Anthropological Institute* (N.S.) 19(4): 734–52.

——2014. 'That's enough about ethnography!' *HAU: Journal of Ethnographic Theory* 4(1): 383–95.

Ingold, T. and E. Hallam 2007. 'Creativity and cultural improvisation: an introduction'. In *Creativity and Cultural Improvisation*, eds E. Hallam and T. Ingold. Oxford: Berg, pp. 1–24.

Ingold, T. and J. Lee Vergunst 2008. 'Introduction'. In *Ways of Walking: Ethnography and Practice on Foot*, eds T. Ingold and J. Lee Vergunst. Aldershot: Ashgate, pp. 1–19.

Irigaray, L. 1999. *The Forgetting of Air in Martin Heidegger*, trans. M. B. Mader. London: Athlone.

Jackson, M. 2013. *Lifeworlds: Essays in Existential Anthropology*. Chicago, IL: University of Chicago Press.

Jankovic, V. 2000. *Reading the Skies: A Cultural History of English Weather, 1650–1820*. Chicago, IL: University of Chicago Press.

Kant, I. 1933. *Immanuel Kant's Critique of Pure Reason*, trans. N. K. Smith. London: Macmillan.〔イマヌエル・カント「純粋理性批判」、『カント全集6』有福孝岳、久呉高之訳、岩波書店、2006年〕

——1970. ‘A translation of the introduction to Kant’s *Physische Geographie*’. In *Kant’s Concept of Geography and Its Relation to Recent Geographical Thought*, by J. A. May. Toronto: University of Toronto Press, pp.255–64.〔イマヌエル・カント「自然地理学」、『カント全集16』宮島光志訳、岩波書店、2001年〕

Kern, H. 1982. *Labyrinthe*. Munich: Prestel

Klee, P. 1961. *Notebooks, Volume 1: The Thinking Eye*, ed. J. Spiller, trans. R. Manheim. London: Lund Humphries.

——1973. *Notebooks, Volume 2: The Nature of Nature*, ed. J. Spiller, trans. H. Norden. London: Lund Humphries.

Lévi-Strauss, C. 1969. *The Elementary Structures of Kinship* (revised edition), trans. J. H. Bell, J. R. von Sturmer and R. Needham. Boston, MA: Beacon Press.〔クロード・レヴィ＝ストロース『親族の基本構造』福井和美訳、青弓社、2000年〕

Lingis, A. 1998. *The Imperative*. Bloomington: Indiana University Press.

Llull, R. 1985. *Selected Works of Ramon Llull (1232–1316)*, Volume I, ed. and trans. A. Bonner. Princeton, NJ: Princeton University Press.

Lohr, C. 1992. ‘The new logic of Ramon Llull’. *Enrahonar* 18: 23–35.

Low, C. 2007. ‘Khoisan wind: hunting and healing’. *Journal of the Royal Anthropological Institute* (N.S.) (special issue on *Wind, Life, Health: Anthropological and Historical Perspectives*, eds C. Low and E. Hsu): S71–90.

Luke, D. 1964. *Goethe*, ed. and trans. D. Luke. London: Penguin.

Macauley, D. 2005. ‘The flowering of environmental roots and the four elements in Presocratic philosophy: from Empedocles to Deleuze and Guattari’. *Worldviews: Environment, Culture, Religion* 9: 281–314.

McCallum, C. 2014. ‘Cashinahua perspectives on functional anatomy: ontology, ontogenesis, and biomedical education in Amazonia’. *American Ethnologist* 41: 504–17.

McCormack, D. 2008. ‘Engineering affective atmospheres on the moving geographies of the 1897 Andrée expedition’. *Cultural Geographies* 15: 413–30.

Macfarlane, R. 2009. ‘Walk the line’. *Guardian*, Features and Reviews, Saturday, 23 May, p. 16. http://www.guardian.co.uk/artanddesign/2009/may/23/richard-long-photography-tate-britain. Accessed 1 January 2015.

McGrail, S. 1987. *Ancient Boats in North-West Europe: The Archaeology of Water Transport to AD 1500*. London: Longman.

Malinowski, B. 1922. *Argonauts of the Western Pacific*. London: Routledge & Kegan Paul.〔ブロニスワフ・マリノフスキ『西太平洋の遠洋航海者』増田義郎訳、講談社学術文庫、2010年〕

Marx, K. 1930. *Capital*, Vol. 1, trans. E. and C. Paul from 4th German edition of *Das Kapital* (1890). London: Dent.〔カール・マルクス『資本論』第1巻〈上・下〉、今村仁司、三島憲一、鈴木直訳、筑摩書房、2005年〕

Marx, K and F. Engels 1977. *The German Ideology*, ed. C. J. Arthur. London: Lawrence & Wishart.〔カール・マルクス／フリードリヒ・エンゲルス『〈新編輯版〉ドイツ・イデオロギー』廣松渉編訳、小林昌人補訳、岩波文庫、2002年〕

——1978. 'Manifesto of the Communist Party'. In *The Marx–Engels Reader* (second edition), ed. R. C. Tucker. New York: W. W. Norton, pp. 469–500.〔カール・マルクス／フリードリヒ・エンゲルス「共産党宣言」、『共産党宣言・共産主義の諸原理』水田洋訳、講談社学術文庫、2008年、9–91頁〕

Masschelein, J. 2010a. 'The idea of critical e-ducational research – e-ducating the gaze and inviting to go walking'. In *The Possibility/Impossibility of a New Critical Language in Education*, ed. I. Gur-Ze'ev. Rotterdam: Sense Publishers, pp. 275–91.

——2010b. 'E-ducating the gaze: the idea of a poor pedagogy'. *Ethics and Education* 5(1): 43–53.

——2011. 'Experimentum scholae: the world once more ... but not (yet) finished'. *Studies in Philosophy and Education* 30: 529–35.

Mauss, M. 1923–4. 'Essai sur le don: forme et raison de l'échange dans les sociétés archaïques'. In *L'Année sociologique* (Nouvelle série) Vol. 1. *Paris: Alcan, pp.30–186.*

——1954. *The Gift*, trans. I. Cunnison. London: Routledge & Kegan Paul.〔マルセル・モース『贈与論　他二篇』森山工訳、岩波文庫、2014年〕

Merleau-Ponty, M. 1962. *Phenomenology of Perception*, trans. C. Smith. London: Routledge & Kegan Paul.〔モーリス・メルロ＝ポンティ『知覚の現象学』中島盛夫訳、法政大学出版局、1982年〕

——1964. 'Eye and mind', trans. C. Dallery. In *The Primacy of Perception, and Other Essays on Phenomenological Psychology, the Philosophy of Art, History and Politics*, ed. J. M. Edie. Evanston, IL: Northwestern University Press, pp. 159–90.〔モーリス・メルロ＝ポンティ「眼と精神」、『眼と精神』滝浦静雄、木田元訳、みすず書房、1966年、251–301頁〕

——1968. *The Visible and the Invisible*, ed. C. Lefort, trans. A. Lingis. Evanston, IL: Northwestern University Press.〔モーリス・メルロ＝ポンティ、クロード・ルフォール編『見えるものと見えざるもの』伊藤泰雄、岩見徳夫、重野豊隆訳、法政大学出版局、1994年〕

Mostafavi, M. and D. Leatherbarrow 1993. *On Weathering: The Life of Buildings in Time*. Cambridge, MA: MIT Press.

Nagy, G. 1996. *Poetry as Performance: Homer and Beyond*. Cambridge, UK: Cambridge University Press.

Nancy, J.-L. 2007. *Listening*, trans. C. Mandell. New York: Fordham University Press.

——2008. *Corpus*, trans. R. A. Rand. New York: Fordham University Press.〔ジャン＝リュック・ナンシー『共同－体（コルプス）』大西雅一郎訳、松籟社、1996年〕

Nasim, O. W. 2013. *Observing by Hand: Sketching the Nebulae in the Nineteenth Century*. Chicago, IL: University of Chicago Press.

Nicholson, N. 1981. *Sea to the West*. London: Faber & Faber.

Oakeshott, M. 1991. *Rationalism in Politics and Other Essays*. Indianapolis, IN: Liberty Press.〔マイケル・オークショット『〈増補版〉政治における合理主義』嶋津格、森村進、名和田是彦、玉木秀敏、田島正樹訳、勁草書房、2013年〕

Olsen, B. 2003. 'Material culture after text: re-membering things'. *Norwegian Archaeological Review* 36: 87–104.

Olwig, K. 2011a. 'All that is landscape is melted into air: the "aerography" of ethereal space'. *Environment and Planning D: Society and Space* 29(3): 519–32.

——2011b. 'Performance, ætherial space and the practice of landscape/architecture: the case of the missing mask'. *Social and Cultural Geography* 12(3): 305–18.

Ortega y Gasset, J. 1961. *History as a System and Other Essays Toward a Philosophy of History*. New York: W. W. Norton.〔オルテガ・イ・ガセット「体系としての歴史」井上正訳、『オルテガ著作集4』白水社、1970年〕

Parkes, M. B. 1992. *Pause and Effect: An Introduction to the History of Punctuation in the West*. Aldershot: Scolar Press.

Polanyi, M. 1958. *Personal Knowledge: Towards a Post-critical Philosophy*. London: Routledge & Kegan Paul.〔マイケル・ポランニー『個人的知識——脱批判哲学をめざして』長尾史郎訳、ハーベスト社、1985年〕

——1966. *The Tacit Dimension*. London: Routledge & Kegan Paul.〔マイケル・ポランニー『暗黙知の次元』高橋勇夫訳、ちくま学芸文庫、2003年〕

Rendell, J. 2006. *Art and Architecture: A Place Between*. London: I. B. Tauris.

Roque, G. 1994. 'Writing/drawing/color', trans. C. Weber. *Yale French Studies* 84: 43–62.

Rose, D. B. 2000. *Dingo Makes Us Human: Life and Land in an Australian Aboriginal Culture*. Cambridge, UK: Cambridge University Press.

Ruskin, J. 2004. *John Ruskin: Selected Writings*, ed. D. Birch. Oxford: Oxford University Press.

Sahlins, M. 1972. *Stone Age Economics*. London: Tavistock.

Scoditti, G. 1983. 'Kula on Kitava'. In *The Kula: New Perspectives on Massim*

Exchange, eds J. W. Leach and E. Leach. Cambridge, UK: Cambridge University Press, pp. 249–73.

Sebeok, T. A. 1986. *I Think I Am a Verb: More Contributions to the Doctrine of Signs*. New York: Plenum Press.

Semper, G. 1989. 'Style in the technical and tectonic arts, or practical aesthetics'. In *The Four Elements of Architecture and Other Writings*, trans. H. F. Mallgrave and W. Herman. Cambridge, UK: Cambridge University Press, pp. 181–263.〔ゴットフリート・ゼムパー「建築芸術の四要素—比較建築学への寄与」、『ゼムパーからフィードラーへ』河田智成編訳、中央公論美術出版、2016年、5－139頁〕

Serres, M. 1995a. *The Natural Contract*, trans. E. MacArthur and W. Paulson. Ann Arbor: University of Michigan Press.〔ミシェル・セール『自然契約』及川馥、米山親能訳、法政大学出版局、1994年〕

——1995b. 'Gnomon: the beginnings of geometry in Greece'. In *A History of Scientific Thought: Elements of a History of Science*, ed. M. Serres. Oxford: Blackwell, pp. 73–123.

Sheets-Johnstone, M. 1999. *The Primacy of Movement*. Amsterdam: John Benjamins.

Sloterdijk, P. 2011. *Spheres, Volume I: Microspherology*, trans. W. Hoban. Los Angeles, CA: Semiotext(e).

Smith, P. H. 2014. 'Between nature and art: casting from life in sixteenth-century Europe'. In *Making and Growing: Anthropological Studies of Organisms and Artefacts*, eds E. Hallam and T. Ingold. Aldershot: Ashgate, pp. 45–63.

Soth, L. 1986. 'Van Gogh's agony'. *Art Bulletin* 68(2): 301–13.

Spuybroek, L. 2011. *The Sympathy of Things: Ruskin and the Ecology of Design*. Rotterdam: V2_ Publishing.

Stewart, K. 2011. 'Atmospheric attunements'. *Environment and Planning D: Society and Space* 29: 445–53.

Szerszynski, B. 2010. 'Reading and writing the weather: climate technics and the moment of responsibility'. *Theory, Culture & Society* 27(2–3): 9–30.

Taussig, M. 2009. *What Color Is the Scared?* Chicago, IL: University of Chicago Press.

Thibaud, J.-P. 2002. 'L'horizon des ambiences urbaines'. *Communications* 73: 185–201.

Tilley, C. 2004. *The Materiality of Stone*. Oxford: Berg.

Turner, V. W. 1967. *The Forest of Symbols: Aspects of Ndembu Ritual*. Ithaca, NY: Cornell University Press.

Uexküll, J. von 1982. 'The theory of meaning', ed. T. von Uexküll, trans. B. Stone and H. Weiner. *Semiotica* 42(1): 25–82.〔ヤーコプ・フォン・ユクスキュル「意味の論理」、『生物から見た世界』日高敏隆、野田保之訳、思索社、1973年、137–241頁〕

Viveiros de Castro, E. 2012. *Cosmological Perspectivism in Amazonia and Elsewhere* (four lectures given in the Department of Social Anthropology, Cambridge University, February–March 1998, introduced by R. Wagner). HAU Masterclass Series, Volume 1. Manchester, UK: HAU Network of Ethnographic Theory.

Vosniadou, S. and W. F. Brewer 1992. 'Mental models of the earth: a study of conceptual change in childhood'. *Cognitive Psychology* 24: 535–85.

Waldenfels, B. 2004. 'Bodily experience between selfhood and otherness'. *Phenomenology and the Cognitive Sciences* 3: 235–48.

Wentzer, T. S. 2014. '"I have seen Königsberg burning": philosophical anthropology and the responsiveness of historical experience'. *Anthropological Theory* 14: 27–48.

Whitehead, A. N. 1929. *Process and Reality: An Essay in Cosmology*. Cambridge, UK: Cambridge University Press.〔ホワイトヘッド『過程と実在〈上・下〉』山本誠作訳、松籟社、1984年〕

Widlok, T. 2008. 'The dilemmas of walking: a comparative view'. In *Ways of Walking: Ethnography and Practice on Foot*, eds T. Ingold and J. Lee Vergunst. Aldershot: Ashgate, pp. 51–66.

Wieman, H. N. 1961. *Intellectual Foundations of Faith*. London: Vision Press.

Willerslev, R. 2007. *Soul Hunters: Hunting, Animism, and Personhood among the Siberian Yukaghirs*. Berkeley: University of California Press.

Zuckerkandl, V. 1956. *Sound and Symbol: Music and the External World*, trans. W. R. Trask. Bollingen Series XLIV. Princeton, NJ: Princeton University Press.